W0338928

Aaron Kübler und Andreas Zintzsch

OneNote, Teams

und mehr smarte Tools für den vernetzten Alltag mit OneDrive

Wichtige Hinweise

Verlag: BILDNER Verlag GmbH
Bahnhofstraße 8
94032 Passau
www.bildner-verlag.de
info@bildner-verlag.de

ISBN: 978-3-8328-0438-1

Autoren: Aaron Kübler, Andreas Zintzsch, Anja Schmid, Inge Baumeister

Satz und Lektorat: Aaron Kübler, Andreas Zintzsch

Coverfoto: © Adobe Stock – Konstantin Posumitenko, Prostock-studio

Kapitelbilder: Seite 16: © pexels.com – Jessica Lewis
Seite 110: © Adobe Stock – fizkes
Seite 180: © Adobe Stock – oatawa

Druck: CPI Clausen & Bosse GmbH, Birkstr. 10, 25917 Leck

Herausgeber: Christian Bildner

Vorwort

Excel, PowerPoint, Word – die „großen“ Microsoft-Programme sind den meisten Nutzern ein Begriff. Die Microsoft-Familie ist jedoch noch viel größer und bietet die ein oder andere nützliche Überraschung. In diesem Buch wollen wir zeigen, dass es sich sehr lohnen kann, auch einmal einen Blick auf die „kleinen“, teils unbekannteren Geschwisteranwendungen zu werfen. Dabei lässt sich allerdings schnell feststellen: So „klein“ sind viele dieser Programme gar nicht! Zwei davon sind uns inzwischen besonders ans Herz gewachsen: Microsoft OneNote und Microsoft Teams.

OneNote wurde für viele Nutzer längst zum alltäglichen Begleiter, welcher den Wörtern „Organisation“ und „Überblick“ eine neue Bedeutung verleiht. Besonders, wer früher viel mit Post-Its und handschriftlichen Notizen gearbeitet hat, kennt das Problem: Wo ist nochmal was? Und: Hatte ich mir dazu nicht eine Notiz geschrieben? OneNote lässt derlei Probleme der Vergangenheit angehören. Aber OneNote kann noch mehr: Man kann damit einfach und schnell ein komplettes Nachschlagewerk – ein sog. Wiki – realisieren oder eine komplette digitale Dokumentenablage.

Teams auf der anderen Seite hat sich in kürzester Zeit zum neuen Unternehmenskommunikationswerkzeug der Wahl etabliert – zugegebenermaßen nicht ganz ohne Zutun der Ereignisse des Jahres 2020, die vielerorts zu einer längst überfälligen „Zwangsdigitalisierung“ führten. Teams ist viel mehr als nur ein Skype für den Business Bereich. Neben der Kommunikation mit Video- und Telefonkonferenzen, Chat und Messengersystem kann man auch mit einfachen Mitteln eine Onlineschulung durchführen oder einem Kollegen per „Fernwartung“ mit einem Problem helfen. Dokumentenablage, Terminplanung und Verknüpfungen mit den anderen Microsoft Apps wie Outlook oder OneNote runden das Programm gelungen ab.

Und dann gibt es noch die vielen kleinen Apps, die entweder mit Windows 10 bereits mitgeliefert werden oder im Windows Store kostenlos erhältlich sind. Sie unterstützen ihre „großen“ Brüder wie Outlook, OneNote und Teams mit vielen weiteren nützlichen Funktionen. Wie zum Beispiel die App Ausschneiden und Skizzieren, die Bildschirmfotos in fast jeder Situation ermöglicht oder das Tool Office Lens, das ein Smartphone zum intelligenten Dokumentenscanner werden lässt.

Herzstück des Datenaustauschs zwischen den verschiedenen Systemen, Geräten und Programmen ist der Speicher im Internet, die Cloud. Microsoft bietet mit OneDrive dazu gleich die passende Lösung und so lassen sich fast alle hier im Buch vorgestellten Apps auf mehreren Geräten synchronisieren und ermöglichen so ein umfassendes arbeiten mit allen Tools, egal ob im Büro, Zuhause oder Unterwegs.

Egal ob sie die Programme beruflich im Büro nutzen oder als Schüler, Lehrer oder Student oder einfach nur für die private Planung und Kommunikation, für fast jede Zielgruppe bieten diese Apps sinnvolle Werkzeuge für das Arbeiten im Alltag.

Wir wollen mit diesem Buch all diese Möglichkeiten aufzeigen und eben nicht nur eine Zielgruppe ansprechen, sondern allen die Nutzung dieser kleinen Helfer näherbringen.

Fast alle im Buch behandelten Apps erhalten regelmäßig Updates und damit auch oft weitere Funktionen und Möglichkeiten. Die vorgestellten Programme und verwendeten Screenshots sind auf dem Stand von November 2020.

Schreibweise

Befehle, Bezeichnungen von Schaltflächen und Beschriftungen von Dialogfenstern sind zur besseren Unterscheidung farbig und kursiv hervorgehoben, zum Beispiel Register ***Start***, Schaltfläche ***Kopieren***.

Viel Spaß und Erfolg mit dem Buch wünscht Ihnen

Ihr Autorenteam

Inhaltsverzeichnis

Microsoft OneNote

Dieses Kapitel widmet sich voll und ganz einem unserer absoluten Lieblingsprogramme: Microsoft OneNote! Wir erklären von den Grundlagen bis zu den fortgeschrittenen Funktionen alle wichtigen Bestandteile des Programms und hoffen, dass auch Sie es so zu schätzen lernen, wie wir es inzwischen tun.

Vielleicht haben Sie es schon einmal auf Ihrem Rechner bemerkt – womöglich wurde es mit Ihrer Office-Installation gemeinsam aufgespielt. Eventuell haben Sie es sogar schon einmal ausprobiert. Für uns ist es jedenfalls nicht mehr aus dem Alltag wegzudenken. Wir denken, dass es Ihnen ähnlich ergehen kann, wenn Sie das volle Potenzial von OneNote erkennen. Genau dabei wollen wir Ihnen im nächsten Teil dieses Buches helfen.

delete
enter
return
shift
BILL WEBSITE 9AM
DAY OFF
BRAM 4-7 PM
DAY OFF
4-6PM ELEM OPEN HOUSE
6PM KOG

1 Grundlagen

Microsoft OneNote ist ein kostenloses Programm zum Festhalten und Ordnen von Notizen, Gedanken und allen möglichen anderen Arten von Daten. Die gespeicherten Informationen können über Geräte hinweg synchronisiert werden, so dass z. B. auf dem Smartphone direkt dort weitergearbeitet werden kann, wo auf dem PC aufgehört wurde. Seit der Veröffentlichung vor über 15 Jahren wurde die App kontinuierlich verbessert und weiterentwickelt. Inzwischen gibt es zahlreiche Versionen für alle populären Plattformen.

1.1 Wofür kann man OneNote benutzen?

Diese Frage wird zu OneNote mitunter am häufigsten gestellt: wozu überhaupt? Tatsächlich lässt sich das gar nicht so einfach beantworten, denn die Anwendungsmöglichkeiten sind sehr breit gefächert.

Wie echte Notizbücher lassen sich OneNote-Notizen in vielen Formen und auf viele Arten ins alltägliche Leben integrieren. Dabei bieten sie sogar eine Menge Vorteile: Sie gehen dank Cloud nicht verloren, verbrauchen lokal keinen Platz und man kann sie jederzeit mit jedermann (und jederfrau) teilen. Trotz allem sind ein paar Anwendungsfälle offensichtlicher als andere:

Im Büro
Für die Büroarbeit ist OneNote ein wahrer Lebensretter: In Verbindung mit Teams und Outlook lassen sich Notizen über Meetings detailliert organisieren, Projekte managen und sogar umfangreiche Wikis und Kompendien für die Kooperation mit Kollegen erstellen. OneNote kann als digitales Whiteboard fungieren, Dreh- und Angelpunkt für die Kundendokumentation sein oder ein Handbuch für neue Mitarbeiter darstellen.

Da parallel mehrere Personen im selben Notizbuch arbeiten können, ist es sehr einfach, Daten mit Kollegen abzugleichen oder Dokumente auszutauschen. Änderungen können live nachverfolgt und Pläne sowie Recherchen an einer Stelle zusammengetragen werden.

Für professionelle Büroanwender ermöglicht Microsoft außerdem das Teilen von Notizbüchern via SharePoint.

Zuhause
Auch im privaten Bereich kann OneNote viele Formen annehmen und in Verbindung mit Microsoft Family wird OneNote sogar zum allumfassenden Familienplaner.

Inzwischen ebenso weit verbreitet ist die Anwendung als Rechnungs-, Dokumenten-, Kontoauszugs- und Unterlagensammler. Wie in „echten" Ordnern können die Seiten in OneNote abgelegt werden, nur erheblich platzsparender und blitzschnell durchsuchbar.

OneNote eignet sich aber genauso als:

- Fitness-Tracker
- Einkaufsliste
- Ereigniskalender
- Haushaltshilfe
- Rezeptbuch

Und wenn diese Möglichkeiten einzeln nicht genug sind, warum nicht alle auf einmal nutzen?

Besonders im Hobbybereich finden sich zahlreiche nützliche Anwendungsmöglichkeiten: Sind Sie vielleicht Modellbauer und müssen die Übersicht über viele kleine Teile behalten? Vielleicht schreiben Sie in Ihrer Freizeit ein Buch und wollen die Inhalte sortiert sammeln? Oder spielen Sie Tabletop-Rollenspiele und brauchen ein Werkzeug, um Ihre Spielabende zu organisieren? OneNote eignet sich für all das und noch mehr!

Als Student
Für Studenten ist das Programm der ideale Begleiter – egal ob auf dem iPad oder Notebook. Der klassische Aufbau für die Studiumsorganisation könnte beispielsweise so aussehen: Je Vorlesung wird ein Abschnitt angelegt. Für jeden einzelnen Vorlesungstermin kann dann eine neue Seite eröffnet werden. Wird bei der einen Vorlesung auf eine andere verwiesen, können Sie die Seiten ganz einfach aufeinander verlinken.

Besonders nützlich ist es in diesem Anwendungsfall, dass vom Professor bzw. Dozenten bereitgestellte Dokumente wie PDFs oder PowerPoint-Präsentationen direkt in OneNote eingebunden werden können. Anschließend können eigene Texte oder handschriftliche Notizen hinzugefügt werden.

Inzwischen sind auch diverse Optionen im Funktionsumfang inbegriffen, die speziell für Studenten konzipiert wurden, darunter etwa eine große Anzahl an Seitenvorlagen für bestimmte Arten von Vorlesungsmitschriften (für Seitenvorlagen siehe Seite 44).

Für Lehrer und Schüler
Falls Sie Lehrer oder Pädagoge sind, ist ein weiteres interessantes Produkt das sogenannte OneNote-Mitarbeiternotizbuch bzw. OneNote-Kursnotizbuch. Dieser Dienst erweitert OneNote zu einem vollwertigen „Bildungsprogramm" – für Pädagogen hat Microsoft beispielsweise besondere Funktionen eingebaut, die das digitale Einsammeln von Arbeiten, sowie das Benoten derselben erleichtern.

Einrichten des OneNote-Kursnotizbuchs

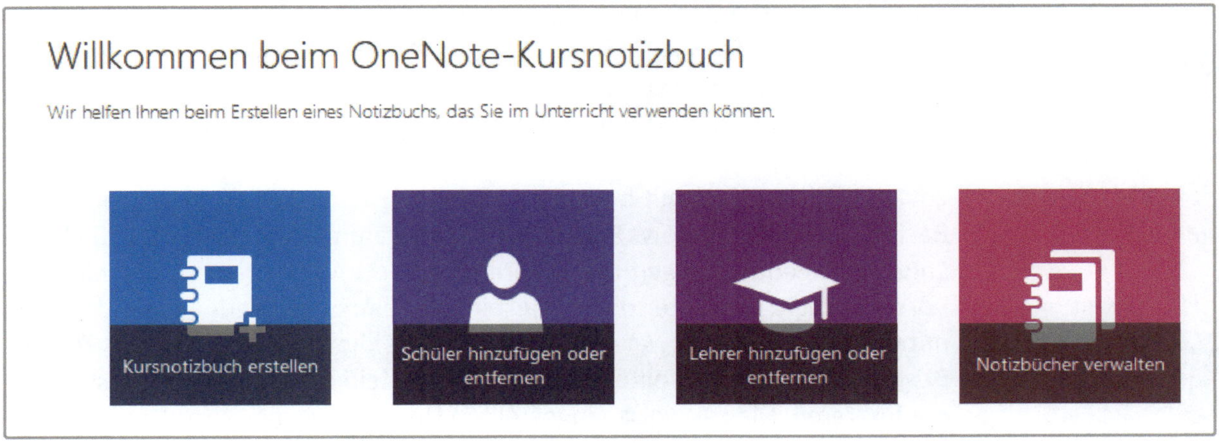

Weiter ist es Lehrkräften möglich, temporär oder permanent bestimmte Funktionen von OneNote zu aktivieren und deaktivieren. Zum Beispiel kann der Lehrer während eines Tests die erweiterten Mathematik-Funktionen von OneNote deaktivieren, die sonst das automatische Lösen von Aufgaben ermöglichen würden.

Icon ab 2003

Es können in den Notizbüchern auch „abgeschottete" Bereiche eingerichtet werden, die z. B. jeweils nur dem Lehrer zugänglich sind, nur bestimmten Schülern, oder allen Schülern sowie dem Lehrer gleichzeitig. So können sowohl Einzelarbeiten als auch kollaborative Arbeiten umgesetzt werden. Mehr zum kollaborativen Arbeiten finden Sie auf Seite 91.

Icon ab 2007

Aufgrund der COVID-19-Pandemie im Jahr 2020 mussten viele Schüler und Lehrer den Unterricht von zu Hause aus führen. In Verbindung mit Microsoft Teams hat sich OneNote in dieser Zeit an vielen Schulen zum Standardprogramm für den digitalen Unterricht etabliert.

1.2 OneNote-Versionen

Icon ab 2010

Geschichte
OneNote wurde im November 2002 angekündigt, damals noch unter dem Codenamen „Scribbler". 2003 wurde das Programm erstmals veröffentlicht – allerdings nicht als offizieller Teil der Office Suite, sondern als fast 200 € teures Standalone-Produkt.

Icon ab 2013

Mit den Jahren sank der Preis und OneNote wurde offizieller Bestandteil der Microsoft-Office-Reihe und des Office-365-Pakets (welches inzwischen *Microsoft 365* heißt). OneNote ist seit 2011 für iOS, seit 2012 für Android und seit 2014 für MacOS erhältlich und inzwischen für jede der Plattformen kostenlos.

Icon ab 2015

2012 hat Microsoft damit begonnen, eine alternative Windows-App auf UWP-Basis („Universal Windows Platform") zu programmieren. Der Vorteil der UWP-Laufzeitumgebung gegenüber älteren OneNote-Versionen ist die einfache Portierbarkeit: OneNote solle so viel einfacher auf verschiedenen Plattformen nutzbar sein. Geplant war ursprünglich, dass die UWP-App mit der Zeit die Desktop-App ablösen sollte, aber sie erreichte leider nie den Funktionsumfang der letzteren. Die zeitweise eingestellten Updates für die „alte" OneNote-Version wurden nach massivem User-Aufschrei wieder aufgenommen und Micro-

Icon ab 2019

soft entschloss sich, ab März 2020 zu Microsoft 365 sowie zur aktuellen Office-Suite wieder die ursprüngliche Desktop-App mitzuliefern.

Aufgrunddessen, dass inzwischen also mehrere verschiedene Desktop-Versionen des Programms im Umlauf sind und auch aufgrund der recht undurchsichtigen Namensgebung der einzelnen Versionen, sind viele Nutzer verwirrt. Dieser Verwirrung wollen wir an dieser Stelle Abhilfe schaffen.

OneNote (2016)
Diese Version hieß früher „OneNote 2016", ist inzwischen allerdings zum Teil nur noch als „OneNote" im Umlauf. Obwohl sie deutlich älter ist, enthält sie immer noch die meisten Features und mehr Einstellungsmöglichkeiten als die neuere Windows-App – das macht sie bei vielen Nutzern nach wie vor zur beliebtesten OneNote-Inkarnation. Auch wir empfehlen ausdrücklich, diese Version zu verwenden. Der visuell größte Unterschied liegt im Aufbau: Anstatt die Abschnitt-Navigation auf der linken Seite anzuzeigen, sind die Abschnitte oben unter der Menüleiste angeordnet. Microsoft hatte zwischenzeitlich aufgehört, Updates für diese Version zu entwickeln, um sich auf die neue Windows-10-App zu konzentrieren, aber hat den Kurs inzwischen um 180° gedreht: Es gibt wieder Updates und die Funktionen der neuen Version sollen Stück für Stück mit integriert werden.

Seit März 2020 ist diese Version wieder diejenige, die mit Microsoft 365 und Office 2019 mitgeliefert wird. Sie ist auch kostenlos über die Microsoft-Website erhältlich.

OneNote für Windows 10
Das ist die „neue" Version von OneNote auf UWP-Basis und die Variante, an der sich die mobilen Versionen bisher orientieren. OneNote für Windows 10 erlaubt es nicht, Notizbücher lokal zu speichern, sondern man ist stets auf das Internet angewiesen. Benutzt man das Programm als Teil von Office 2019, fällt

diese Einschränkung weg. Diese Version enthält bestimmte Features, die nur mit einem Microsoft-365-Abonnement genutzt werden können (siehe „Exklusive Features für Microsoft-365-Nutzer“ auf Seite 105).

OneNote für Windows 10 ist inzwischen auf allen Windows-10-Rechnern vorinstalliert, kann aber auch kostenlos über den Windows Store heruntergeladen werden (siehe Seite 29). Einen Überblick zu dieser OneNote-Version finden Sie auf Seite 101.

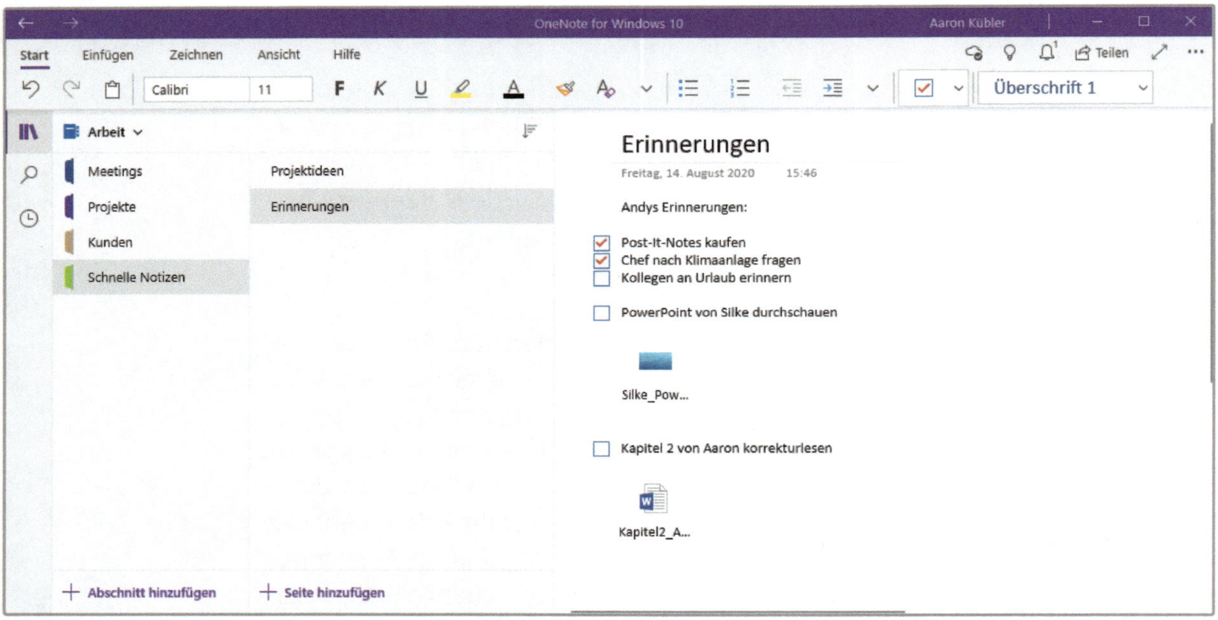

OneNote für Windows 10

OneNote für Android

Die OneNote-App für Android enthält alle wichtigen Funktionen der Desktop-Apps, ist an manchen Stellen natürlich aber auch etwas eingeschränkt. Dafür gibt es aber bisher exklusive Android-Features, darunter z. B. die Möglichkeit, Abschnitte via Fingerabdruck zu sperren und Widgets. Letztere sind kleine Programme, die auf dem Home-Screen platziert werden können, um jederzeit bestimmte OneNote-Funktionen nutzen zu können, ohne das Programm dafür extra öffnen zu müssen.

OneNote für Mac
Diese Version orientiert sich sehr an der Windows-10-UWP-App.

Sie ist kostenlos als Download erhältlich, doch hat für Microsoft-365-Nutzer zusätzliche Features.

OneNote für andere Apple-Geräte
OneNote gibt es natürlich nicht nur auf dem Mac, sondern auch für die anderen Apple-Gadgets: iPhone, iPad, Apple Watch – sogar auf dem iPod touch kann man schnelle Notizen verfassen.

Die iPhone-Version ähnelt in Aufbau und Funktionen der Android-App, bietet aber bisher keine nennenswerten exklusiven Features und zumindest bis jetzt auch noch keine Widgets. Interessant ist allerdings die Watch-App. Sie eignet sich aufgrund des kleinen Bildschirms in erster Linie dafür, schnell Gedanken über das Mikrofon aufzunehmen und in Text umwandeln zu lassen.

Die iPad-Version hingegen ist ein vollwertiges Mitglied der OneNote-Familie und in Verbindung mit dem Apple-Pencil besonders geeignet für handschriftliche Notizen.

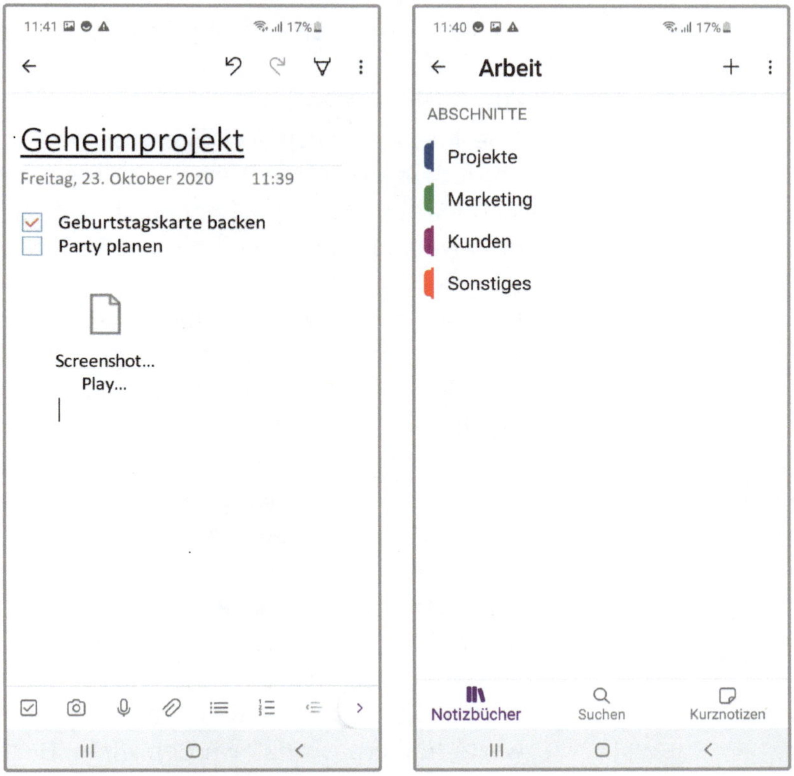

Die OneNote Android-App

Die OneNote iOS-App

All diese Versionen sind über den App Store herunterladbar.

OneNote im Browser
OneNote steht auch als kostenlose Web-App zur Verfügung. Diese können Sie von jedem modernen Browser aus benutzen – das ist besonders dann sinnvoll, wenn Sie auf Ihrem Rechner nicht berechtigt sind, Programme zu installieren, oder wenn Sie an einem fremden Gerät sitzen.

Die Web-Version von OneNote entspricht im Prinzip OneNote für Windows 10. Manche Features sind jedoch eingeschränkt. Beispielsweise können im Browser Video- und Audiodateien nicht direkt abgespielt werden, sondern müssen erst heruntergeladen werden.

Unter der Adresse *www.onenote.com* ist diese OneNote-Version über alle modernen Browser erreichbar.

OneNote für Windows Phone
Der Vollständigkeit halber sei an dieser Stelle noch die Windows-Phone-Variante von OneNote erwähnt. Da das Microsoft-Smartphone-Betriebssystem mit nur 0,02 % Marktanteil (Stand September 2020) allerdings keine nennenswerte Nutzerbasis hat, werden wir im Buch nicht näher auf diese Version eingehen. Wie die anderen mobilen OneNote-Apps ist die Windows-Phone-Variante allerdings sehr ähnlich zur Windows-10-UWP-App.

1.3 Welche Version sollte ich nutzen?

Wenn Sie OneNote auf dem Tablet, Smartphone oder Ihrem Mac nutzen wollen, steht Ihnen nur je eine Version zur Auswahl (die Online-Variante ausgenommen). Diese können Sie natürlich getrost verwenden.

Die Entscheidung fällt für Windows-Nutzer jedoch deutlich schwerer aus, denn dort muss man zwischen der UWP-App („OneNote für Windows 10“) und dem Desktop-Programm („OneNote“, früher „OneNote 2016“) abwägen. Wir empfehlen in diesem Fall die Desktop-Version – denn sie hat den größeren Funktionsumfang. Ein paar wenige Features sind aber zumindest zu diesem Zeitpunkt noch UWP-App-exklusiv (z. B. das Zeichnen von Graphen für mathematische Funktionen). Aus diesem Grund haben wir auf unseren Rechnern beide Apps installiert, so dass wir, wenn nötig, hin und her wechseln können.

Benutzen Sie diese exklusiven Features oft oder sind sogar auf sie angewiesen, dann ist für Sie vielleicht die UWP-App die bessere Wahl.

Wir hoffen, dass Microsoft dem „Zwei-Versionen-Problem“ in den kommenden Jahren Abhilfe schafft, indem alle nützlichen Features in einer einzigen Version zusammengefasst werden (aktuell werden der Desktop-App via Updates nach und nach die Features der UWP-App hinzugefügt).

1.4 Erste Schritte

Das Microsoft-Konto

Um OneNote nutzen zu können, benötigen Sie ein Microsoft-Konto. Wenn Sie bereits andere Microsoft-Programme nutzen, dann stehen die Chancen gut, dass Sie schon eines haben. Ansonsten können Sie sich so ein Konto erstellen:

1. Navigieren Sie in einem Browser Ihrer Wahl zu *www.microsoft.de* (oder direkt zu *https://www.microsoft.com/de-de/*). Klicken Sie oben rechts auf ***Anmelden*** bzw. das Symbol mit der stilisierten Person.

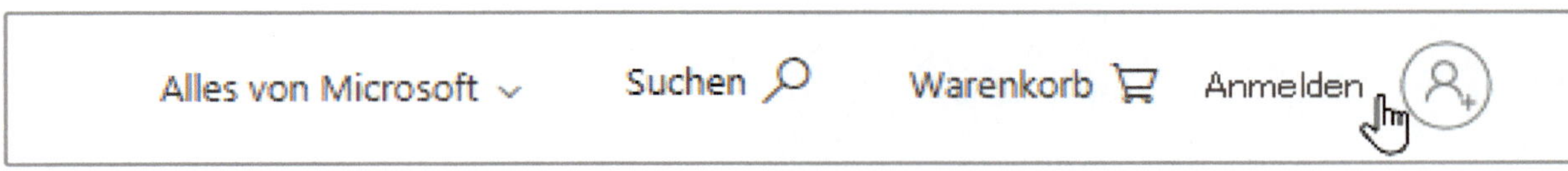

2. Klicken Sie im Fenster ***Anmelden*** auf ***Dann erstellen Sie jetzt eins!***.

3. Um Ihr Konto zu erstellen, müssen Sie nun einige Daten angeben:

   - die E-Mail-Adresse, mit der Sie das Konto verknüpfen möchten
   - ein (möglichst sicheres) Passwort
   - Ihr Geburtsdatum und das Land, in dem Sie sich befinden
   - Ihr Vor- und Nachname

4. Sie müssen die Kontoerstellung mit einem sogenannten „Captcha“ bestätigen. In der Regel müssen Sie hier Buchstaben erkennen. Dieser Schritt dient dazu, auszuschließen, dass Sie eine Maschine sind. Falls es Ihnen

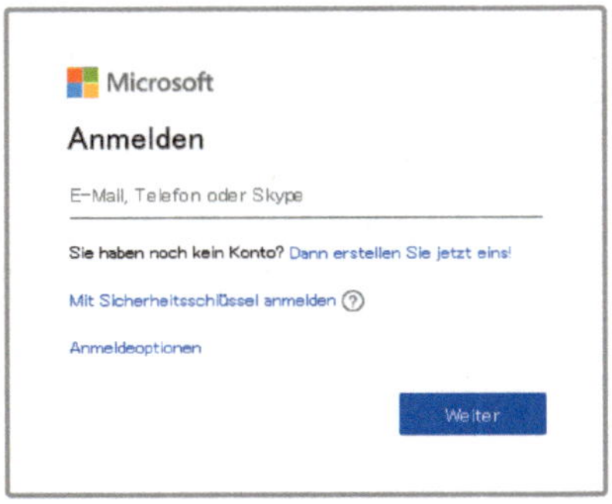
Microsoft
Anmelden
E-Mail, Telefon oder Skype
Sie haben noch kein Konto? Dann erstellen Sie jetzt eins!
Mit Sicherheitsschlüssel anmelden
Anmeldeoptionen
Weiter

Microsoft
Konto erstellen
jemand@example.com
Stattdessen eine Telefonnummer verwenden
Neue E-Mail-Adresse anfordern
Weiter

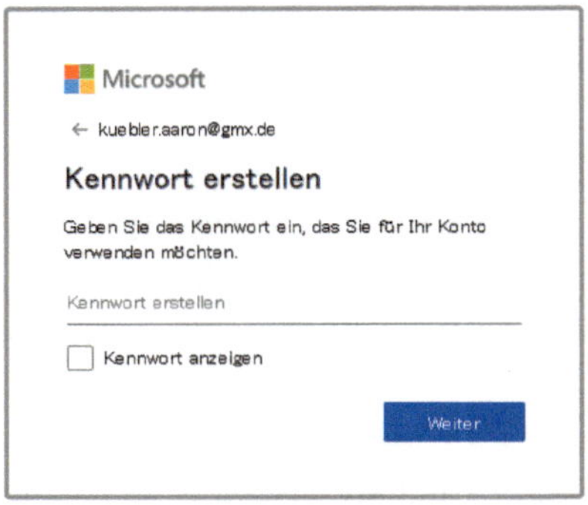
Microsoft
kuebler.aaron@gmx.de
Kennwort erstellen
Geben Sie das Kennwort ein, das Sie für Ihr Konto verwenden möchten.
Kennwort erstellen
Kennwort anzeigen
Weiter

Microsoft
kuebler.aaron@gmx.de
Wie lautet Ihr Geburtsdatum?
Wir benötigen nur noch einige wenige Informationen zum Einrichten Ihres Kontos.
Land/Region
Deutschland
Geburtsdatum
Tag
Monat
Jahr
Weiter

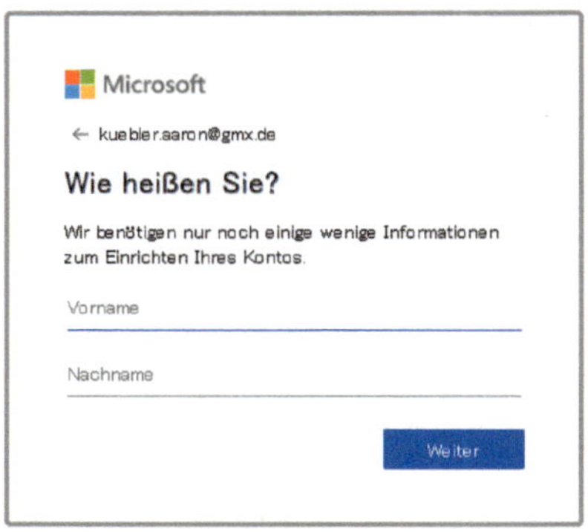
Microsoft
kuebler.aaron@gmx.de
Wie heißen Sie?
Wir benötigen nur noch einige wenige Informationen zum Einrichten Ihres Kontos.
Vorname
Nachname
Weiter

Microsoft
kuebler.aaron@gmx.de
Konto erstellen
Vor dem Fortfahren müssen wir sicherstellen, dass dieses Konto von einer realen Person erstellt wird.
Neu
Audio
Geben Sie die Zeichen ein, die Sie sehen.
YD5kVkJpXy
Weiter

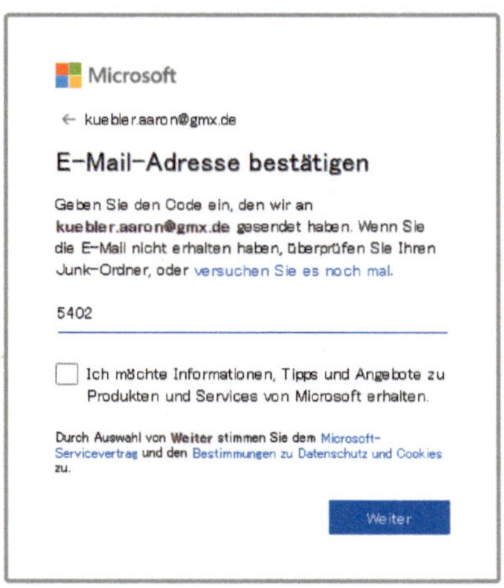
Microsoft
kuebler.aaron@gmx.de
E-Mail-Adresse bestätigen
Geben Sie den Code ein, den wir an kuebler.aaron@gmx.de gesendet haben. Wenn Sie die E-Mail nicht erhalten haben, überprüfen Sie Ihren Junk-Ordner, oder versuchen Sie es noch mal.
5402
Ich möchte Informationen, Tipps und Angebote zu Produkten und Services von Microsoft erhalten.
Durch Auswahl von Weiter stimmen Sie dem Microsoft-Servicevertrag und den Bestimmungen zu Datenschutz und Cookies zu.
Weiter

Microsoft
kuebler.aaron@gmx.de
Angemeldet bleiben?
Bleiben Sie angemeldet, damit Sie sich das nächste Mal nicht erneut anmelden müssen.
Diese Meldung nicht mehr anzeigen
Nein
Ja

sehr schwer fällt, die Zeichen zu entziffern, können Sie mit der Schaltfläche ***Neu*** ein neues Captcha anfordern.

5 Anschließend bekommen Sie eine E-Mail mit einem Freischaltungscode an die E-Mail-Adresse geschickt, die Sie zu Beginn angegeben haben. Sobald Sie den Code eingegeben haben und bestätigen, haben Sie die Kontoerstellung abgeschlossen.

6 Sie können dann noch auswählen, ob Sie an diesem Rechner eingeloggt bleiben möchten.

OneNote installieren

Windows

Wenn Sie Windows 10 nutzen, dann ist sehr wahrscheinlich die UWP-App („OneNote für Windows 10") bereits auf Ihrem Gerät installiert. Das können Sie ganz einfach prüfen, indem Sie unten links neben dem Windows-Symbol in der Suchleiste nach „OneNote" suchen. Falls es nicht vorhanden ist, finden Sie das Programm auf der Microsoft-Webseite.

Sie erreichen diese im Browser unter *www.microsoft.de*. Dort angekommen können Sie die Suchfunktion am oberen Bildschirmrand nutzen. Tippen Sie „OneNote" ein, erscheint das Programm als eines der ersten Ergebnisse. Klicken Sie auf ***Herunterladen***, so werden Sie direkt zum Microsoft Store weitergeleitet. Alternativ können Sie das Programm natürlich auch direkt im Microsoft Store finden.

OneNote für Windows 10 auf microsoft.de

Seit März 2020 wird mit Microsoft Office oder einem Microsoft-365-Abonnement (früher Office 365) die OneNote-Desktop-App mitgeliefert. Wenn Sie eines der beiden Produkte besitzen, finden Sie die App in der Office-App unter „Office installieren“.

Achtung:
Klicken Sie in der Office-App direkt auf OneNote, so gelangen Sie NICHT zur Desktop-Version des Programms, sondern es öffnet sich die Web- bzw. Browser-Version! Mehr zu OneNote Online finden Sie auf Seite 109.

Wenn Sie weder Office noch ein Microsoft-365-Abo besitzen, dann finden Sie die OneNote-Desktop-Version kostenlos unter *www.onenote.com/download*.

Die Office-App

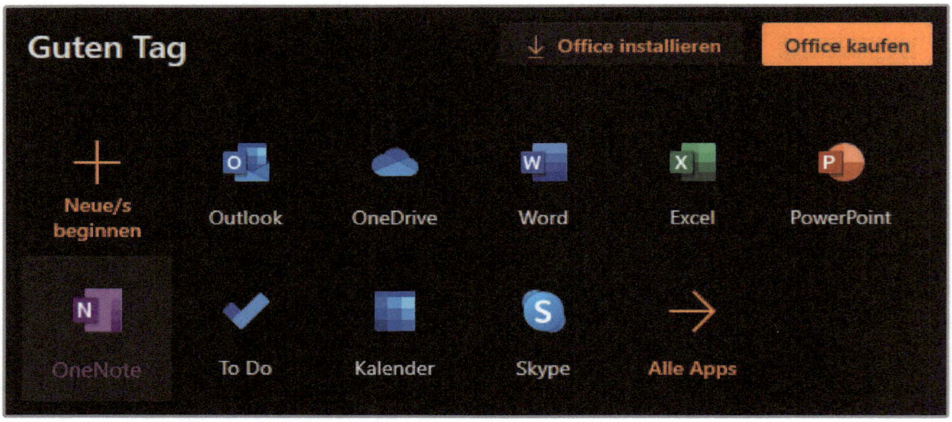

Mac
Auch für die beliebten Apple-Rechner ist OneNote kostenlos verfügbar – seit 2014. Um es zu installieren, gehen Sie folgendermaßen vor:

1. Öffnen Sie den Mac App Store.
2. Suchen Sie nach OneNote.
3. Klicken Sie auf ***Laden***.

Und das war es auch schon! Vom Funktionsumfang und der Optik ähnelt das Programm sehr stark der Windows-UWP-App. Zu beachten ist allerdings, dass auch auf dem Mac nicht mit den Apple-Cloud-Services gearbeitet wird (iCloud), sondern genau wie auf Windows ein Microsoft-Account und eine Verbindung zu OneDrive erforderlich sind.

Android

Das Smartphone-Betriebssystem von Google ist die am weitesten verbreitete Software für Smartgeräte – da ist es ganz natürlich, dass OneNote auch für diese Geräte eine eigene Version spendiert bekommen hat. Sie installieren die App folgendermaßen:

1. Öffnen Sie den Play Store.

2. Suchen Sie nach OneNote.

3. Laden und installieren Sie die App durch Tippen auf ***Installieren***. Dabei fallen keine Kosten an.

4. Beim ersten Öffnen der App müssen Sie sich mit Ihrem Microsoft-Konto anmelden. Außerdem müssen Sie mehrere Einstellungen bezüglich Datennutzung und Diagnosedaten treffen.

Mehr zur OneNote für Android finden Sie auf Seite 108.

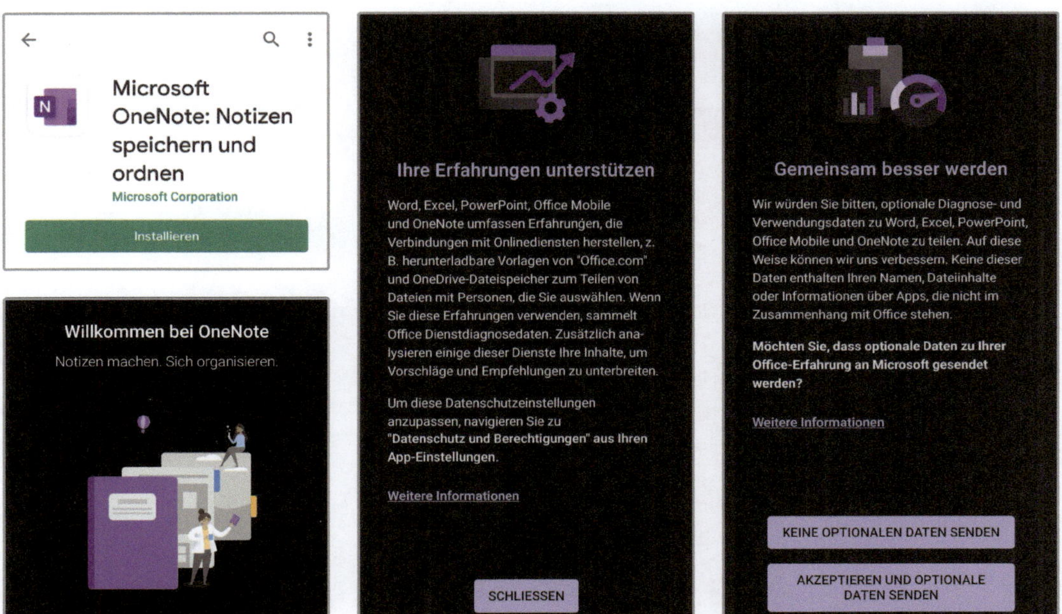

Einrichten von OneNote unter Android

iPhone / iPad

Die Installation von OneNote läuft auf iOS- und iPadOS-Geräten sehr ähnlich zur Installation unter Android ab. Mit der aktuellen iOS-Version (iOS 14) funktioniert das so:

1. Öffnen Sie den App Store.
2. Suchen Sie nach OneNote.
3. Laden und installieren Sie die App durch Tippen auf das -Symbol. Dabei fallen keine Kosten an.
4. Beim ersten Öffnen der App müssen Sie sich mit Ihrem Microsoft-Konto anmelden. Außerdem müssen Sie entscheiden, ob Sie Push-Nachrichten und Mitteilungen von der App bekommen wollen.

Einrichten von OneNote unter iOS

Aufbau und Struktur

Natürlich sieht OneNote nicht auf jedem Gerät identisch aus. Schon allein weil Mobilgeräte viel weniger Informationen auf einmal darstellen können als ein großer Desktopbildschirm unterscheiden sich die Versionen auf den ersten Blick mitunter sehr. Aber auch die beiden Windows-Varianten sind sich optisch nicht besonders ähnlich. Wenn man aber einmal die Struktur „hinter“ dem Programm verstanden hat, findet man sich in jeder der Versionen zurecht.

Allgemeiner Aufbau

Notizbücher in OneNote bestehen wie echte Notizbücher aus Seiten. Diese Seiten lassen sich zu Abschnitten zusammenfassen – wie kleine Kapitel, die zusammengehörende Seiten bündeln. Aber das ist natürlich nur der grundlegende Aufbau. Je nachdem, was Sie mit Ihrem Notizbuch vorhaben, können Sie die Struktur Ihrer Seiten und Abschnitte weiter einteilen.

Es ist besonders wichtig, die hierarchische Struktur von OneNote zu verinnerlichen. Auf oberster Stufe steht dabei das Notizbuch. Wie im echten Leben können Sie sowohl ein einziges, aber auch mehrere Notizbücher haben, die verschiedene Themen behandeln. Notizbücher können in beliebig viele Abschnitte unterteilt werden. Diese können Sie sich wie Kapitel vorstellen, die dazu dienen, zusammengehörende Seiten zu gruppieren.

Arbeiten Sie mit sehr vielen Abschnitten, können diese zu Abschnittsgruppen zusammengefasst werden. Innerhalb eines Abschnitts können Sie hierarchisch organisieren, indem Sie bestimmte Seiten als Unterseiten anderer Seiten definieren. Auf der nächsten Seite finden Sie ein kleines Diagramm zum besseren Verständnis.

Notizbuch
 └ **Abschnittsgruppe**
  └ **Abschnitt**
   └ **Seite**
    └ **Unterseite**
     └ **Unter-Unterseite**

Die einfachste Möglichkeit, die OneNote-Struktur sinnvoll anzuwenden, ist, in der Hierarchie absteigend immer detaillierter zu werden. So arbeiten Sie sich von recht breit gefächerten, allgemeineren Themen, zu sehr fokussierten, detaillierten Bereichen vor. Eine Beispielunterteilung könnte so aussehen:

Rezeptebuch
 └ **Backwaren**
  └ **Brot**
   └ **Vollkornbrot**
    └ **Roggenvollkorn**
     └ **Variante glutenfrei**

Den Überblick behalten

Die hierarchische Anordnung von OneNote-Seiten alleine bringt Ihnen natürlich aber noch keinen Vorteil. Sie müssen Sie auch sinnvoll anzuwenden wissen! Bevor Sie also freudig darauf losschreiben, sollten Sie sich Gedanken über den Aufbau Ihres Notizbuches machen. Fragen, die Sie sich dazu stellen sollten, beinhalten unter anderem:

- Soll ich mit einem oder mit mehreren Notizbüchern arbeiten? Für separate Themenbereiche bietet es sich (unserer Meinung nach) immer an, eher mit mehr Notizbüchern zu arbeiten, als zu versuchen, alles in einem unterzubekommen.
- Wie viele Abschnitte werde ich benötigen?
- Welche Abschnitte können zu Abschnittsgruppen gegliedert werden bzw. ist es nötig, Abschnittsgruppen zu verwenden?

- Werden (Unter-)Unterseiten nötig sein, um die Notizen sinnvoll zu gliedern?
- Gibt es wiederkehrende Muster? Sollten bestimmte Notizen z. B. immer anderen Notizen als Unterseiten untergeordnet werden?
- Welche Farben kann ich Abschnitten zuweisen, um sie intuitiv am besten wiederzufinden?
- Kann ich von Seitenvorlagen (siehe Seite 44) profitieren? Welche soll ich verwenden und für welche Daten?

Es ist außerdem sinnvoll, sich feste Format-und Strukturregeln zu überlegen, damit das Gesamtbild einheitlicher wird. Das gilt insbesondere dann, wenn Sie mit anderen Personen am selben Notizbuch zusammenarbeiten. Eine eigene Seite im Notizbuch, auf der diese Regeln zusammengefasst sind, kann dabei besonders hilfreich sein.

2 Die OneNote Desktop-App (2016)

2.1 Die Programmoberfläche

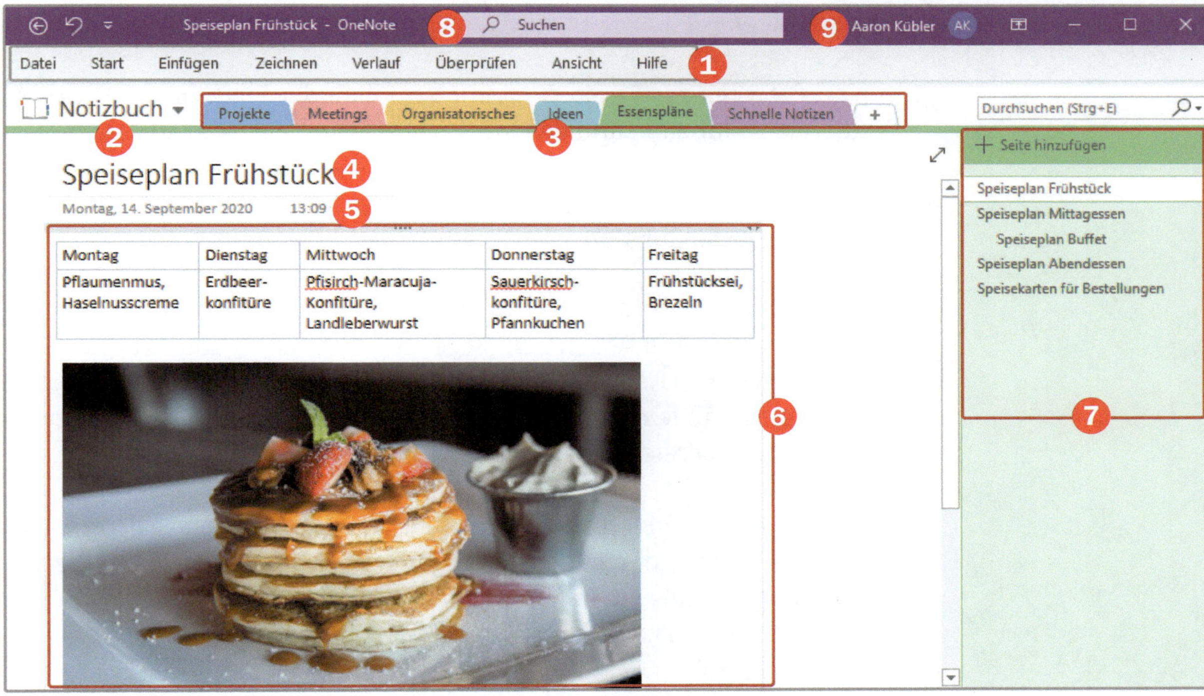

1. Das Menüband fasst die Symbole und Schaltflächen für verschiedene OneNote-Funktionen aufgabenbezogen in verschiedenen Registerkarten zusammen. Möchten Sie z. B. Elemente einfügen, dann finden Sie die entsprechenden Funktionen unter ***Einfügen***. Möchten Sie via Touch handschriftliche Notizen festhalten oder Skizzen hinzufügen, dann sind Sie bei ***Zeichnen*** richtig aufgehoben.

2. Hier wird der Name des aktuell geöffneten Notizbuchs angezeigt. Mit dem kleinen grauen Pfeil rechts daneben können Sie zu anderen Notizbüchern wechseln.

3. In dieser Leiste werden die einzelnen Abschnitte des Notizbuchs mit ihren zugewiesenen Farben dargestellt. Das Plus-Symbol am rechten Rand der

Leiste erlaubt es, weitere Abschnitte hinzuzufügen. Wenn Abschnittsgruppen verwendet werden, tauchen diese rechts des Plus-Symbols auf.

4 Der Titel der OneNote-Seite ist an dieser Stelle besonders hervorgehoben. Unter diesem Namen taucht die Seite auch in der Seitennavigation auf.

5 Unter dem Seitennamen finden Sie das genaue Erstellungsdatum der Seite inklusive der Erstellungsuhrzeit.

6 Den größten Teil des Fensters nimmt der Inhalt der Seite ein. Hier können Texte, Bilder, Tabellen und vielerlei andere Daten auftauchen. Da OneNote-Notizbücher standardmäßig keine feste Seitengröße haben, kann es sein, dass Sie nicht nur vertikal sondern auch horizontal scrollen müssen, um den gesamten Inhalt der Seite betrachten zu können.

7 Am rechten Seitenrand finden Sie standardmäßig eine Übersicht der Seiten im ausgewählten Abschnitt. Diese ist hierarchisch aufgebaut und erlaubt eine schnelle Navigation zwischen den Inhalten im Abschnitt. Unterseiten erkennen Sie daran, dass sie eingerückt sind. Manche Funktionen öffnen weitere Bereiche am rechten Bildschirmrand.

8 In der Suchleiste können Sie nach Seitentiteln, -inhalten und Stichwörtern suchen. Sie können hier auch nach sogenannten Tags sortieren (siehe Seite 97). Ob die Suchleiste immer angezeigt werden soll, können Sie in den OneNote-Optionen konfigurieren.

9 Am rechten oberen Fensterrand können Sie direkt auf Ihre Microsoft-Konto-Einstellungen zugreifen bzw. zu einem anderen Microsoft-Konto wechseln. Wenn Sie z. B. in der Arbeit ein anderes Konto als zu Hause nutzen, müssen Sie wechseln, um auf Ihre privaten bzw. arbeitsbezogenen Notizbücher zugreifen zu können.

2.2 Ein Notizbuch erstellen

Um ein neues Notizbuch zu erstellen, gehen Sie folgendermaßen vor:

1. Navigieren Sie zur Registerkarte ***Datei***. Es öffnet sich die sogenannte ***Backstage-Ansicht***.

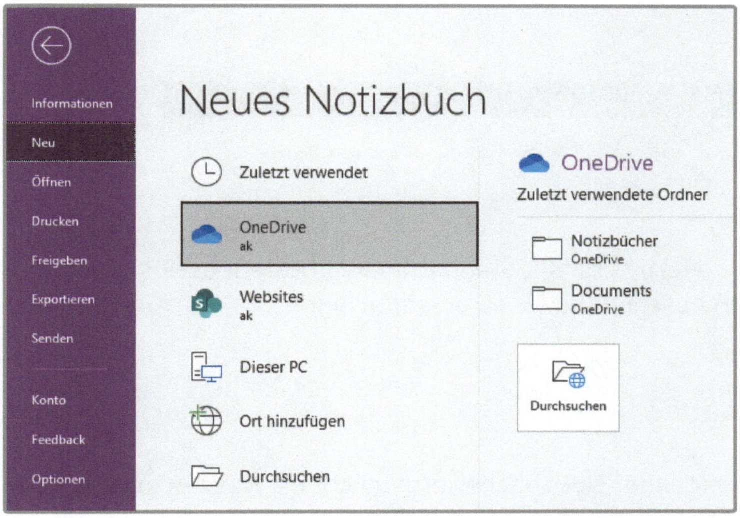

Die Backstage-Ansicht

Was ist die Backstage-Ansicht?

Sie kennen die Ansicht mit der farbigen Menüleiste am linken Bildschirmrand vielleicht bereits aus anderen Office-Programmen – sie dient zum Verwalten, Speichern, Drucken, Teilen und Überprüfen von Daten.

Microsoft selbst beschreibt die Backstage-Ansicht folgendermaßen: „Kurz gesagt, führen Sie in dieser Ansicht Aufgaben **mit** Dateien, aber nicht **in** den Dateien aus."

2. Klicken Sie auf ***Neu***. Es öffnet sich das Bedienfeld zum Erstellen neuer Dateien.

3. In der linken Spalte können Sie einen Speicherort für Ihr Notizbuch wählen. Wenn Sie in der Cloud und damit geräteübergreifend arbeiten wollen, wählen Sie den entsprechenden OneDrive-Speicher aus. Arbeiten Sie im Büro an einem Firmennotizbuch, ist vermutlich ***SharePoint*** der richtige Speicherort. Um lokal zu speichern, wählen Sie ***Dieser PC***. In jedem Fall öffnet sich ein Dialogfenster.

4. Geben Sie einen aussagekräftigen Namen für Ihr Notizbuch ein. Bestätigen Sie mit ***Erstellen***.

5. Sie können jetzt auswählen, ob Sie direkt andere Personen zur Kollaboration einladen wollen. Diese Option steht Ihnen auch nach der Erstellung Ihres Notizbuches jederzeit zur Verfügung. Wählen Sie ***Personen einladen*** oder ***Jetzt nicht*** aus. Mehr zum kollaborativen Arbeiten finden Sie auf Seite 91.

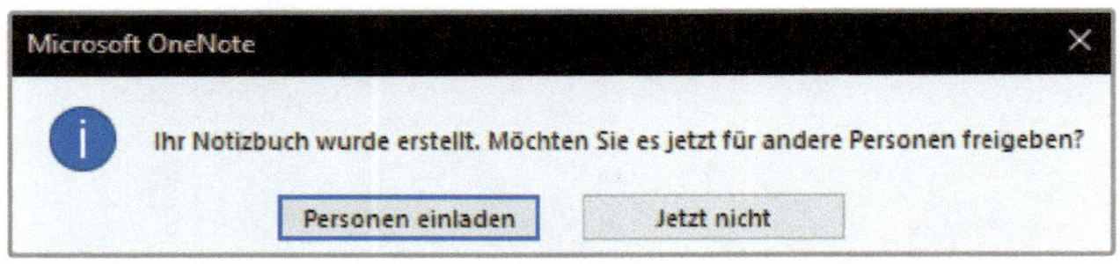

Ihr Notizbuch wurde fertig erstellt. Standardmäßig besteht es aus einem einzigen unbenannten Abschnitt sowie einer leeren Seite.

Abschnitte verwalten

Das Anlegen verschiedener Notizbücher ermöglicht es, Notizen grundlegend zu gruppieren und zu organisieren. Aber auch innerhalb eines Notizbuchs fallen oft viele unterschiedliche Themenbereiche an. Werden die Seiten nicht weiter unterteilt, ist in den meisten Fällen Verwirrung vorprogrammiert.

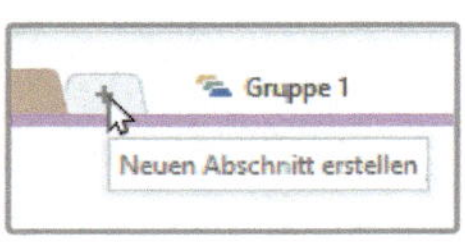

Bevor es also darum geht, die Übersicht über einzelne Seiten zu behalten, ist es sinnvoll, sich erst einmal mit den Abschnitten selbst zu befassen. Ein Notizbuch in OneNote kann beliebig viele Abschnitte enthalten, die jeweils mehrere Seiten bündeln – ganz ähnlich zu Ordnern im Windows-Explorer.

Abschnitte hinzufügen

Ein neu erstelltes Notizbuch enthält standardmäßig einen leeren Abschnitt. Um einen neuen Abschnitt hinzuzufügen, können Sie entweder auf das graue Plus-Symbol neben den bestehenden Abschnitten klicken oder nach einem Rechtsklick auf einen beliebigen Abschnitt zu ***Neuer Abschnitt*** navigieren. In beiden Fällen erscheint sofort ein neuer Abschnitt, dessen Namen Sie nach Belieben ändern können.

Abschnitte umbenennen

Wenn Sie einen bereits erstellten Abschnitt umbenennen möchten, können Sie das entweder mit einem Doppelklick auf den Namen des Abschnitts oder durch ***Rechtsklick*** > ***Umbenennen*** erledigen.

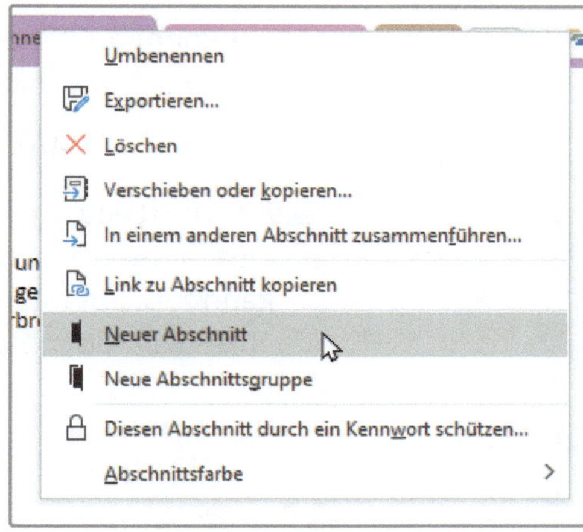

Abschnitte löschen

Wenn Sie aus Versehen einen Abschnitt zu viel erstellt haben oder beim Aufräumen Ihres Notizbuches feststellen, dass ein Abschnitt nicht mehr nötig ist, können Sie ihn jederzeit löschen. Klicken Sie dazu mit der rechten Maustaste auf den Abschnitt und wählen Sie im Kontextmenü ***Löschen***. Bestätigen Sie mit ***OK***.

Abschnitte verschieben

In welcher Reihenfolge die Abschnitte Ihres Notizbuches in der Liste auftauchen, lässt sich von Ihnen frei bestimmen. So bleibt Ihnen die Wahl, ob Sie Ihre Abschnitte thematisch, chronologisch, alphabetisch oder nach einer ganz eigenen Methode anordnen wollen. Dazu können Sie auf der rechten Seite des OneNote-Fensters im Abschnittsbereich einfach die Abschnittsnamen via Drag-And-Drop verschieben.

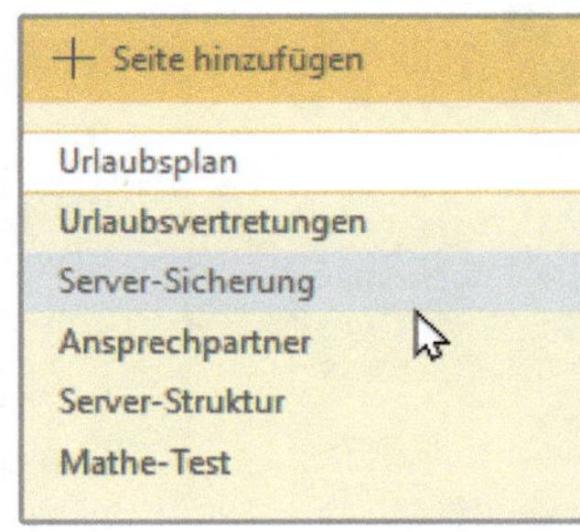

Der Abschnittsbereich

Wenn Sie sehr viele Abschnitte haben und das vertikale Scrollen Ihnen zu mühselig ist oder wenn Sie mit einem Touchpad arbeiten, welches Drag-And-Drop sehr anstrengend macht, können Sie den zu verschiebenden Abschnitt auch mit ***Rechtsklick*** > ***Verschieben*** oder ***Kopieren...*** an einen anderen Ort verschieben. Es öffnet sich zunächst ein Fenster:

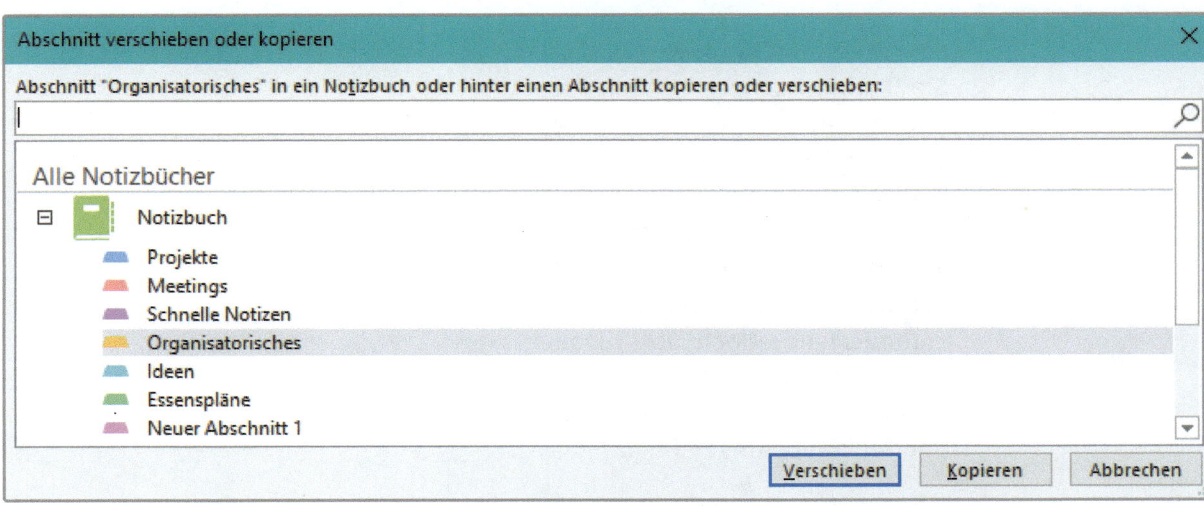

Sie können jetzt einen Abschnitt in einem beliebigen Notizbuch auswählen. ***Verschieben*** verschiebt den Abschnitt hinter den ausgewählten, während ***Kopieren*** nur eine Kopie des Abschnitts an die gewünschte Stelle setzt.

Diese Farben stehen Ihnen zur Verfügung.

Abschnittsfarbe ändern

Eine sinnvolle farbliche Unterteilung kann in der Praxis sehr hilfreich sein. Es kann z. B. gut funktionieren, themenverwandte Abschnitte in derselben Farbe abzulegen oder Farben zu wählen, die mit dem Thema korrelieren. Wenn Sie die von OneNote zufällig zugewiesene Abschnittsfarbe ändern wollen, klicken Sie im Kontextmenü des Abschnitts auf ***Abschnittsfarbe***. Sie haben jetzt 16 verschiedene Farben zur Auswahl (und ***Keine***, was einem hellen Grauton entspricht).

Abschnitte gruppieren

Selbst die beste Seiten- und Unterseitenanordnung ist nur wenig effektiv, wenn Sie Ihre Abschnitte bereits ineffektiv angelegt haben oder – noch schlimmer – die Übersicht über sie verlieren. Wenn Ihr Notizbuch besonders viele Abschnitte enthält, sollten Sie also darüber nachdenken, themenverwandte Abschnitte zu gruppieren – insbesondere dann, wenn gar nicht mehr alle Abschnitte auf einmal auf Ihrem Bildschirm angezeigt werden können. Eine Abschnittgruppe können Sie ganz einfach erstellen, indem Sie mit der rechten Maustaste auf den Namen eines Abschnittes am oberen Fensterrand klicken und dann die Schaltfläche ***Neue Abschnittgruppe*** auswählen.

Rechts der Abschnitts-Schaltflächen erscheint ein Symbol, das Ihre neue Abschnittsgruppe repräsentiert. Sie können Abschnitte ganz einfach via Drag-And-Drop hinzufügen.

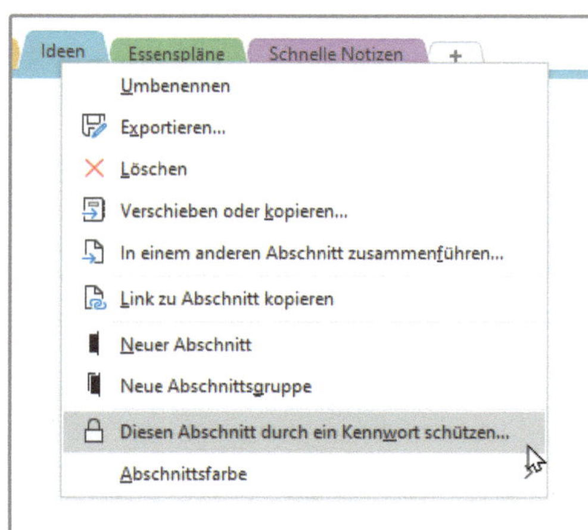

Abschnitte mit Kennwort schützen

Sie können einzelne Abschnitte mit einem Kennwort versehen. Das ist sinnvoll, wenn Sie den Inhalt vor unbefugtem Zugriff schützen wollen oder mit mehreren anderen Personen am selben Notizbuch zusammenarbeiten, bestimmte Teile jedoch nicht für aller Augen gedacht sind. Kennwortgeschützte Abschnitte können nur durch Eingabe des richtigen Passworts entsperrt werden. Alle darin enthaltenen Seiten sind bis dahin nicht zugänglich.

Denkbare Anwendungsfälle könnten sein:

- Sie schreiben Ihr persönliches Tagebuch mit OneNote.
- Sie verwalten Kunden- oder Mitarbeiterdaten (in diesem Fall ist insbesondere auch die DSGVO zu beachten!).
- Es geht um medizinische/gesundheitliche oder anderweitig vertrauliche Informationen.

Um einen Abschnitt mit einem Kennwort zu versehen, klicken Sie mit der rechten Maustaste auf den Namen des Abschnitts im Abschnittsregister oben. Wählen Sie ***Diesen Abschnitt durch ein Kennwort schützen***.

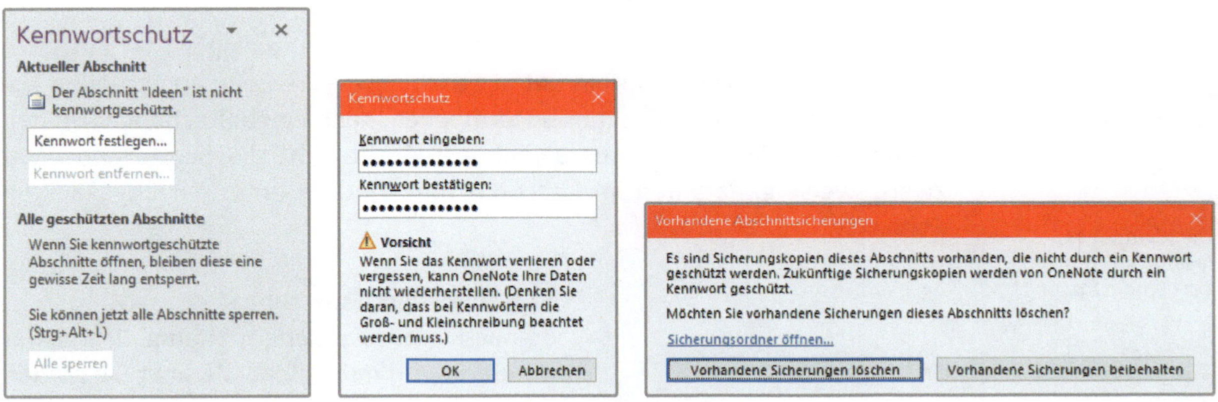

Auf der rechten Seite des Fensters erscheint jetzt der Bereich ***Kennwortschutz***. Ein Klick auf ***Kennwort festlegen*** öffnet ein Pop-Up, in dem Sie das gewünschte Kennwort erst eingeben und dann noch einmal bestätigen müssen.

Wenn Sie den Abschnitt schon länger verwenden und erst jetzt mit einem Kennwort schützen möchten, kann es sein, dass OneNote Sie fragt, ob Sie etwaige Sicherungen des Abschnitts nun löschen wollen. Wir empfehlen, das Löschen in diesem Fall zu bestätigen. Schließlich ist es i. d. R. wenig sinnvoll einen Abschnitt zu schützen, aber noch ungeschützte Sicherungen davon aufzubewahren.

Wichtige Hinweise:

Merken Sie sich Ihr Kennwort gut! Auch Microsoft selbst weist Sie darauf hin: *„In OneNote werden* ***kennwortgeschützte Abschnitte mittels Verschlüsselung gesichert. Wenn Sie Ihr Kennwort vergessen, kann niemand Ihre Notizen für Sie entsperren (nicht einmal der technische Support von Microsoft).*“ Das bedeutet, wenn Sie das Kennwort für einen Abschnitt vergessen, dann ist dieser Abschnitt für immer verloren!

Bedenken Sie außerdem, dass Kennwörter in OneNote „case sensitive“ sind, das heißt die Groß- und Kleinschreibung wird beachtet. „apfelbaum2782“ und „ApfelBaum2782“ sind also unterschiedliche Passwörter!

Ist ein Abschnitt kennwortgeschützt, wird er außerdem von der OneNote-internen Suchfunktion ignoriert, bis der Abschnitt entsperrt wird.

Seiten erstellen und nach Bedarf anpassen

Um eine neue Seite zu erstellen, klicken Sie im Seitendialogfenster auf ***Seite hinzufügen***. Es wird daraufhin automatisch eine leere Seite im aktuellen Abschnitt erstellt. Alternativ ist es auch möglich, nach einem Rechtsklick in den Seitendialog ***Neue Seite*** auszuwählen. Dabei taucht die Seite dann nicht zwangsweise ganz unten im Abschnitt auf, sondern unter der angeklickten Seite.

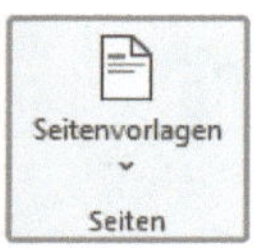

Die Vorlage „Vorlesungsnotizen und Vertiefungsfragen“

Seitenvorlagen nutzen

Je nachdem, zu welchem Thema, in welcher Situation und mit welcher Absicht Sie gerade Notizen machen, haben Sie andere Ansprüche an diese. Mit Seitenvorlagen haben Sie Zugriff auf vorgefertigte Layouts, die Ihnen gestalterische und inhaltliche Arbeit abnehmen können. OneNote enthält mit der Installation bereits eine Vielzahl an verwendbaren Vorlagen.

Die Vorlage „Vorlesungsnotizen und Vertiefungsfragen“ etwa enthält bereits einen ansprechenden Hintergrund sowie ausfüllbare Bereiche, in denen Sie behandelte Themen,

Ankündigungen und Fragen notieren können. Um die Vorlagen aufzurufen, klicken Sie in der Registerkarte ***Einfügen*** im Bereich ***Seiten*** auf ***Seitenvorlagen***. Am rechten Bildschirmrand öffnet sich der Bereich ***Vorlagen***. Die einzelnen Vorschläge werden hier zur besseren Übersicht kategorisiert:

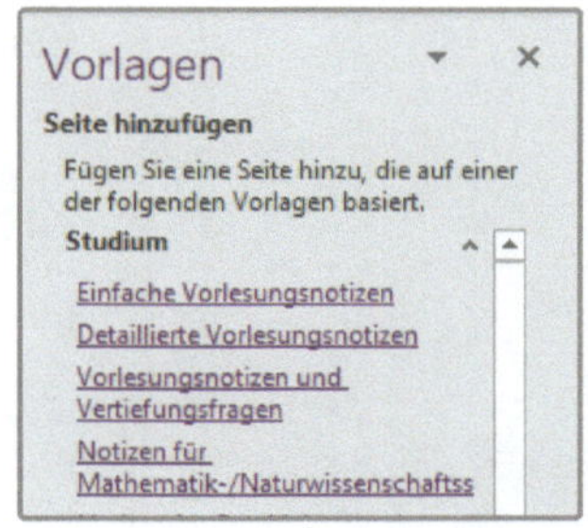

- Studium
- Diverse Seitenformate
- Business
- Dekorativ
- Aufgabenlisten

Sobald Sie eigene Formate hinzufügen, wird diese Liste außerdem noch um die Kategorie ***Meine Vorlagen*** ergänzt.

Wenn Sie Seiten in einem bestimmten Abschnitt ausschließlich zu einem bestimmten Zweck nutzen, können Sie in diesem Bereich auch eine Standardvorlage auswählen. Haben Sie z. B. einen Abschnitt „Mathematik-Vorlesungen“, so kann es sinnvoll sein, als Vorlage „Notizen für Mathematik-/Naturwissenschaftsstunde“ auszuwählen. Es ist generell eine gute Idee, sich mit den mitgelieferten Vorlagen vertraut zu machen – sicherlich ist auch für Ihre Ansprüche etwas Passendes dabei!

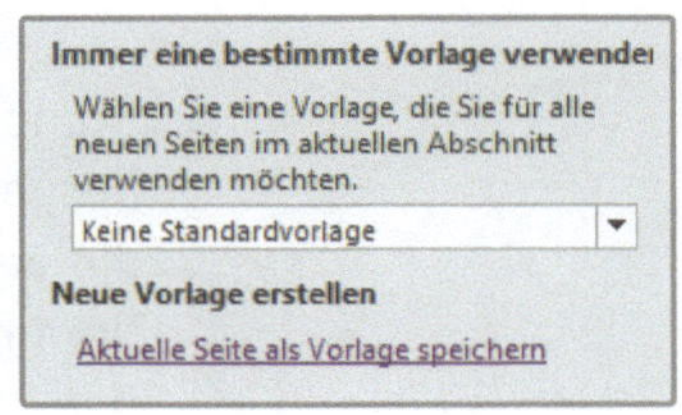

Allerdings können Sie auch ganz einfach die bereits vorhandenen Vorlagen nach Belieben anpassen. Dazu gehen Sie wie folgt vor:

1. Öffnen Sie die gewünschte Vorlage über ***Einfügen*** -> ***Seitenvorlagen***.
2. Nehmen Sie nach Belieben Änderungen an der Seite vor. Sie können das Format ändern, Hilfslinien hinzufügen oder entfernen und Texte oder Bilder einfügen.
3. Wenn Sie fertig sind, klicken Sie auf ***Aktuelle Seite als Vorlage speichern***.
4. Geben Sie den gewünschten Namen ein und bestätigen Sie mit ***Speichern***.

Schnelle Notizen

Auch wenn Sie OneNote gerade nicht aktiv nutzen bzw. Ihr digitales Notizbuch gerade nicht vor sich haben, können Sie blitzschnell auf OneNote-Notizen zugreifen und sogenannten ***Schnelle Notizen*** erstellen. Das geht mit einem Rechtsklick auf das OneNote-Symbol am rechten unteren Bildschirmrand und der Schaltfläche ***Neue schnelle Notiz***. Sie können hier auch einstellen, welche Aktion ausgeführt werden soll, wenn Sie das OneNote-Icon mit der linken Maustaste anklicken. Navigieren Sie dazu ins Untermenü ***Standardwerte für OneNote-Symbol***.

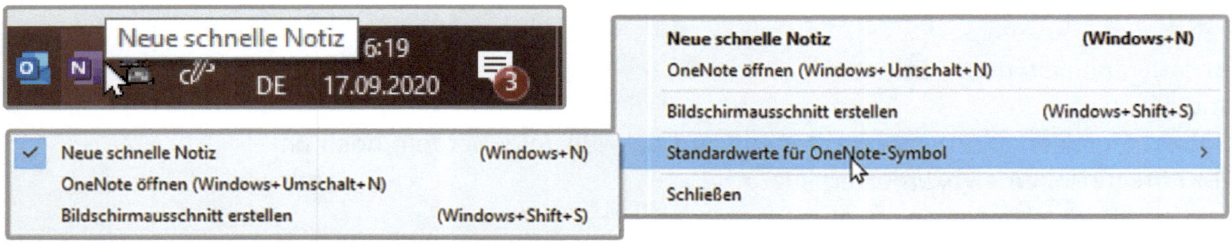

Standardmäßig ist für den Klick auf das OneNote-Icon ***Neue schnelle Notiz*** ausgewählt. Wenn Sie allerdings sogar noch schneller sein wollen, nutzen Sie die Tastenkombination ***Windows-Taste*** + ***N*** (Mehr nützliche Tastenkombinationen finden Sie ab Seite 235). Wenn Sie den Abschnitt verändern wollen, in den Ihre Schnellen Notizen gespeichert werden, können Sie das in den OneNote-Optionen im Bereich ***Speichern und Sichern*** tun.

Haben Sie bereits ein anderes Programm maximiert geöffnet, dann schiebt die neue schnelle Notiz das aktuelle Fenster nur zur Seite, statt es zu überlappen. Sobald Sie die Notiz schließen, passt sich das geöffnete Fenster wieder an seine Ursprungsgröße an.

Die „schnelle Notiz" drängt das offene Fenster zur Seite, anstatt es zu überlappen

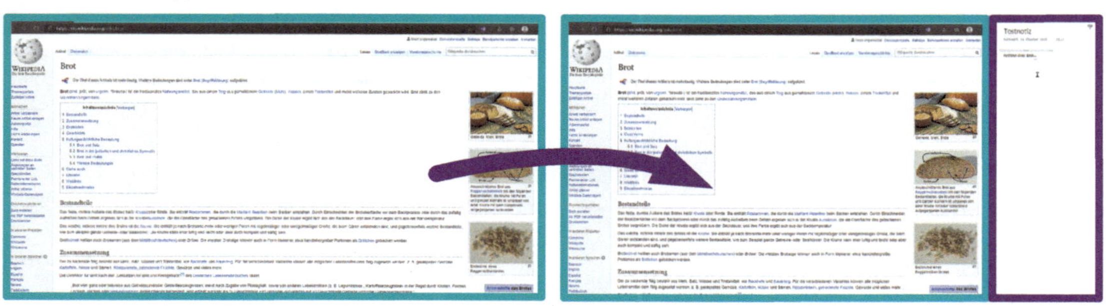

2.3 Inhalte einfügen

Wie bei echten Notizbüchern leben auch die digitalen OneNote-Notizbücher hauptsächlich von einem: dem Inhalt. Dieses Kapitel hilft Ihnen dabei, Ihre Daten genau so festzuhalten, wie Sie es sich wünschen.

Mit Text arbeiten

Auch wenn OneNote inzwischen viele andere Arten von Informationen festhalten kann, besteht der Hauptteil der meisten Notizbücher nach wie vor aus einem: Text. Deswegen ist es sinnvoll, sich mit dem Thema Textformatierung und der Interaktion mit Texten genauer auseinanderzusetzen.

Text formatieren

Textformatierung in OneNote funktioniert generell so, wie Sie es wahrscheinlich aus anderen Office-Programmen gewohnt sind. In der Registerkarte ***Start*** finden Sie alle wichtigen Funktionen, die dazugehören. Im Bereich ***Text*** können Sie Schriftart, -größe, -farbe und -ausrichtung einstellen. Außerdem können Sie hier auswählen, ob Ihr Text fett, kursiv, unterstrichen oder Teil einer Aufzählung sein soll.

Im Abschnitt ***Formatvorlagen*** finden sich voreingestellte Textformate, die sich mit einem Klick auf ausgewählte Textabschnitte übertragen lassen. So lässt sich sicherstellen, dass Texte überall im Notizbuch identisch formatiert sind. Leider ist es nicht (wie z. B. in Word) möglich, diese Formatvorlagen zu ändern, aber Sie können mit dem Werkzeug ***Format übertragen*** auf sehr ähnliche Art und Weise ein eigenes Format auswählen, kopieren und auf einen anderen Text übertragen.

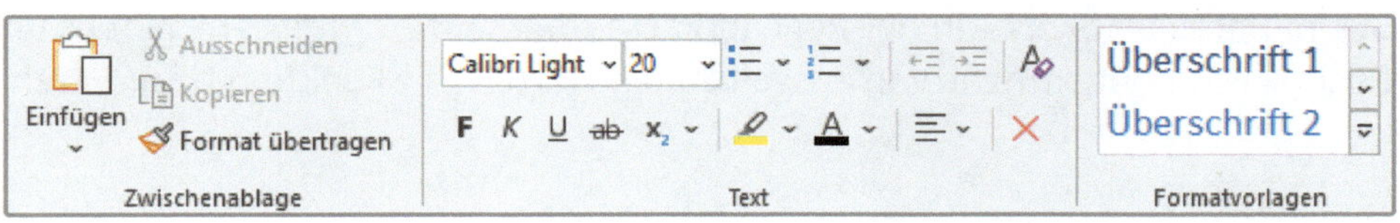

Rechtschreibung

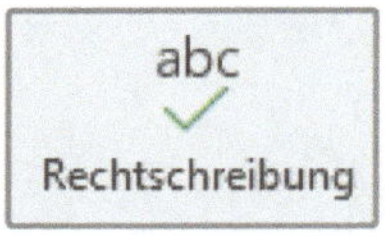

OneNote überprüft konstant die Rechtschreibung von Wörtern, sofort nachdem sie eingetippt wurden. Falsch geschriebene Wörter werden von OneNote automatisch rot unterringelt. Mit einem Rechtsklick können Korrekturvorschläge angezeigt werden. Die künstliche Intelligenz von OneNote versucht dann Wörter vorzuschlagen, die Sie gemeint haben könnten.

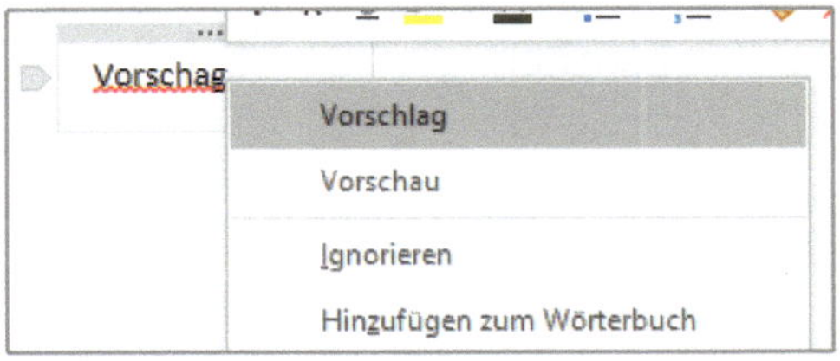

Recherche
OneNote bietet in der Registerkarte ***Rechtschreibung*** auch die Funktion ***Recherche***. Sie lässt sich ebenfalls aufrufen, indem Sie auf ein ausgewähltes Wort mit der rechten Maustaste klicken und im Kontextmenü ***Nachschlagen*** auswählen.

Leider wird diese Funktion in der aktuellen Version ihrem Namen noch nicht besonders gerecht. Die Idee ist, dass ausgewählte Schlagworte in Lexika und Artikeln nachgeschlagen werden können, um schnell auf qualitative Quellen zugreifen zu können. Aktuell unterstützt werden aber nur grundlegende Übersetzungsdatenbanken und ein umfassender Thesaurus. Das heißt, die Funktion ***Recherchieren*** kann momentan noch nicht viel mehr als die Funktionen ***Thesaurus*** und ***Übersetzen*** einzeln auch schaffen. Die UWP-App hingegen hat in Verbindung mit einem Microsoft-365-Abonnement eine hervorragende Recherchefunktion vorzuweisen (siehe Seite 105).

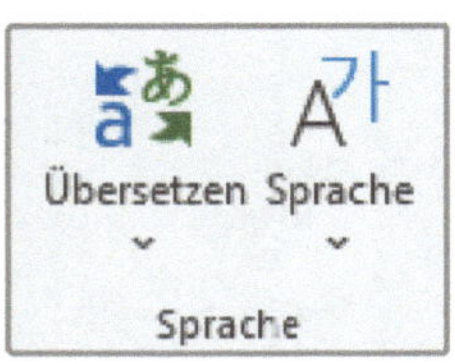

Sprachen und Übersetzen
OneNote kann sowohl gesamte Textpassagen auf einmal übersetzen, als auch Übersetzungsvorschläge für einzelne Wörter anbieten. Beide Optionen finden Sie im Bereich ***Sprache*** in der Registerkarte ***Überprüfen***. Alternativ gibt es im Rechtsklick-Kontextmenü von ausgewählten Wörtern die Funktion ***Übersetzen***.

Tabellen

Ein Klick auf die Schaltfläche ***Tabelle*** öffnet ein kleines Pop-Up, in dem man mit der Maus die gewünschte Tabellengröße via einer Matrix aufziehen kann. Ein weiterer Klick fügt die Tabelle auf der Seite ein. Das Pop-Up-Fenster erlaubt zwar nur Tabellen bis zu einer Größe von 8x10, aber wenn nötig kann die Tabelle später noch erweitert werden.

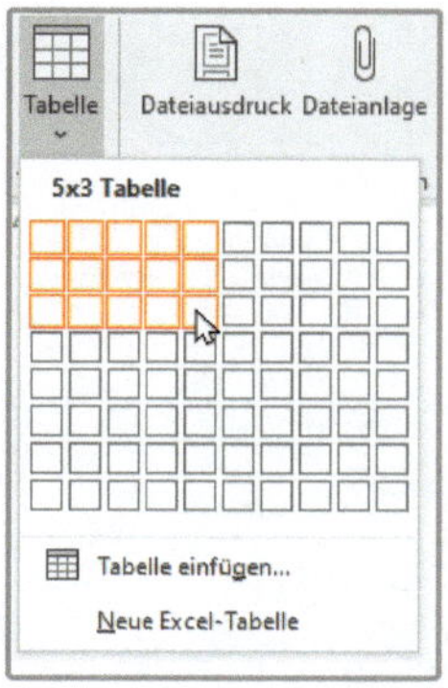

Das Menüfenster mit der Zeilen- und Spaltenmatrix.

Ist eine Excel-Version auf dem Rechner installiert, können mit der Funktion ***Neue Excel-Tabelle*** auch direkt in OneNote Excel-Tabellen erstellt und eingebunden werden. Diese Funktion steht Ihnen auch durch die Schaltfläche ***Kalkulationstabelle*** zur Verfügung. Excel-Tabellen zu nutzen, ist insbesondere dann sinnvoll, wenn Sie ...

- Formeln verwenden wollen,
- Graphen oder Diagramme zeichnen wollen oder
- mit einem sehr großen Datensatz hantieren müssen.

Sie können eine bereits erstellte Tabelle auch im Nachhinein in eine Excel-Tabelle umwandeln. Klicken Sie dazu mit der rechte Maustaste in die Tabelle und wählen Sie die Option ***In Excel-Tabelle konvertieren***.

Schnelle Tabelle

Sie können in einer OneNote-Notiz, wenn Sie gerade keinen Text ausgewählt haben, auch die Tabulator-Taste benutzen, um sofort eine Tabelle zu erzeugen. Der Inhalt der ersten Zelle entspricht dann der aktuellen Zeile. Das bietet sich insbesondere dann an, wenn Sie nur kleine Tabellen planen, ansonsten müssen Sie später zu viele Zeilen und Spalten manuell hinzufügen.

Um weitere Tabellenoptionen aufzurufen, klicken Sie mit der rechten Maustaste in eine Tabellenzelle oder wählen Sie zuerst durch Gedrückthalten der linken Maustaste mehrere Zellen auf einmal aus und drücken erst dann die rechte Maustaste. Es öffnet sich ein Dialogfenster. Navigieren Sie in diesem zu ***Tabelle***. Die Funktionen, die daraufhin angezeigt werden, lassen sich folgendermaßen kategorisieren:

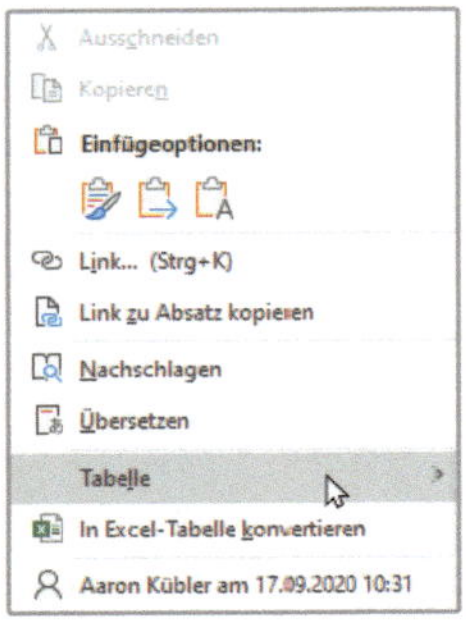

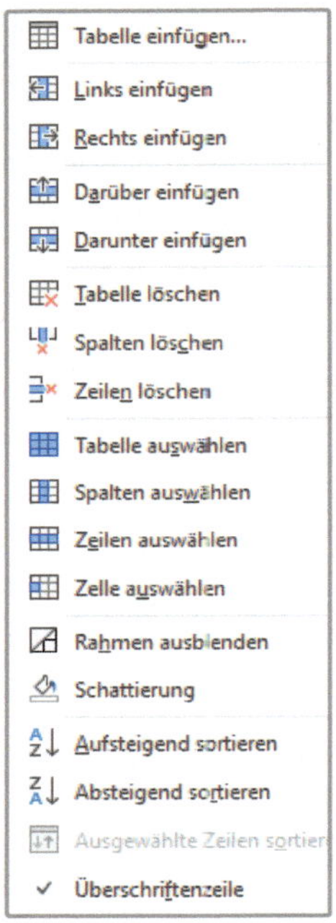

- ***Tabelle einfügen*** fügt in die angeklickte Tabellenzelle eine weitere Tabelle ein. Damit können Sie verschachtelte Tabellen erstellen, die noch komplexere Informationen darstellen können.

- ***Links*** / ***Rechts*** / ***Darüber*** / ***Darunter einfügen*** fügt neue Zeilen bzw. Spalten ein. Die Angabe bezieht sich dabei auf die angeklickte Tabellenzelle.

- Mit ***Tabelle löschen*** können Sie die gesamte Tabelle entfernen, ***Spalten*** bzw. ***Zeilen löschen*** entfernt nur die ausgewählten Spalten bzw. Zeilen.

- ***Rahmen ausblenden*** entfernt die Konturen der gesamten Tabelle. Ein erneuter Klick blendet sie wieder ein. Achtung, sind die Konturen einmal ausgeblendet, ist die Tabelle unter Umständen nur noch sehr schwer als solche erkennbar!

- ***Schattierung*** lässt Sie eine Hintergrundfarbe für die ausgewählten Zellen auswählen.

- Mit ***Aufsteigend sortieren***, ***Absteigend sortieren*** sowie ***Ausgewählte Zellen sortieren*** können Sie die Tabelle alphabetisch bzw. numerisch sortieren lassen. Die Schaltfläche ***Überschriftenzeile*** dient dazu, die Kopfzeile der Tabelle von der Sortierung auszunehmen.

Zeichnen

Vorneweg sei erwähnt: Natürlich können Sie die folgenden Features auch mit einer Maus nutzen, aber wenn Sie auf einem touch-fähigen Gerät wie einem Microsoft Surface arbeiten oder ein Touchpad angeschlossen haben, werden Sie deutlich mehr Nutzen aus der Registerkarte ***Zeichnen*** ziehen.

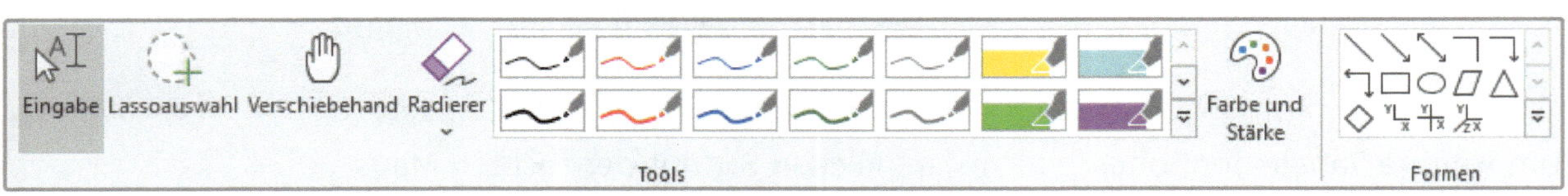

Standardmäßig ist ganz links in der Symbolleiste die Option ***Eingabe*** ausgewählt. Nur wenn diese dunkel hinterlegt ist, können Sie mit einem Klick Text wie gewohnt auswählen und den Cursor an gewünschte Stellen setzen. Sie zeigt sozusagen an, ob sich OneNote gerade im „Zeichenmodus" befindet oder nicht.

Zum besagten Zeichenmodus wechseln Sie, indem Sie eine der Zeichenstiftschaltflächen weiter rechts anwählen. Es stehen mehrere Stiftarten, -größen und -farben zur Auswahl. So können Sie Ihre Notizen nicht nur wie in einem echten Notizbuch handschriftlich statt getippt verfassen, Sie können sie auch um Skizzen und selbstgezeichnete Grafiken erweitern oder einfach nur besonders wichtige Textstellen mit einem Textmarker hervorheben.

Für eine detaillierte Stift- und Farbenauswahl ist die Schaltfläche ***Farbe und Stärke*** vorgesehen. Sie öffnet ein Dialogfenster, in welchem Sie Ihren Stift beliebig einstellen können.

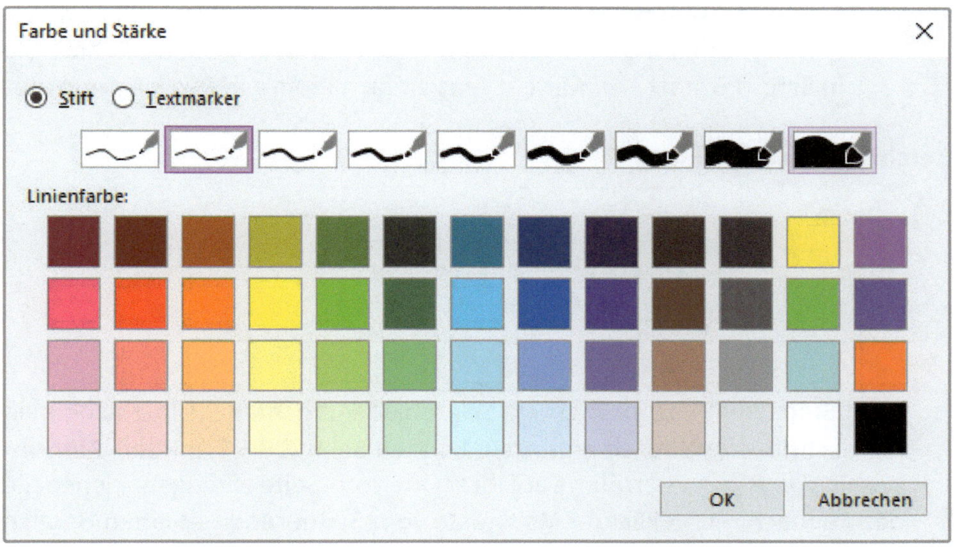

Falls Sie zum Schreiben liniertes oder kariertes Papier bevorzugen, können Sie die entsprechenden Hilfslinien auch auf Ihren OneNote-Seiten aktivieren. Navigieren Sie dazu in der Registerkarte ***Ansicht*** zu ***Hilfslinien***. Mehr dazu auf Seite 68.

Handschriftenerkennung

Sie können handschriftlich in OneNote erfasste Notizen automatisch in Text umwandeln lassen. Noch vor einigen Versionen erst schien dieses Feature sehr unausgereift, aber inzwischen funktioniert es erstaunlich gut. So gehen Sie vor:

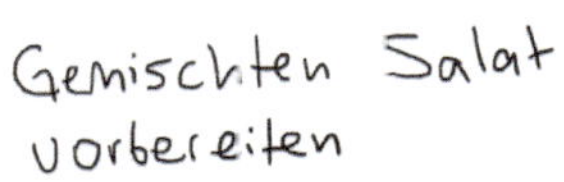

1. Nachdem Sie Ihren Text verfasst haben, klicken Sie auf die Schaltfläche ***Lassoauswahl***.

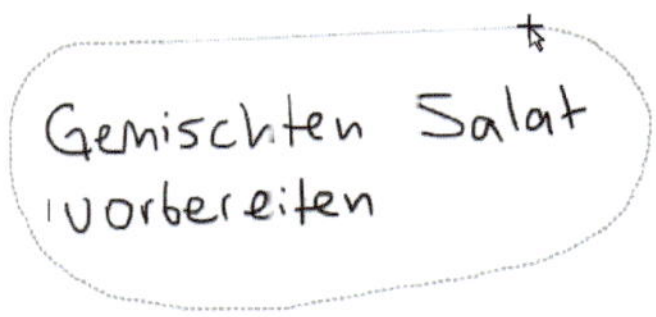

2. Sie können den umzuwandelnden Text jetzt einkreisen, wodurch er ausgewählt wird.

3. Mit einem Rechtsklick auf die Auswahl öffnet sich ein Dialogfenster, in dem Sie die Option ***Freihand in Text*** anklicken können.

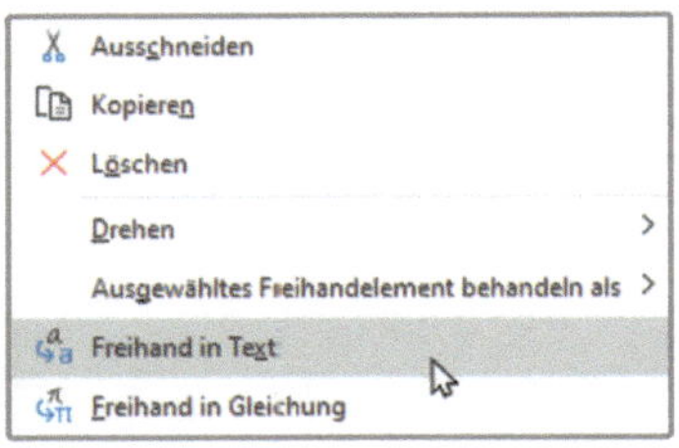

4. Voilà! Da es sich um ein KI-basiertes Feature handelt, ist es nach der Umwandlung trotzdem empfehlenswert, den Text noch einmal durchzulesen und nach Umwandlungsfehlern Ausschau zu halten.

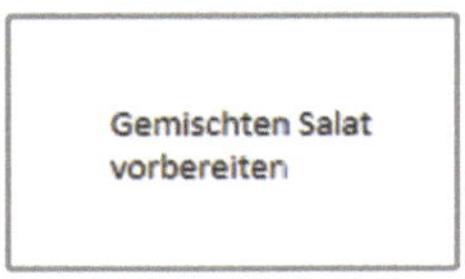

Diese Methode funktioniert ebenso, wenn Sie Freihandaufzeichnungen in mathematische Gleichungen verwandeln wollen. Wählen Sie in Schritt 3 statt ***Freihand in Text*** einfach ***Freihand in Gleichung*** aus.

Zeichnungen anordnen

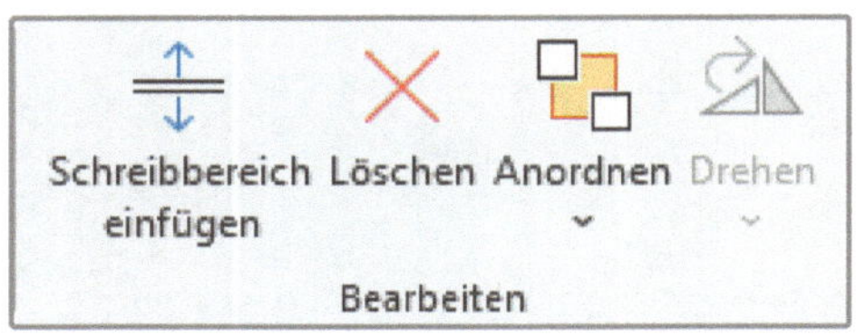

- Fehlt Ihnen der Platz für wichtige Skizzen oder möchten Sie im Nachhinein handschriftliche Notizen ergänzen, können Sie mit der Funktion ***Schreibbereich einfügen*** Leerräume auf Ihrer OneNote-Seite erzeugen. Ziehen Sie dazu einfach mit geklickter Maustaste vom Seitenrand her einen Bereich auf.

- ***Anordnen*** erlaubt, Objekte, die übereinander liegen, vor- und hintereinander zu schieben, während ***Drehen*** ermöglicht, Zeichnungen im Nachhinein zu rotieren. In beiden Fällen muss das Objekt erst mit der Maus oder der Lassoauswahl selektiert werden.

Bilder und Videos (lokal und YouTube)

Wie im Volksmund bekannt, sind Bilder meist aussagekräftiger als (1000) Worte. Sie können über die Schaltfläche ***Bilder*** – wie aus anderen Programmen gewohnt – Bilddateien von einem beliebigen Speicherort auf Ihrem PC oder von Ihrem OneDrive-Speicher einfügen. Im Explorer-Fenster, das sich daraufhin öffnet, müssen Sie nur zu Ihrer gewünschten Datei navigieren und mit ***Öffnen*** bestätigen.

OneNote bietet allerdings auch die Möglichkeit, direkt Bilder aus dem Internet einzubetten, ohne sie erst vorher speichern zu müssen. Klicken Sie dafür auf ***Onlinebilder***. Es öffnet sich ein Dialogfenster, in dem Sie oben in die Suchleiste einen Begriff Ihrer Wahl eingeben können. Die Bilder, die daraufhin aufgelistet werden, stammen direkt von Microsofts Suchmaschine Bing. Wenn Ihnen eines gefällt, wählen Sie es aus und bestätigen Sie mit ***Einfügen***. Das Bild landet daraufhin direkt an der Stelle in OneNote, an der sich Ihr Cursor zuletzt befand.

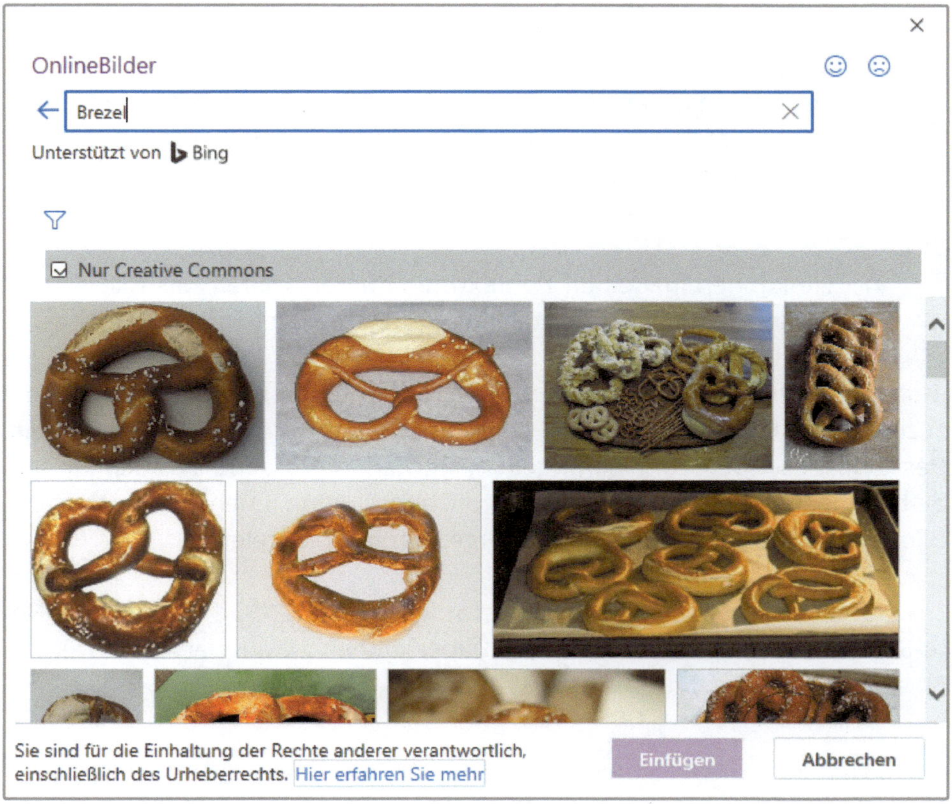

Möchten Sie die Größe eines eingefügten Bildes verändern, klicken Sie es einmal an. Daraufhin wird es hervorgehoben und es erscheinen an den Ecken und den Seiten kleine weiße Quadrate. Diese können Sie mit der linken Maustaste bewegen, um das Bild anzupassen. Mit einem Rechtsklick und der Option ***Originalgröße wiederherstellen*** können Sie alle Größenänderungen rückgängig machen.

Sie können im selben Kontextmenü unter ***Drehen*** das Bild sowohl drehen als auch horizontal oder vertikal spiegeln.

Alternativtext ermöglicht es, dem eingefügten Bild einen zugehörigen Text zuzuweisen, der angezeigt wird, wenn das Bild nicht geladen werden kann. Das ist insbesondere für die Darstellung im Web interessant, als auch für blinde bzw. sehbehinderte Nutzer Ihres Notizbuchs, denn ihnen wird anstatt des Bildes dann besagter Alternativtext angezeigt bzw. vorgelesen.

Text im Bild als suchbar definieren ermöglicht es, das Bild über die OneNote-Suchfunktion indizieren zu lassen. Dabei können Sie auswählen, in welcher Sprache der Text im Bild verfasst ist.

Bild als Hintergrund festlegen macht das Bild unbearbeitbar und schiebt es hinter alle anderen Elemente auf der Seite. So wird auch Text nicht mehr vom Bild verdrängt, sondern es kann direkt über das Bild getippt werden.

Sie können auch Videos direkt aus dem Web in OneNote einbinden. Klicken Sie dazu auf die Schaltfläche ***Onlinevideo***. Es öffnet sich ein Pop-Up, in das Sie die Videoadresse angeben können. Folgende Videoservices werden unterstützt:

- Adobe Spark
- Buncee
- Coogle.it
- Creaza
- DailyMotion
- Desmos
- EdPuzzle
- Flat.io
- Flipgrid
- Genially
- Geogebra
- Giphy
- Microsoft Forms
- Microsoft Stream
- nanoo.tv
- Office-Dateien auf OneDrive
- Interakt. PhET-Simulationen
- PowerBI
- Quizlet
- Planet eStream
- Repl.it
- Screencast.com
- Sketchfab
- SlideShare
- SoundCloud
- Spotify
- Sway
- Ted Talks
- ThingLink
- Vimeo
- Wakelet
- Wizer
- YouTube

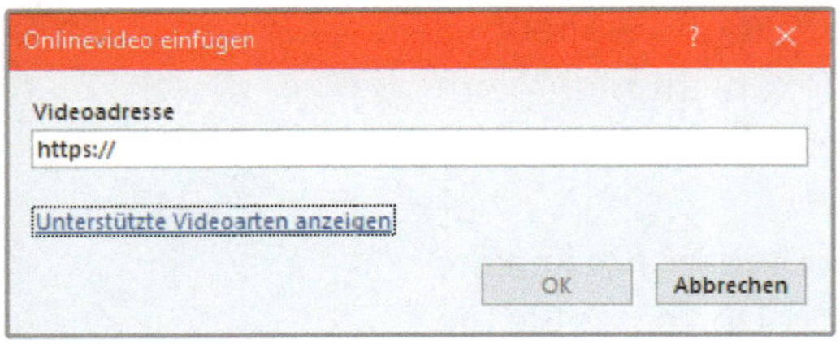

Mit ***OK*** bestätigen Sie die Auswahl.

Auf der Seite erscheint daraufhin sowohl ein Link als auch eine eingebettete Version des Videos. Bis es angeklickt wird, ist nur ein ausgegrautes Vorschaubild zu sehen.

Dokumente und PDFs (Office Lens)

Rechnungen, Briefe, Versicherungsnachweise, Tickets, Urkunden ... Im Alltag haben wir ständig mit verschiedenen Arten von Dokumenten zu tun. Und sie alle haben eins gemeinsam: Sie sind entweder ohnehin schon als PDF-Dokument vorhanden oder sie lassen sich ganz leicht mit Office Lens in eines verwandeln.

Diese PDF-Dokumente können Sie problemlos in das Notizbuch Ihrer Wahl einbinden. So sparen Sie sich all die platzraubenden, dicken Ordner im Regal, welche die meiste Zeit über ohnehin nur verstauben. Als Dateiausdruck eingebundene PDFs müssen auch nicht mehr mühsam in anderen Programmen geöffnet werden, sondern können direkt im Notizbuch gesichtet werden.

Um eine PDF-Datei einzubinden, haben Sie mehrere Möglichkeiten:

Über Einfügen > Dateianlage:
Klicken Sie auf diese Option, öffnet sich ein Explorer-Fenster, in dem Sie zur gesuchten PDF-Datei navigieren und sie auswählen können. Daraufhin öffnet sich ein Pop-Up, das fragt, ob Sie die Datei oder einen Ausdruck einfügen wollen.

1. ***Datei anfügen***: Mit dieser Option wird eine Kopie der Datei im OneNote-Notizbuch gespeichert. Sichtbar ist mit dieser Option nur ein Icon, das den Dateityp anzeigt. Die Datei kann dann mit einem Doppelklick geöffnet werden.

2. ***Ausdruck einfügen***: Fügt man die Datei als Ausdruck ein, tauchen die einzelnen Seiten des PDFs als Bilder im Notizbuch auf. Man kann sie direkt betrachten, auf diese etwas zeichnen etc.

Wichtig!

Bei beiden Varianten verwendet OneNote nur eine Kopie der Datei, nicht das Original! Das heißt, wenn die Datei in OneNote verändert wird, bleibt das Original unverändert und umgekehrt.

Über Einfügen > Dateiausdruck:

Fügen Sie das Dokument mit dieser Schaltfläche ein, wird sowohl eine Kopie des Originals als Icon eingebunden, als auch ein Ausdruck direkt im Anschluss.

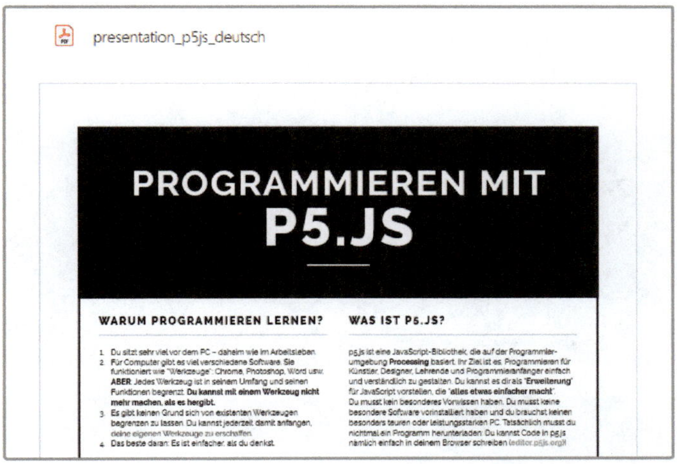

Dokumente mit Office Lens einfügen

Office Lens ist eine Smartphone-App, die sowohl für iOS-Geräte als auch auf Android verfügbar ist. Sie ermöglicht es, Dokumente mit Ihrer Smartphone-Kamera einzuscannen und direkt an andere Applikationen (wie in unserem Fall OneNote) weiterzuleiten. Die Installation von Office Lens verläuft genau wie die der mobilen OneNote-Versionen, lediglich der Name der App unterscheidet sich (siehe Seite 31).

Mehr zu Office Lens lesen Sie auf Seite 231.

Haben Sie Office Lens installiert und möchten ein Dokument an OneNote senden, gehen Sie folgendermaßen vor:

1. Platzieren Sie das Dokument möglichst glatt ausgebreitet auf einer Oberfläche Ihrer Wahl.

2. Bestimmen Sie in der App, welche Art von Bild Sie aufnehmen möchten. Sie haben die Wahl zwischen: Whiteboard, Dokument, Visitenkarte und Bild.

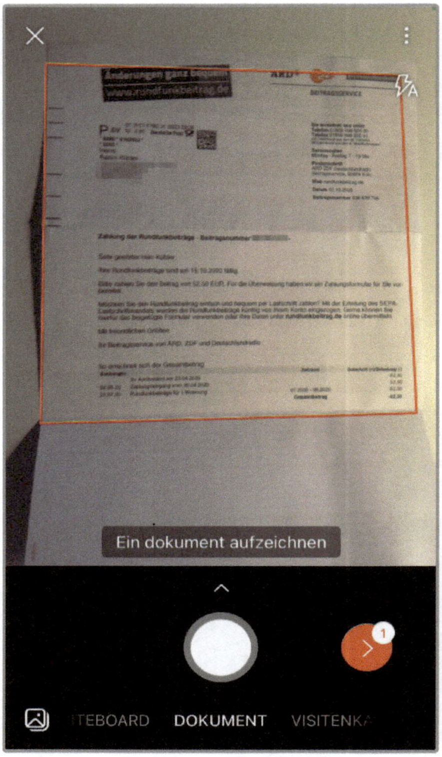
Ein dokument aufzeichnen
DOKUMENT

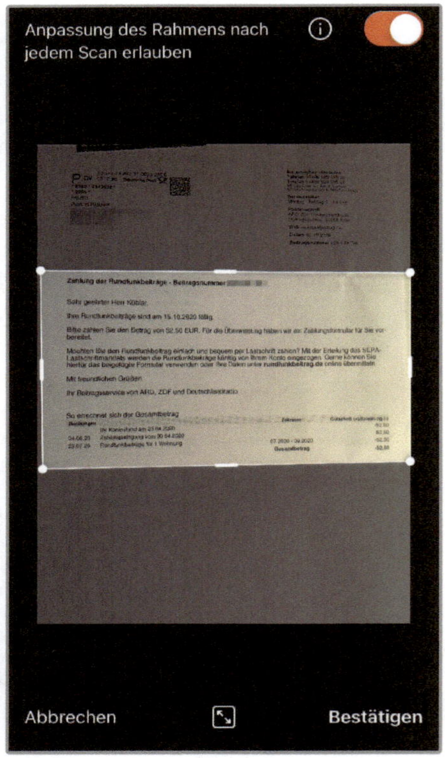
Anpassung des Rahmens nach jedem Scan erlauben
Abbrechen
Bestätigen

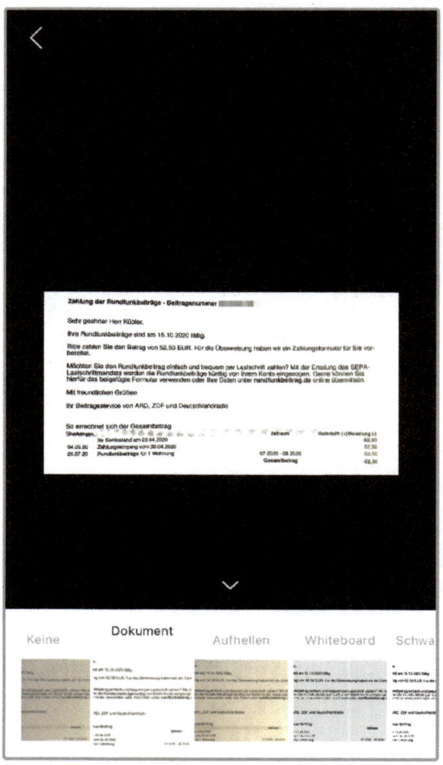
Keine
Dokument
Aufhellen
Whiteboard

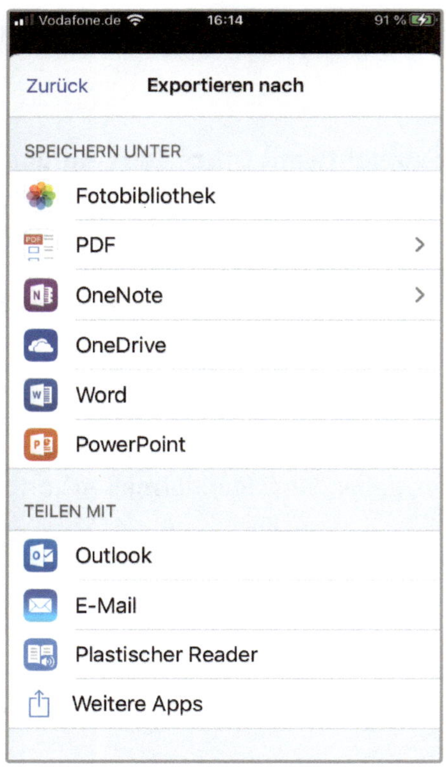
Vodafone.de
16:14
91 %
Zurück
Exportieren nach
SPEICHERN UNTER
Fotobibliothek
PDF
OneNote
OneDrive
Word
PowerPoint
TEILEN MIT
Outlook
E-Mail
Plastischer Reader
Weitere Apps

3 Versuchen Sie, Ihre Kamera so zu positionieren, dass der rote Rahmen im Bild Ihr Dokument bzw. alle relevanten Teile des Dokuments ganz umfasst.

4 Tippen Sie auf den großen Aufnahme-Button.

5 Der orange Pfeil rechts bringt Sie zu Ihrer aufgenommenen Datei. Sie haben hier die Möglichkeit, den Bildausschnitt zu verändern, indem Sie an den Eckpunkten der Auswahl ziehen. Außerdem können Sie Filter anwenden, die das Dokument in der Regel lesbarer machen.

6 Wenn Sie zufrieden sind, tippen Sie auf ***Bestätigen***.

7 Sie können jetzt auswählen, wohin Ihr Bild gesendet werden soll. Tippen Sie auf ***OneNote***, müssen Sie sich nur noch für ein Notizbuch, einen Abschnitt und einen Seitentitel entscheiden.

Audio/Sprachaufnahme

Mit der Schaltfläche ***Audio aufzeichnen*** können Sie Sprachnachrichten aufnehmen, die direkt ins Notizbuch eingebettet und später wieder angehört werden können. So können Sie in einer Interviewsituation eine Originalaufnahme der Konversation abspeichern oder ein wichtiges Gespräch mit einem Geschäftspartner aufzeichnen. Vielleicht sind Sie auch in Eile oder Sie genießen einfach den Komfort, ausnahmsweise einmal nicht tippen zu müssen.

Achtung!

Sie dürfen sich selbst natürlich nach Belieben aufnehmen, aber sobald Sie andere Personen aufzeichnen wollen, müssen Sie um Erlaubnis fragen – am besten schriftlich. Sonst riskieren Sie im schlimmsten Fall ein Strafverfahren, denn nach §201 Strafgesetzbuch ist es verboten, unbefugt „***das nichtöffentlich gesprochene Wort eines anderen auf einen Tonträger***“ aufzunehmen.

Sobald Sie die Schaltfläche anklicken, erscheint der zusätzliche Registerkartenbereich ***Aufzeichnen...***:

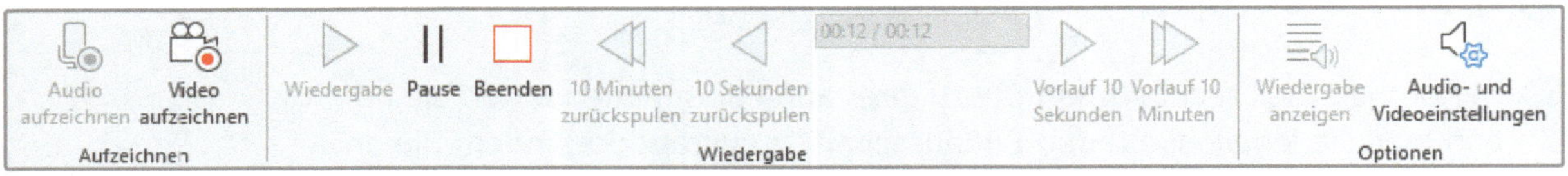

Hier können Sie die aktuelle Aufnahme sowohl pausieren als auch beenden. Sobald die Aufnahme abgeschlossen ist, ändert sich der Name der Registerkarte zu ***Wiedergabe*** und weitere Symbole werden aktiv. Dieses Fenster kann auch dann aufgerufen werden, wenn eine bereits zuvor aufgenommene Audiodatei in einer Notiz angeklickt wurde.

Sie finden hier desweiteren auch Optionen zum Vor- und Zurückspulen. Mit ***Wiedergabe anzeigen*** auch zu dem Ort in Ihrem Notizbuch bringen lassen, an dem die Audiodatei eingebettet ist. Mehr zu den ***Audio- und Videoeinstellungen*** erfahren Sie auf Seite 76.

Screenshots

Screenshots bzw. Bildschirmausschnitte werden zunehmend wichtiger, je digitalisierter die Welt um uns herum wird. Egal ob Sie Menüfenster für Erklärungen, Fehlermeldungen oder Ihren neuesten Tetris-Highscore festhalten wollen, mit OneNote ist es ganz einfach.

Unter ***Einfügen*** finden Sie die Schaltfläche ***Bildschirmausschnitt***. Wird sie angeklickt, minimiert sich das OneNote-Fenster augenblicklich und gibt die Sicht auf den restlichen Desktop frei. Mit gedrückter linker Maustaste können Sie ein Rechteck aufziehen, das den aufzunehmenden Bereich begrenzt. Sobald Sie die Maustaste loslassen, wird Ihr Screenshot mitsamt Zeitstempel eingefügt.

Es gibt aber noch andere Screenshot-Möglichkeiten, mit denen Sie sich vertraut machen sollten:

- **Screenshot über OneNote-Icon:** Je nachdem wie Sie das OneNote-Icon konfiguriert haben (siehe „Schnelle Notizen“ auf Seite 46), können Sie entweder direkt mit einem Linksklick auf das Icon einen Bildschirmausschnitt erstellen, oder Sie müssen nach einem Rechtsklick erst zu ***Bildschirmausschnitt erstellen*** navigieren. In jedem Fall öffnet sich nach Erstellen des Screenshots ein Pop-Up-Fenster. Dort wird nachgefragt, wo genau der Bildschirmausschnitt gespeichert werden soll. Wollen Sie immer an dem selben Ort speichern, setzen Sie unten einfach einen Haken bei ***Diese Meldung nicht mehr anzeigen und immer die folgende Aktion ausführen***.

- **Screenshot mit Windows-Taste + SHIFT + S:** Auch wenn sich im Dialogfenster des OneNote-Icons diese Tastenkombination als Shortcut für ***Bildschirmausschnitt erstellen*** findet (siehe Abbildung oben), ist sie funktional nicht ganz identisch zu einem Klick auf die besagte Schaltfläche. Denn während letztere sofort in ein ausgewähltes OneNote-Notizbuch speichert, landet ein Screenshot via Tastenkombination immer zuerst in der Zwischenablage. Das bedeutet einerseits, dass Sie zum Einfügen einen zusätzlichen Schritt benötigen (nämlich ***Rechtsklick*** > ***Einfügen in OneNote***, oder die Tastenkombination ***STRG*** + ***V***), andererseits steht Ihnen der Screenshot so auch in anderen Anwendungen zur Verfügung.

- **Screenshot mit Drucken-Taste:** Die Drucken-Taste funktioniert ähnlich zum gerade genannten Shortcut, nur muss kein Rechteckrahmen aufgezogen werden. Der gesamte Bildschirm wird stattdessen in die Zwischenablage kopiert.

Web Clipper

Der OneNote Web Clipper ist kein mit OneNote mitgeliefertes Feature, sondern eine Erweiterung für den Browser Ihrer Wahl. Der Web Clipper ermöglicht das kinderleichte Übertragen von Webseiteninformationen in OneNote-Notizbücher. Dabei ist es Ihnen überlassen, ob Sie die gesamte Seite, nur einzelne Ausschnitte oder einfach einen Screenshot übertragen wollen.

Installation

Um den Web Clipper nutzen zu können, müssen Sie ihn erst installieren. Wir zeigen Ihnen das beispielhaft für Edge, für andere Browser wie Chrome oder Firefox verläuft die Installation jedoch sehr ähnlich.

1. Öffnen Sie die Webseite *www.onenote.com/clipper*. Die Seite enthält abgesehen vom Download-Link noch andere interessante Informationen wie Anwendungsbeispiele.

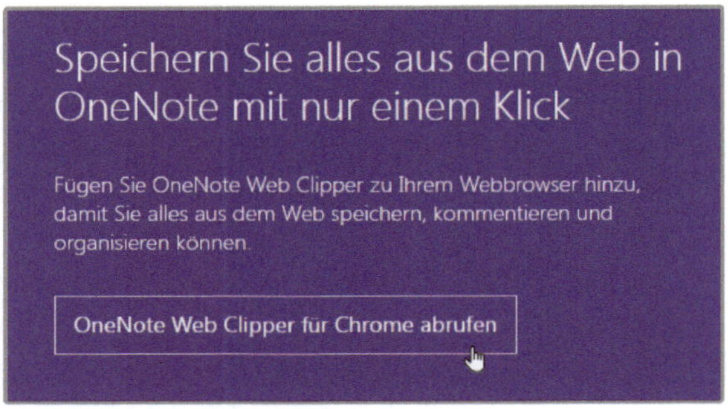

2. Klicken Sie auf den großen Button ***OneNote Web Clipper für [Browser] abrufen***. In unserem Beispiel zeigt die Website Chrome an, obwohl wir Edge benutzen. Das liegt daran, dass der neue Edge-Browser „unter der Haube“ auf Chrome basiert – auch alle Chrome-Erweiterungen funktionieren für Edge.

3. Der Button leitet Sie weiter in den entsprechenden Web-App-Store, in unserem Fall den chrome web store. Unter Umständen müssen Sie den Store erst als vertrauenswürdig erklären. Klicken Sie dazu im Pop-Up ***Erweiterungen aus anderen Stores zulassen*** auf ***Zulassen***.

4 Sie können jetzt auf ***Hinzufügen*** klicken und sich anschließend mit Ihrem Microsoft-Konto anmelden.

Der Web Clipper in Aktion

Haben Sie einen interessanten Artikel, ein Rezept, das Ihnen gefällt, oder ähnliches entdeckt, ist es Zeit, den Web Clipper zu benutzen. Klicken Sie dafür auf das OneNote-Icon oben rechts.

Es öffnet sich ein sogenanntes Overlay – ein Fensterbereich, der über Ihrem aktuellen Fenster liegt und nicht damit interagiert. Im Fenster können Sie festlegen, welche Art von Ausschnitt Sie gerne vornehmen möchten. Ihre Auswahl

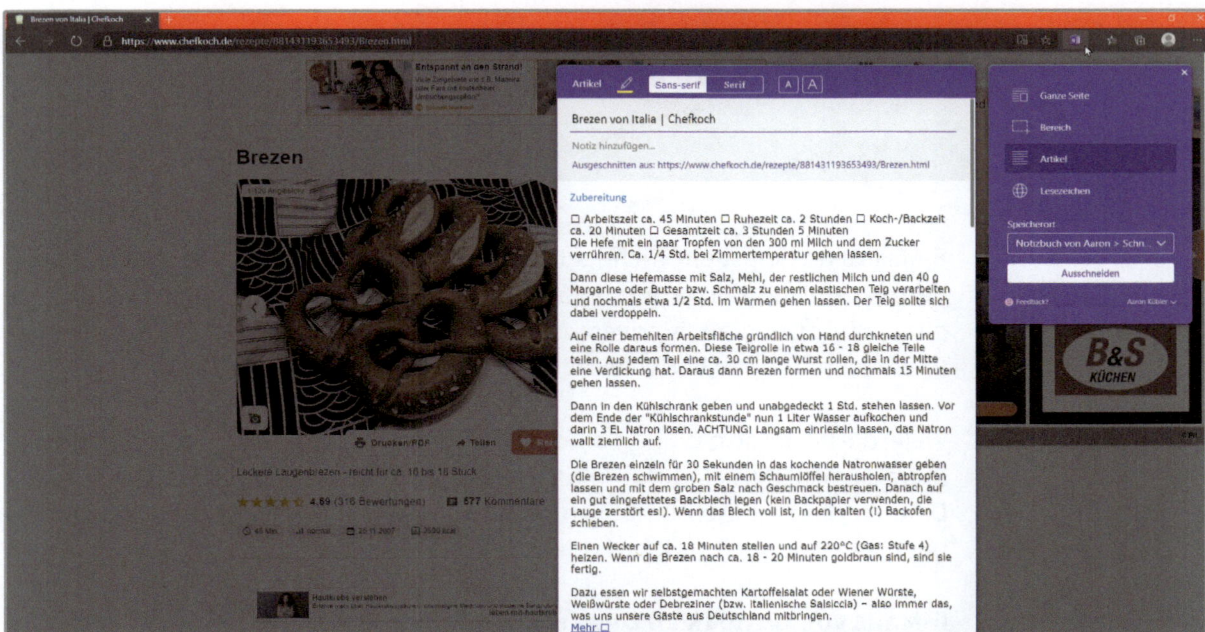

können Sie dann noch mit einem eigenen Kommentar ergänzen. Unter ***Speicherort*** wählen Sie den gewünschten Abschnitt aus und ***Ausschneiden*** fügt den Ausschnitt daraufhin in ihr Notizbuch ein. In OneNote selbst wird später noch ein Kommentar mit Zeitstempel und der URL der Webseite hinzugefügt.

> Ausgeschnitten aus:
> https://www.chefkoch.de/rezepte/881431193653493/Brezen.html

Die Unterschiede zwischen den Optionen sind folgende:

1. ***Ganze Seite*** fügt einen zusammengesetzten Screenshot der gesamten Website ein.
2. ***Bereich*** erlaubt Ihnen, wie mit dem Bildschirmausschnitt-Werkzeug einen rechteckigen Bereich aufzuziehen, der in OneNote eingefügt werden soll.
3. ***Artikel*** wandelt den Inhalt der Webseite möglichst akkurat in Text um und lässt Bilder dabei außen vor.
4. ***Lesezeichen*** fügt nur das Icon der Webseite, einen Link und einen kurzen Beschreibungstext ein.

E-Mails

E-Mails sind längst ein wichtiger Bestandteil unseres täglichen Lebens geworden: Berufliche Korrespondenzen werden inzwischen fast ausschließlich digital geführt und auch privat erhalten wir Rechnungen, Kontoinformationen, Bestelldetails und allerlei andere wichtige Dokumente auf diesem Weg.

Viele dieser Informationen sind in Notizbüchern genau richtig aufgehoben: Extra abgesichert und im Handumdrehen durchsuchbar ist der Umgang mit Dokumenten einfach erheblich angenehmer. Um E-Mails in OneNote-Notizbuchseiten zu verwandeln, haben Sie zwei Möglichkeiten:

E-Mails von Outlook an OneNote senden
Besitzen Sie eine Version von Microsoft Outlook, ist die OneNote-Unterstützung bereits integriert.

1. Klicken Sie einfach mit der rechten Maustaste auf die E-Mail, die Sie zu OneNote hinzufügen möchten.

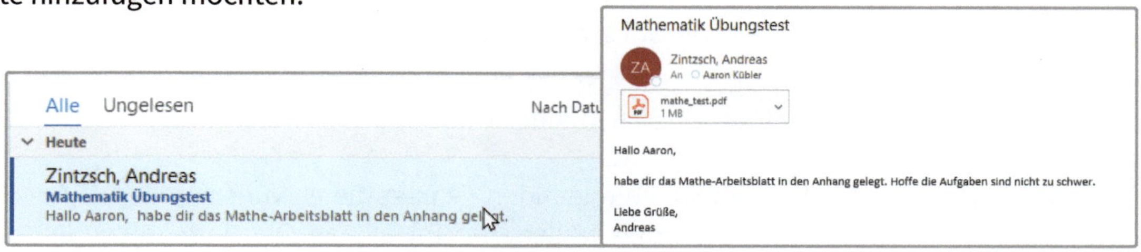

2. Es öffnet sich ein Kontextmenü. Klicken Sie auf ***OneNote***.

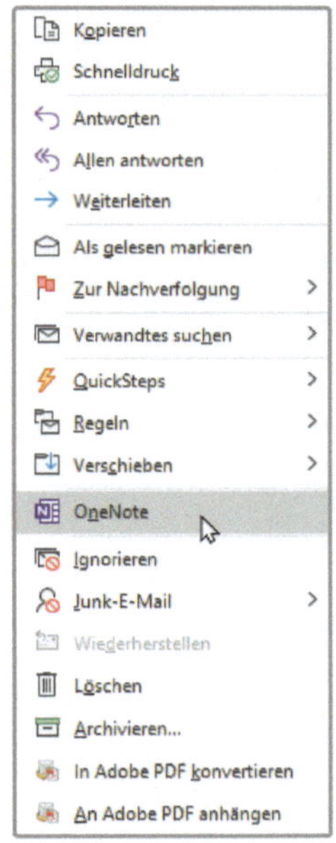

3. Bestimmen Sie, in welchem Notizbuch und welchem Abschnitt die E-Mail gespeichert werden soll. Bestätigen Sie mit ***An den ausgewählten Speicherort senden***.

4. Sobald das Notizbuch das nächste Mal synchronisiert wird, ist die E-Mail Bestandteil Ihres Notizbuchs.

E-Mails von bestimmter Adresse an OneNote senden

Microsoft bietet Ihnen inzwischen den Service, eine E-Mail-Adresse Ihrer Wahl mit OneNote zu verknüpfen. So können Sie E-Mails an Ihr OneNote-Notizbuch schicken und sie werden dort automatisch als Seiten eingeordnet. Um den Dienst einzurichten, gehen Sie folgendermaßen vor:

1. Öffnen Sie in einem Browser Ihrer Wahl *www.onenote.com/emailtoonenote*.
2. Klicken Sie auf ***E-Mail in OneNote einrichten***. 

3. Melden Sie sich mit Ihrem Microsoft-Konto an.
4. Wählen Sie im folgenden Fenster die gewünschte E-Mail-Adresse aus, die Sie verwenden wollen, um E-Mails an OneNote zu senden. Die Adresse muss mit OneNote verknüpft sein.

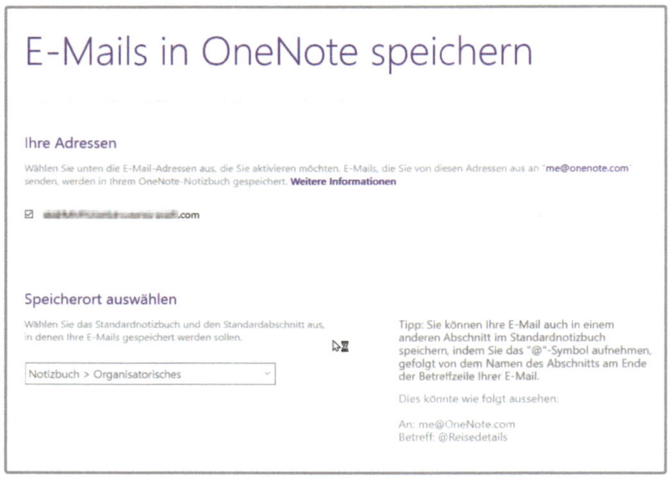

5. Wählen Sie den Abschnitt in Ihrem Notizbuch, an den die E-Mails gesendet werden sollen. Bestätigen Sie mit ***Speichern***.

Ab jetzt sollte die OneNote-Mail-Verknüpfung funktionieren. Auf der sicheren Seite sind Sie, wenn Sie die Verknüpfung einmal testen. Der Betreff Ihrer E-Mail wird zum Titel der Seite. Alle Anlagen werden (wenn möglich) in der Notizbuchseite eingebettet.

An andere Abschnitte senden

Möchten Sie eine E-Mail an einen anderen Abschnitt als den konfigurierten versenden, setzen Sie ein @-Zeichen in den Betreff, gefolgt vom Namen des gewünschten Abschnitts. Achten Sie darauf, den Namen richtig zu schreiben. Der Betreff könnte dann z. B so aussehen:

Nebenkostenabrechnung @Rechnungen

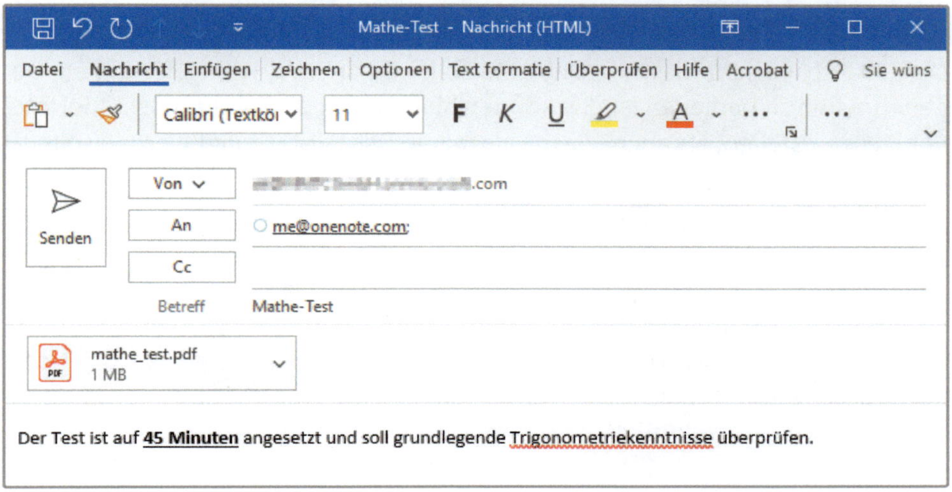

Die E-Mail wird in OneNote sehr getreu dem Original dargestellt. Sogar die Formatierung bleibt in den meisten Fällen erhalten.

2.4 Ansicht

Der Bereich ***Ansicht*** lässt Sie OneNote so konfigurieren, wie es für Sie am angenehmsten zu bedienen ist. Sie können hier sowohl die Position des OneNote-Fensters einstellen, als auch wie die einzelnen Seiten angezeigt werden sollen.

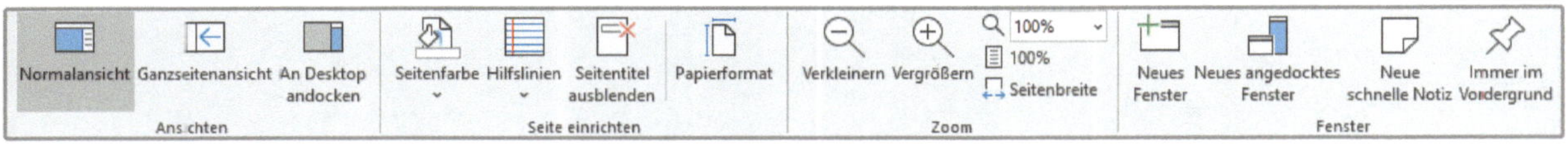

Die ***Normalansicht*** ist die Standardeinstellung für die Anzeige des OneNote-Fensters. Sie können diesen Button anklicken, um OneNote aus der Ganzseitenansicht oder aus dem angedockten Modus zurückzusetzen.

Ein Klick auf ***Ganzseitenansicht*** lässt alles außer den Inhalt der Seite verschwinden. Manche Nutzer können sich in der Ganzseitenansicht besser auf den Inhalt ihres Notizbuchs konzentrieren, ohne dass die typischen Bedienelemente Platz wegnehmen. Sie lassen sich wieder einblenden, indem Sie die Maus ans obere Bildschirmende bewegen und einmal klicken, sobald eine schmale violette Leiste erscheint.

An Desktop andocken lässt das OneNote-Fenster permanent an einer Seite des Desktops „haften", wo es andere Programme verdrängt (siehe Seite 46).

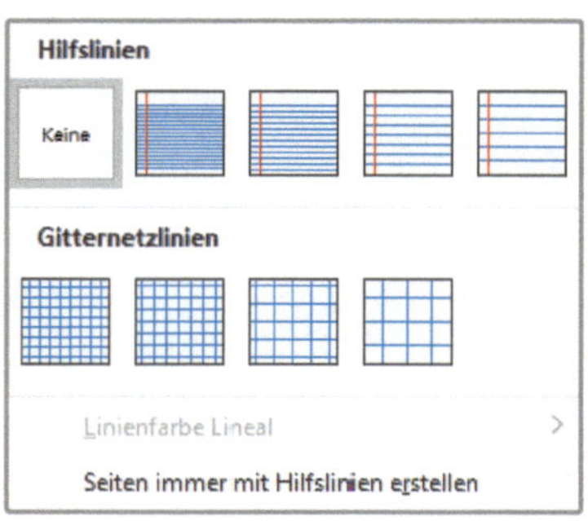

Im Bereich ***Seite einrichten*** können Sie die ***Seitenfarbe*** anpassen. Dabei stehen blassere Varianten der 16 Abschnittsfarben zur Verfügung.

Auch ***Hilfslinien*** lassen sich in diesem Menü einstellen. Diese sind besonders nützlich, wenn Sie viel Text mit Stift eingeben. Sie können dabei zwischen mehreren verschiedenen Versionen wählen. ***Linienfarbe Lineal*** lässt Sie die Farbe der Hilfslinien anpassen, ***Seiten immer mit Hilfslinien erstellen*** ist sinnvoll, wenn Sie die Linien nicht für jede Seite erneut hinzufügen wollen.

Die Schaltfläche ***Papierformat*** öffnet am rechten Fensterrand einen Dialog, in dem Sie OneNote auf eine feste Seitenhöhe und -breite einschränken können. Auch die Ausrichtung der Seite und Seitenränder lassen sich hier festlegen. Diese Funktion ist sehr hilfreich, wenn Sie planen, Teile Ihres Notizbuchs auszudrucken.

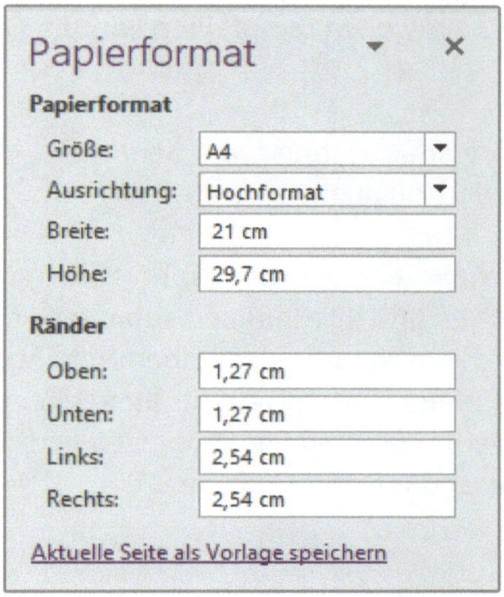

2.5 OneNote-Optionen

OneNote ist ein ohnehin schon sehr flexibles Programm. Noch flexibler wird es aber mit den ***Optionen***, die Nutzern zahlreiche Einstellungsmöglichkeiten bieten, das Programm nach den eigenen Vorlieben zu konfigurieren und anzupassen. Das Optionsfenster finden Sie in der Registerkarte ***Datei*** -> ***Optionen.*** Die Optionen selbst sind sehr umfangreich und von daher noch weiter in Kategorien unterteilt.

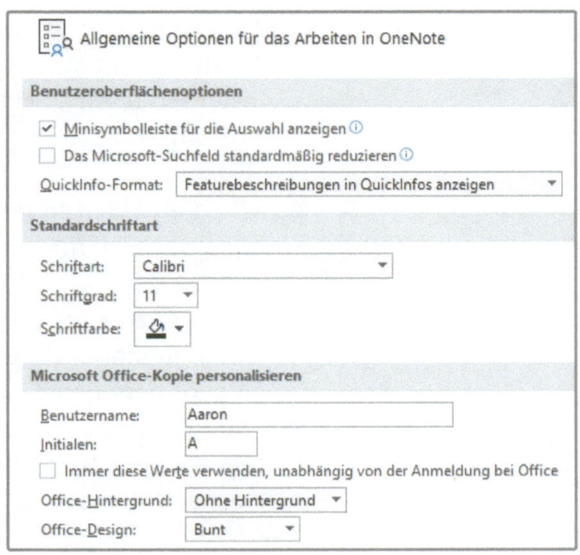

Allgemein

- ***Minisymbolleiste für die Auswahl anzeigen*** legt fest, ob das kleine Formatierungsdialogfenster angezeigt werden soll, wenn Sie Text auswählen.

- ***Das Microsoft-Suchfeld standardmäßig reduzieren*** können Sie auswählen, wenn die Suchleiste am oberen Bildschirmrand nicht permanent zu sehen sein soll.

- ***QuickInfo-Format*** bestimmt, wie Ihnen QuickInfos angezeigt werden sollen: Sehr ausführlich, weniger ausführlich oder gar nicht. Wenn

Sie OneNote-Anfänger sind, oder sich noch mit dem vollen Funktionsumfang vertraut machen wollen, empfehlen wir, die QuickInfos ausführlich anzuzeigen.

- ***Standardschriftart*** erlaubt Ihnen, die Schriftart, -größe und -farbe der OneNote-Standardschrift anzupassen.

- ***Microsoft Office-Kopie personalisieren*** enthält Optionen, mit denen Sie Ihren Benutzernamen und Ihre Initialen anpassen können. Diese Informationen werden anderen Nutzern des selben Notizbuchs angezeigt. Weiter unten können Sie einen Hintergrund für Ihre Office-Anwendungen sowie ein Design festlegen. Probieren Sie am besten verschiedene aus. Zur Zeit besonders beliebt ist das Design Schwarz.

Anzeige
Hier können Sie konfigurieren, wie bzw. ob bestimmte Teilbereiche von OneNote angezeigt werden sollen.

- ***OneNote-Symbol im Infobereich der Taskleiste anzeigen*** entscheidet, ob Sie OneNote stets unten rechts am Bildschirmrand sehen wollen oder nicht. Welche Vorteile das kleine OneNote-Icon in der Taskleiste mit sich bringt, lesen Sie unter „Schnelle Notizen" auf Seite 46.

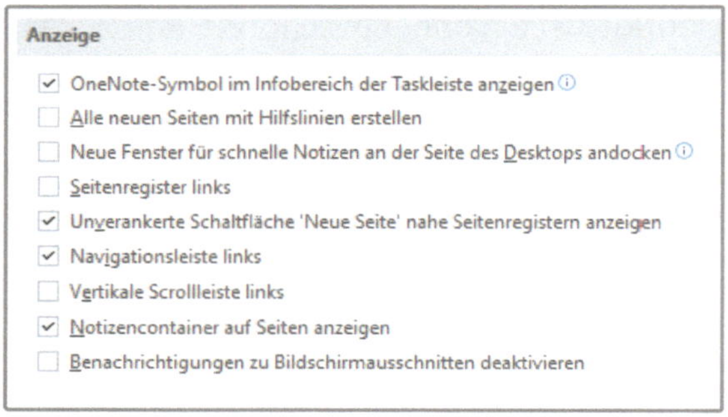

- ***Alle neuen Seiten mit Hilfslinien erstellen*** kann hilfreich sein, wenn Sie hauptsächlich handschriftlich schreiben.

- ***Neue Fenster für schnelle Notizen an der Seite des Desktops andocken*** klingt umständlich. Es bedeutet aber nur, dass schnelle Notizen das aktuell geöffnete Fenster etwas „zur Seite drängen", um sich selbst daneben Platz zu machen. Das ist deswegen sinnvoll, weil Sie so besonders schnell recherchieren können und nicht noch extra zwischen Fenstern hin und her wechseln müssen.

- Die nächsten vier Einstellungen geben an, auf welcher Seite Navigationsleiste, Seitenregister und Scrollleisten angezeigt werden sollen. Probieren Sie am besten verschiedene Einstellungen aus, bis Sie die finden, die Ihnen am besten gefällt.

- ***Notizencontainer auf Seiten anzeigen*** bezieht sich auf die kleinen Rahmen, die sich um neu eingefügte Notizen bilden.

- ***Benachrichtigungen zu Bildschirmausschnitten deaktivieren*** kann dann sinnvoll sein, wenn Sie sehr viele Screenshots erstellen.

Dokumentenprüfung

Die Optionen in dieser Registerkarte steuern, wie und in welchem Umfang OneNote Ihre Texte korrigiert.

AutoKorrektur erlaubt OneNote, falsch geschriebene Wörter und Ausdrücke automatisch zu korrigieren. Probieren Sie es aus: Tippen Sie „Auswal" (ohne das h). Sobald Sie die Leertaste drücken, korrigiert OneNote das Wort automatisch. Sie können auch eigene Korrekturen hinzufügen, z. B. Wörter, die Sie besonders häufig auf eine bestimmte Art und Weise falsch schreiben.

AutoKorrektur - Tipps und Tricks

AutoKorrektur ist eigentlich dafür vorgesehen, häufige Tipp- und Rechtschreibfehler zu vermeiden. Aber Sie können das Feature auch benutzen, um nützliche „Shortcuts" zu programmieren. Wenn Sie bestimmte Wörter oder Ausdrücke immer wieder brauchen, aber sie nicht jedes Mal neu tippen möchten, lassen Sie sich doch eine Abkürzung einfallen, die OneNote dann automatisch ersetzt.

Ersetzen:	Durch:
#B#	BILDNER Verlag GmbH

Einige dieser nützlichen „Ersetzungen" hat OneNote schon von Anfang an eingebaut: So wird beispielweise (c) zu © oder (tm) zu ™. Schauen Sie am besten einmal die Liste der Ersetzungen durch.

Eine andere nützliche Anwendungsmöglichkeit ist das Vermeiden von falschgeschriebenen Namen. Haben Sie bspw. einen Kollegen namens Phillip, bei dem Sie sich nie merken können, ob er mit Doppel-L, Doppel-P oder beidem geschrieben wird? Die Lösung: Lassen Sie die falschen Versionen automatisch von AutoKorrektur durch die richtige ersetzen. Das ist natürlich nur sinnvoll, solange Sie es nur mit einem Phillip zu tun haben!

Die Optionen im nächsten Bereich sind Microsoft-Office-übergreifend, gelten also nicht nur für OneNote:

- ***Wörter in GROSSBUCHSTABEN ignorieren***. Das ist sinnvoll, weil Wörter in Großbuchstaben meistens Marken- oder Eigennamen sind, die nicht in Wörterbüchern vertreten sind.
- ***Wörter mit Zahlen ignorieren***. Diese fallen in die selbe Kategorie wie Wörter in Großbuchstaben, aber Wörter mit Zahlen beinhalten z. B. auch Passwörter, Codes u. Ä.
- ***Internet- und Dateiadressen ignorieren***. Auch diese finden sich nicht im Wörterbuch.

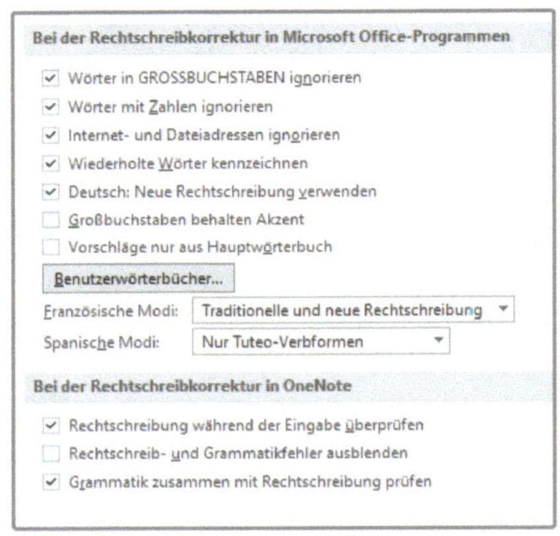

- ***Wiederholte Wörter kennzeichnen***. Wiederholte Wörter entstehen hauptsächlich durch falsches Tippen, nur in den seltensten Fällen mit Absicht.
- ***Großbuchstaben behalten Akzent*** gibt an, ob Großbuchstaben Akzente behalten sollen oder nicht. Das richtet sich meistens nach der Sprache, in der geschrieben wird.
- ***Vorschläge nur aus Hauptwörterbuch***. Die Wortvorschläge, die Ihnen mit einem Rechtsklick auf ein Wort angezeigt werden, stammen normalerweise nur aus dem sogenannten Hauptwörterbuch von Office. Sie können allerdings weitere Wörterbücher hinzufügen oder sogar Ihr eigenes Wörterbuch miteinbeziehen lassen.
- ***Französische Modi*** und ***Spanische Modi*** sind nur relevant, wenn Sie in einer der beiden Sprachen Texte verfassen.

Nur für OneNote gelten folgende Funktionen:

- ***Rechtschreibung während der Eingabe überprüfen*** gibt an, ob Wörter bereits überprüft werden sollen, während sie noch nicht fertig eingetippt wurden, oder erst nach dem nächsten Leerzeichen.

- ***Rechtschreib- und Grammatikfehler ausblenden*** dient dazu, die rote Unterwellung von erkannten Fehlern ein- und auszuschalten.

- ***Grammatik zusammen mit Rechtschreibung überprüfen*** kann deaktiviert werden, wenn Sie keine Grammatiküberprüfung wünschen.

Synchronisieren

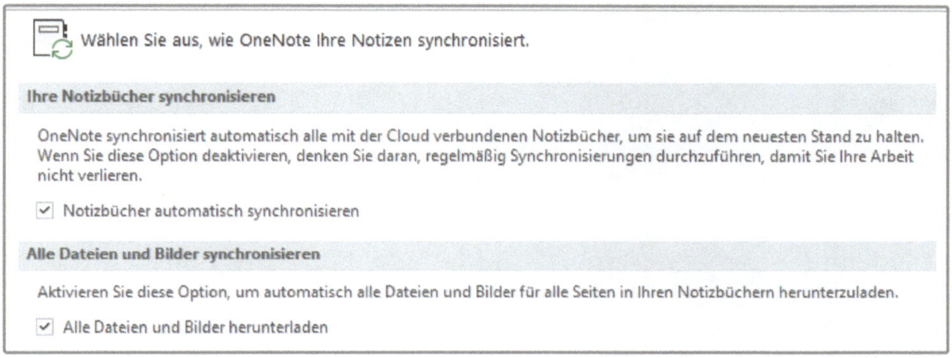

Diese Seite enthält zwar nur zwei Schaltflächen, aber beide haben weitreichende Auswirkungen auf Ihr Notizbuch:

- ***Notizbücher automatisch synchronisieren*** gibt an, ob Ihr Notizbuch selbstständig und automatisch in regelmäßigen Abständen mit OneDrive synchronisiert werden soll. Ist diese Option deaktiviert, müssen Sie Ihr Notizbuch nach allen wichtigen Änderungen manuell synchronisieren (***SHIFT*** + ***F9*** oder Rechtsklick auf den Namen des Notizbuchs -> ***Dieses Notizbuch jetzt synchronisieren***). Wir empfehlen generell, diese Option immer eingeschaltet zu lassen.

- ***Alle Dateien und Bilder herunterladen*** kann deaktiviert werden, wenn Sie mit einer sehr schlechten oder sogar getakteten Internetverbindung arbeiten oder sehr große Datenmengen in Ihren Notizbüchern gespeichert haben. Bilder und Dateien bleiben dann solange in der Cloud, bis Sie sie manuell durch Anklicken anfordern.

Speichern und Sichern

Im Bereich ***Speichern und Sichern*** können Sie einstellen, wo Dateien gespeichert werden sollen, wann sie gesichert werden sollen und wie oft. Außerdem kann hier die Dateioptimierung angepasst werden.

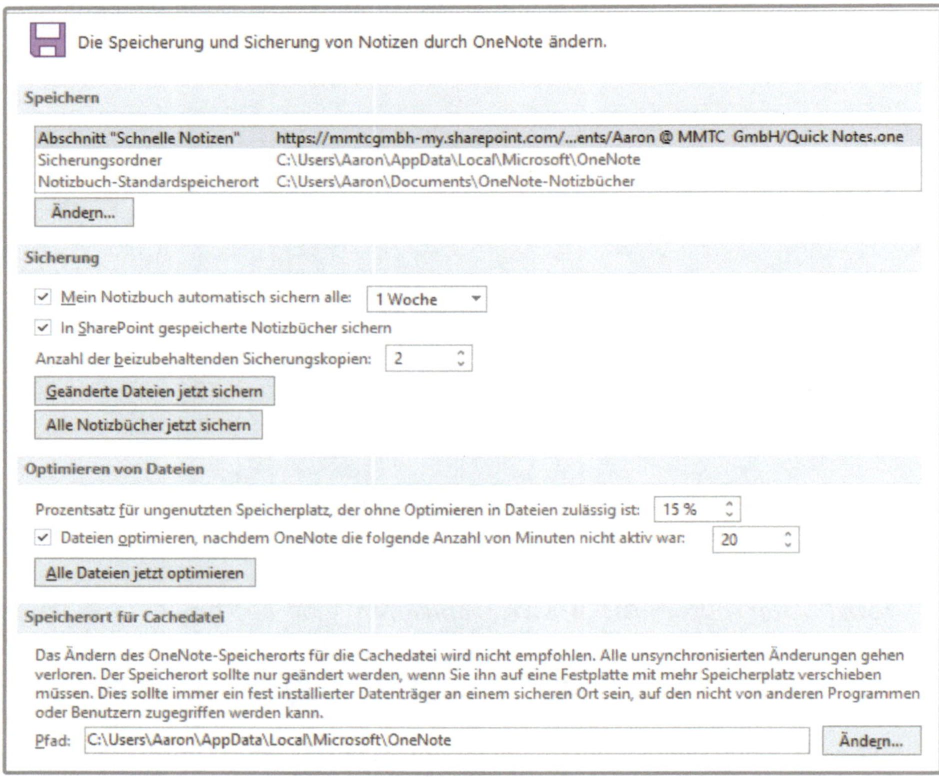

Was ist der Unterschied zwischen speichern und sichern?

Es ist wahr – umgangssprachlich werden die beiden Begriffe meist synonym verwendet. Sobald es um Datensicherheit und Datensicherung geht, macht es aber einen deutlichen Unterschied, ob Sie etwas speichern oder sichern wollen! „Speichern" bezeichnet das gewöhnliche Abspeichern von Dateien an einem gewünschten Speicherplatz. Mit „Sichern" ist das zusätzliche Speichern an einem anderen Ort gemeint, das Erstellen einer Sicherung also, heute auch gerne als Back-up bezeichnet. Da Sicherungen dafür gedacht sind, für die Originaldatei einzuspringen, wenn diese beschädigt wird oder verloren geht, ist es generell keine gute Idee, beide Dateien am selben Ort aufzubewahren. Am besten sind Sicherungen auf einem externen Speichermedium aufgehoben, einer externen Festplatte, einem USB-Stick oder in der Cloud.

Unter ***Speichern*** können Sie die Pfade Ihrer Speicher- und Sicherungsorte ändern. Unsere Empfehlung: Ändern Sie den Sicherungsordner so, dass er nicht mehr auf Laufwerk C: liegt – am besten sogar auf einem externen Gerät.

Unter ***Sicherung*** können Sie angeben, wie oft Ihr Notizbuch automatisch gesichert werden soll und ob auch in SharePoint gespeicherte Notizbücher für Sicherungen einbezogen werden sollen.

Anzahl der beizubehaltenden Sicherungskopien gibt an, wie viele Iterationen gesicherter Notizbücher einbehalten werden sollen. Sichern Sie beispielsweise alle vier Wochen und behalten bis zu fünf Sicherheitskopien, dann gehen Ihre Sicherungen fünf Monate zurück (wenn Sie die Sicherungen nicht noch einmal extra sichern, versteht sich). Dieser Zeitraum kann gesetzlich relevant sein, wenn Daten in Ihrem Notizbuch unter die gesetzliche Aufbewahrungspflicht fallen. Welche Dokumente genau betroffen sind, ist in **§ 147 Abs. 1 HO** und **§ 257 Abs. 1 HGB** geregelt.

Sie können mit ***Geänderte Dateien jetzt sichern*** bzw. ***Alle Notizbücher jetzt sichern*** auch jederzeit eine manuelle Sicherung erzwingen. Das kann nach besonders wichtigen Änderungen sinnvoll sein, die Sie auf keinen Fall verlieren möchten.

Besonders interessant ist der Bereich ***Optimieren von Dateien***.

Standardmäßig ist OneNote so konfiguriert, dass es anfängt Seiten zu optimieren, sobald 15 % des Speicherplatzes „ungenutzt" sind. Das bedeutet lediglich, dass OneNote leeren Raum in Ihren Notizen automatisch löscht, sobald zu viel davon vorhanden ist (z. B. falls Sie mehrere leere Seiten am Ende eines Textabschnitts hinzugefügt haben). Das kann sehr hilfreich sein, um Speicherplatz zu sparen, kann aber auch verheerende Formatierungs- und Layoutfolgen haben, wenn die Abstände bewusst eingebaut wurden. Erhöhen Sie im Zweifelsfall also den Prozentwert.

Die letzte Option, den ***Speicherort der OneNote-Cache-Datei***, sollten Sie nicht verändern und müssen Sie eigentlich auch nie.

An OneNote senden

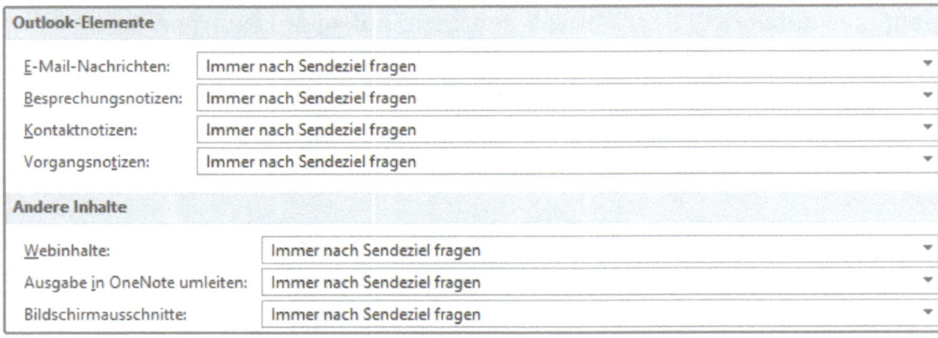

In diesem Fenster können Sie festlegen, wo an OneNote gesendete Inhalte standardmäßig gespeichert werden sollen. In der Regel ist es am besten, alle Felder auf ***Immer nach Sendeziel fragen*** zu belassen.

Audio und Video

Möchten Sie selbst erstellte Audio- und Videoaufnahmen in OneNote einbinden, dann sollten Sie definitiv einen Blick in dieses Menü werfen. Sie können unter ***Gerät*** und ***Eingabe*** einstellen, welches Mikrofon Sie benutzen wollen und wie mit der Eingabe verfahren werden soll.

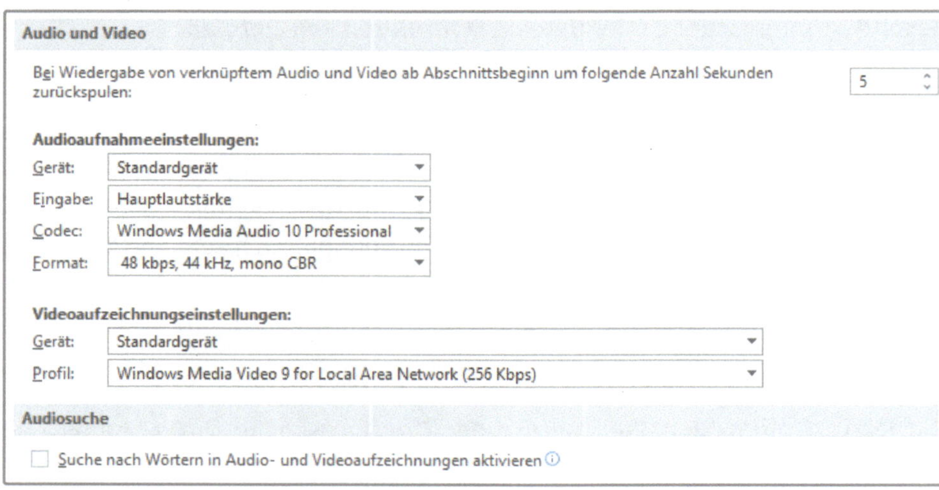

Erheblich interessanter sind allerdings die Einstellungsmöglichkeiten ***Codec*** und ***Format***. Je nachdem wie Sie mit OneNote zur Audioaufnahme umgehen wollen, sollten Sie hier definitiv einige Einstellungen anpassen.

Einfach erklärt gibt der ***Codec*** an, wie die Audiosignale verarbeitet und komprimiert werden sollen. Er wirkt sich damit sowohl auf Dateigröße als auch auf die Qualität aus. Ist Ihnen letztere besonders wichtig, wählen Sie hier ***Windows Media Audio 10 Professional***. Dieser Codec ist (überraschenderweise) nicht als Standard festgelegt, wahrscheinlich weil es vor einiger Zeit noch viele Geräte gab, die Audiodaten in diesem Format nicht korrekt wiedergeben konnten. Heutzutage ist das aber fast kein Problem mehr. Die Standardauswahl ***Windows Media Audio Voice 9*** unterstützt außerdem nur Mono-Aufnahmen, kein Stereo.

Unter ***Format*** können Sie sowohl die Bitrate als auch die Samplingrate des aufgenommenen Audios festlegen. Die standardmäßig eingestellten Werte sind zwar sehr speichersparend, aber lassen qualitativ zu wünschen übrig. Wir empfehlen für einfache Sprachmemos mindestens die Einstellung ***48kbps, 44kHz. mono CBR***. Wenn Sie höhere Werte wählen, nehmen Ihre Aufnahmen zwar noch mehr Speicherplatz in Anspruch, aber ohne professionelles Mikrofon wird Ihre Audioqualität nicht mehr erheblich besser.

Bitrate? Samplerate? Bahnhof?

Die meisten von uns sind keine Audiospezialisten, aber zumindest mit den beiden Begriffen Bitrate und Samplerate sollten Sie sich oberflächlich vertraut machen, wenn Sie mit Audiodateien arbeiten wollen.

Die Bitrate gibt an, wie viele Informationen pro Sekunde Audiomaterial übermittelt werden. Ist dieser Wert zu gering, gehen Audioinformationen verloren und der Ton klingt robotisch oder abgehackt. Moderne Stereo-Audio-CDs benutzen 128 kbps, für sehr gute Mono-Aufnahmen ist nur halb so viel notwendig (64 kpbs).

Die Samplingrate wirkt sich auf das Audiospektrum aus, also welche Tonhöhen akkurat aufgenommen und wiedergegeben werden können. Etwa 44 kHz sind hier der Industristandard, da dieser Wert das gesamte vom Menschen hörbare Spektrum abdeckt. Die Samplingrate etwas zu verringern kann ein guter Kompromiss sein, um Speicher zu sparen, ohne zu viel Qualität einzubüßen.

Unter den Videoaufzeichnungseinstellungen können Sie ebenfalls Ihr favorisiertes Gerät anwählen, sollten mehrere angeschlossen sein.

Unter ***Profil*** gilt auch hier: Je mehr kbps, desto höher die Qualität, aber desto höher auch der Speicherplatzbedarf. Auch die Synchronisierung Ihrer Notizbücher kann durch sehr hohe Bitraten deutlich verlangsamt werden.

Falls Sie besonders viele Audioaufnahmen in Ihre digitalen Notizbücher „heften“, sollten Sie darüber nachdenken, die Funktion ***Suche nach Wörtern in Audio- und Videoaufzeichnungen aktivieren*** zu nutzen. Wenn Sie die Option anklicken, öffnet sich ein Pop-Up-Fenster mit weiteren Informationen:

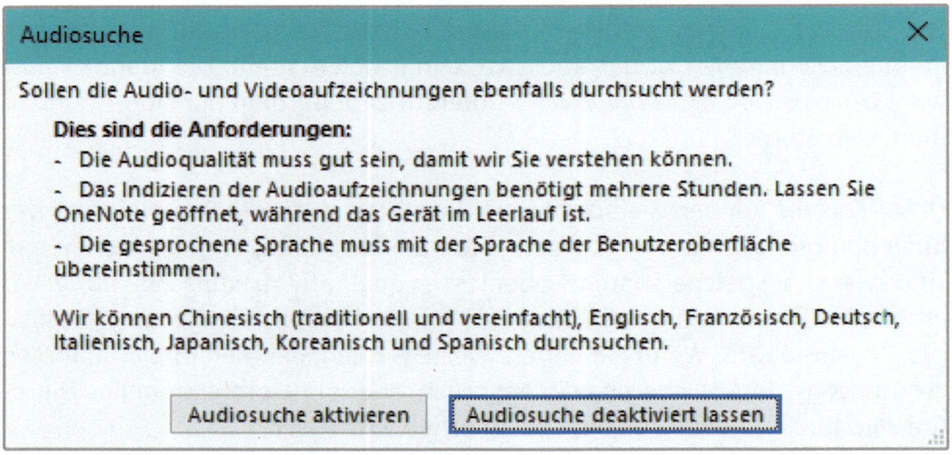

Kurz zusammengefasst, die Funktion hat folgende Nachteile:

- Sie benötigen ein ausreichend gutes Mikrofon.
- Die Indizierung der Audiodaten ist sehr langsam. Daten, die noch nicht indiziert wurden, tauchen nicht in den Suchergebnissen auf.
- Nur Aufnahmen in der Sprache Ihrer OneNote-Benutzeroberfläche werden korrekt durchsucht. Das heißt, benutzen Sie OneNote auf deutsch, können englische Aufnahmen nicht durchsucht werden.

Die durchsuchbaren Sprachen sind eingeschränkt. Viele weitverbreitete Sprachen sind nicht kompatibel, darunter Hindi, Arabisch, Russisch und Portugiesisch.

Zwei weitere Probleme, darunter das unserer Meinung nach größte, hat Microsoft allerdings gar nicht aufgelistet:

- Die Indizierung funktioniert natürlich nur, wenn Sie Ihre Audioaufnahmen in angemessenem Hochdeutsch erstellen. Es ist egal, ob Sie bairisch, schwäbisch, friesisch oder plattdeutsch sprechen: OneNote wird Sie nicht besonders gut verstehen. Das an sich wäre kein besonders großes Problem, aber ...

- Die Funktion ist leider allgemein nicht besonders zuverlässig. Geht es nicht um sehr einfache oder häufig vorkommende Wörter, können Sie sich mit keinerlei Bestimmtheit darauf verlassen, dass OneNote Sie richtig verstanden hat. Im Zeitalter der Sprachassistenten wie Cortana, Google Assistant, Siri, Alexa und Co. kennen wir alle das gefürchtete „Entschuldigung, ich habe Sie leider nicht verstanden“. Letztendlich schafft auch die OneNote-Spracherkennung keine Wunder.

Sprache

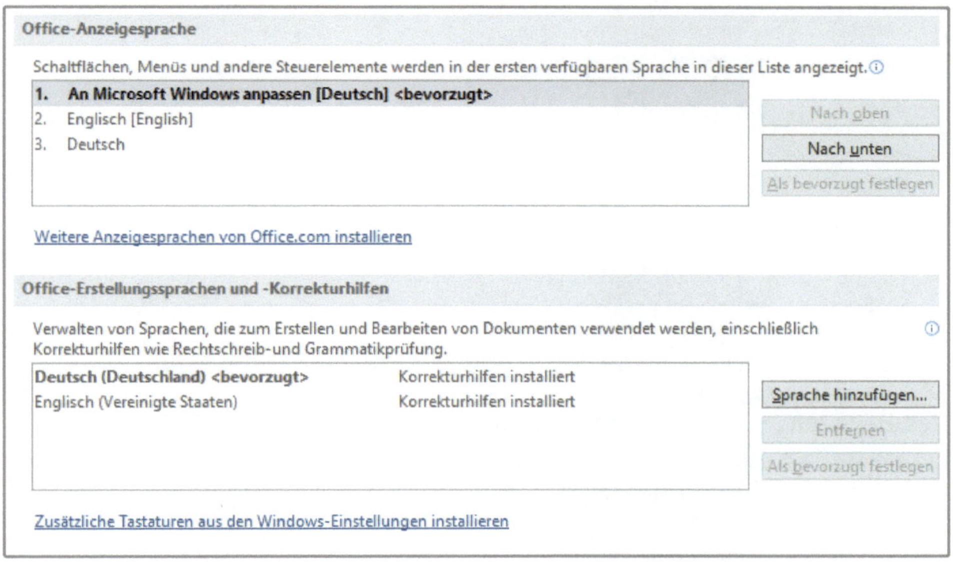

Unter ***Sprache*** können Sie sowohl die Office-Anzeigesprache als auch die Office-Erstellungssprache und Korrekturhilfen einstellen.

Die Anzeigesprache ist dabei die Sprache, in der das Programm OneNote sich Ihnen präsentiert: Alle Hilfetexte, Buttons, Beschriftungen, Menübefehle, Steuerelemente und auch das Optionsmenü werden in der ausgewählten Sprache angezeigt.

Die zweite Sprache ist die, mit der das Programm Texteingaben evaluiert. Rechtschreib- und Grammatikkorrekturen werden auf Basis dieser Sprache vorgeschlagen.

Weitere Sprachpakete können über die entsprechenden blauen Schaltflächen heruntergeladen werden.

Erweitert

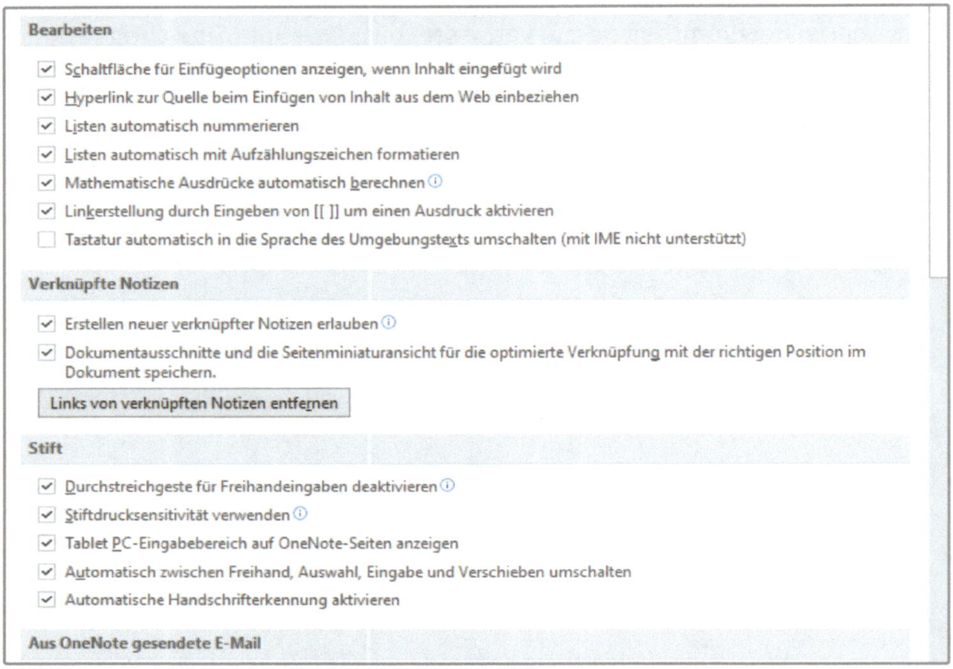

Das Register ***Erweitert*** bietet mitunter die meisten Optionen für den alltäglichen Bedarf. Sie sind der besseren Übersicht wegen in mehrere Gruppen unterteilt. Die erste ist ***Bearbeiten***:

- ***Schaltfläche für Einfügeoptionen anzeigen, wenn Inhalt eingefügt wird*** bezeichnet das kleine Pop-Up, das beim Einfügen von externen Daten erscheint und fragt, wie bzw. ob die Formatierung des Textes angepasst werden soll.

- ***Hyperlink zur Quelle beim Einfügen von Inhalt aus dem Web einbeziehen*** gibt an, ob bei eingefügten Quellen automatisch ein Hyperlink zur Quelle eingefügt werden soll.

- ***Listen automatisch nummerieren*** können Sie ausschalten, wenn Sie Ihre Listen standardmäßig nicht nummeriert haben möchten, z. B für Einkaufslisten, Wunschlisten etc.

- ***Listen automatisch mit Aufzählzeichen formatieren*** lässt sich ausschalten, falls Sie Ihre Listen ohne Aufzählzeichen bevorzugen.
- ***Mathematische Ausdrücke automatisch berechnen*** bezeichnet die Funktion, die wir auf Seite 100 noch einmal genauer vorstellen.
- ***Linkerstellung durch Eingeben von [[ ]] um einen Ausdruck zu aktivieren*** erklären wir ebenfalls genauer auf Seite 97.
- ***Tastatur automatisch in die Sprache des Umgebungstexts umschalten*** ist sehr nützlich, wenn Sie Text in mehreren verschiedenen Sprachen verfassen. ***Nicht mit IME unterstützt*** bezieht sich dabei auf Microsoft IME, eine Eingabemethode für japanische Texte.

Die Gruppe ***Verknüpfte Notizen*** umfasst folgende Optionen:

- ***Erstellen neuer verknüpfter Notizen erlauben*** gibt an, ob Notizen fest mit Dokumenten wie PowerPoint-Präsentationen, Excel-Dateien oder Webseiten verknüpft werden können.
- ***Dokumentenausschnitte und die Seitenminiaturansicht für die optimierte Verknüpfung mit der richtigen Position im Dokument speichern*** bestimmt, ob nicht nur die Verknüpfung, sondern auch die entsprechende Stelle in der Verknüpfung gespeichert werden soll.

Die Gruppe ***Stift*** dient dazu, detaillierte Einstellungen für Touch-Stifte festzulegen. Das betrifft auch Stifte für Touchpads.

- ***Durchstreichgeste für Freihandeingaben deaktivieren*** gibt an, ob Freihandzeichnungen gelöscht werden sollen, wenn Sie sie durchstreichen. Diese Option ist deswegen standardmäßig deaktiviert, weil es oft schwer zu unterscheiden ist, ob Sie etwas durchstreichen wollen, oder bspw. nur einem Diagramm eine horizontale Achse hinzufügen möchten.
- ***Stiftdrucksensitivität verwenden*** gibt an, ob Stifte eine stärkere Kontur hinterlassen sollen, wenn Sie mit Ihrem Stift fester aufdrücken. Diese Option hat nur Auswirkungen, wenn Ihr Stift Stiftdrucksensitivität unterstützt.

- ***Tablet-PC-Eingabebereich auf OneNote-Seiten anzeigen*** lässt Sie bestimmen, ob Sie den PC-Eingabebereich auf Tablet-PCs ausblenden wollen, wenn Sie OneNote benutzen.

- ***Automatisch zwischen Freihand, Auswahl, Eingabe und Verschieben umschalten*** versucht automatisch zwischen den Funktionen der Zeichnen-Registerkarte umzuschalten, je nachdem welche Sie gerade benötigen. Diese Option funktioniert allerdings nicht 100 % zuverlässig und kann deswegen Ihre Fehlerquote deutlich erhöhen.

- ***Automatische Handschriftenerkennung aktivieren*** gibt an, ob handschriftliche Notizen automatisch in Text umgewandelt werden sollen. Diese Option zu deaktivieren kann sinnvoll sein, wenn Sie in Ihrem Notizbuch einen handschriftlichen Flair beibehalten wollen.

Die Gruppe ***Aus OneNote gesendete E-Mail*** verwaltet, wie mit E-Mails umgegangen werden soll, die direkt aus OneNote abgeschickt werden.

- ***Kopie der Notizen als OneNote-Datei anfügen*** versendet eine Kopie der entsprechenden Notiz im Anhang der E-Mail. Das ist standardmäßig deaktiviert, weil nicht alle Empfänger die OneNote-Datei öffnen können.

- ***Eingebettete Dateien E-Mail-Nachrichten als gesonderte Dateien anfügen*** bestimmt, ob eingebettete Dateien als Anhang mitgesendet werden sollen oder nicht.

- ***Die folgende Signatur zu in OneNote erstellten E-Mails und Webseiten hinzufügen:*** ist nützlich, wenn Sie via OneNote versendete Nachrichten besonders kennzeichnen wollen. Standardmäßig steht hier *„Erstellt mit OneNote.“*

Die ***Akkuoptionen*** können für Sie relevant sein, wenn Sie OneNote auf einem Laptop oder anderen mobilen Rechner verwenden. Benutzen Sie ein Gerät, das nicht im Akkumodus betrieben wird, haben diese Einstellungen keine Auswirkungen. Unter ***Für die folgende Akkulebensdauer optimieren*** können Sie zwischen fünf Stufen wählen: ***Maximale Leistung***, ***Kurz***, ***Mittel***, ***Lang*** und ***Maximale Akkulebensdauer***.

Diese Einstellungen wirken sich unter anderem darauf aus, wie oft OneNote Hintergrundaktivitäten wie Audioindizierung, Handschriftenerkennung und Notizbuchsynchronisierung ausführt.

Die Einstellungen unter ***Kategorien*** beeinflussen, wie sich sogenannte Zusammenfassungsseiten auf Kategorie-Tags im Notizbuch auswirken. Wenn Sie im Bereich ***Kategorienzusammenfassung*** eine ***Zusammenfassungsseite*** generieren, dann erstellt OneNote eine eigene Seite, auf der nur Ihre kategorisierten Notizen zusammengefasst werden. Das Problem dabei ist, dass OneNote dann standardmäßig beim nächsten Mal in der Kategorienzusammenfassung die Notizen aus der Zusammenfassungsseite **mit** anzeigt. Das Ergebnis: Alle Daten sind doppelt vorhanden.

Um das zu verhindern, können Sie mit ***Markierte Originalnotizen abgeblendet anzeigen*** die Originalnotizen „abblenden". Das bedeutet, die Kategorien neben den bereits zusammengefassten Notizen erscheinen zukünftig halbtransparent und werden für weitere Zusammenfassungen ignoriert. Möchten Sie jedoch, dass abgeblendete Notizen explizit trotzdem mit angezeigt werden, wählen Sie ***Abgeblendete kategorisierte Notizen im Aufgabenbereich ‚Kategorienzusammenfassung' anzeigen***.

Im Bereich ***Kennwörter*** können Sie Sicherheitseinstellungen für gesperrte Abschnitte konfigurieren:

- Unter ***Kennwortgeschützte Abschnitte sperren, nachdem ich so lange nicht darin gearbeitet habe …*** können Sie festlegen, ob Abschnitte nach bestimmten Zeitintervallen automatisch wieder passwortgeschützt werden sollen.
- Alternativ können Sie Abschnitte automatisch sperren lassen, sobald Sie sie verlassen. Wählen Sie dazu ***Kennwortgeschützte Abschnitte sperren, sobald ich sie verlassen habe***.
- Manche Add-ins (wie etwa „OneTastic") interagieren mit allen Abschnitten und Notizen in Ihrem Notizbuch auf einmal, zum Beispiel um Gliederungsseiten o. ä. zu erstellen. Ob diese Add-ins Zugriff auf entsperrte Abschnitte haben sollen, legen Sie mit ***Zugriff auf kennwortgeschützte …*** fest.

Falls die Indizierung von Texten in Bildern in Ihrem Notizbuch zu viel Zeit in Anspruch nimmt, oder falls Sie Bilder haben, deren im Bild enthaltene Textpassage nicht inhaltlich relevant sind, können Sie die ***Texterkennung in Bildern deaktivieren***.

Grafisch anspruchsvolle Inhalte werden standardmäßig nicht von der CPU, sondern der GPU Ihres Computers berechnet. Wenn Sie das nicht möchten, können Sie die ***Hardwarebeschleunigung deaktivieren***. Das ist eigentlich fast nie sinnvoll, außer Sie möchten Ihre Grafikkarte zugunsten anderer Applikationen entlasten. Wenn es in Ihren Dokumenten öfter zu Darstellungsfehlern kommt, können Sie diese Option auch auswählen, um festzustellen, ob eventuell die Grafikkarte daran Schuld ist.

Im Bereich ***Ausdrucke*** haben Sie zwei Optionen:

- ***Lange Ausdrucke auf mehrere Seiten einfügen*** kann ausgewählt werden, wenn besonders lange Dateiausdrucke (siehe Seite 56) auf mehrere Notizbuchseiten aufgeteilt werden sollen. Das kann sinnvoll sein, um langes Scrollen in einzelnen Seiten zu minimieren.

- ***Eingefügte Dateiausdrucke automatisch als Hintergrund festlegen*** ermöglicht, ohne weitere Einstellungen vornehmen zu müssen, über eingefügte Dokumente im Freihandmodus zu zeichnen. Wenn Sie also gerne Notizen einscannen, um sie dann handschriftlich zu ergänzen, ist diese Einstellung sehr nützlich.

Zu guter Letzt können Sie im Bereich ***Andere*** auswählen, welche ***Maßeinheit*** Sie in OneNote verwenden wollen (Zoll, Zentimeter, Millimeter, Punkt oder Pica) und ob Sie ***Fehler von Benutzeroberflächen-Add-ins anzeigen*** lassen möchten. Das bedeutet, falls Sie Add-ins installiert haben, die nicht richtig funktionieren, werden Ihnen Fehlermeldungen angezeigt. Ohne diese Funktion verschweigt OneNote derartige Probleme einfach, von daher ist diese Einstellung sehr empfehlenswert.

Menüband anpassen

Diese Registerkarte erlaubt es, die Menübefehle von OneNote zu verändern. Mit ***Neue Registerkarte*** können eigene Registerkarten hinzugefügt werden, die dann entweder via Drag-And-Drop oder via ***Hinzufügen >>*** befüllt werden können. Wie in den voreingestellten Registerkarten lassen sich Befehle gruppieren, hier mit dem Button ***Neue Gruppe***. Befehle, Gruppen und Registerkarten lassen sich mit ***Umbenennen*** neu benennen.

Sind Sie mit Ihren Einstellungen nicht zufrieden, oder haben Sie die Übersicht verloren, so können Sie mit ***Zurücksetzen*** Ihre Änderungen am Menüband jederzeit löschen. Sie haben dabei die Wahl, ob Sie nur ausgewählte Registerkarten zurücksetzen möchten oder alle Änderungen.

Die Anpassung des Menübands kann auf den ersten Blick einschüchternd wirken, aber das ist sie nicht. Sie können schließlich nichts „kaputt machen".

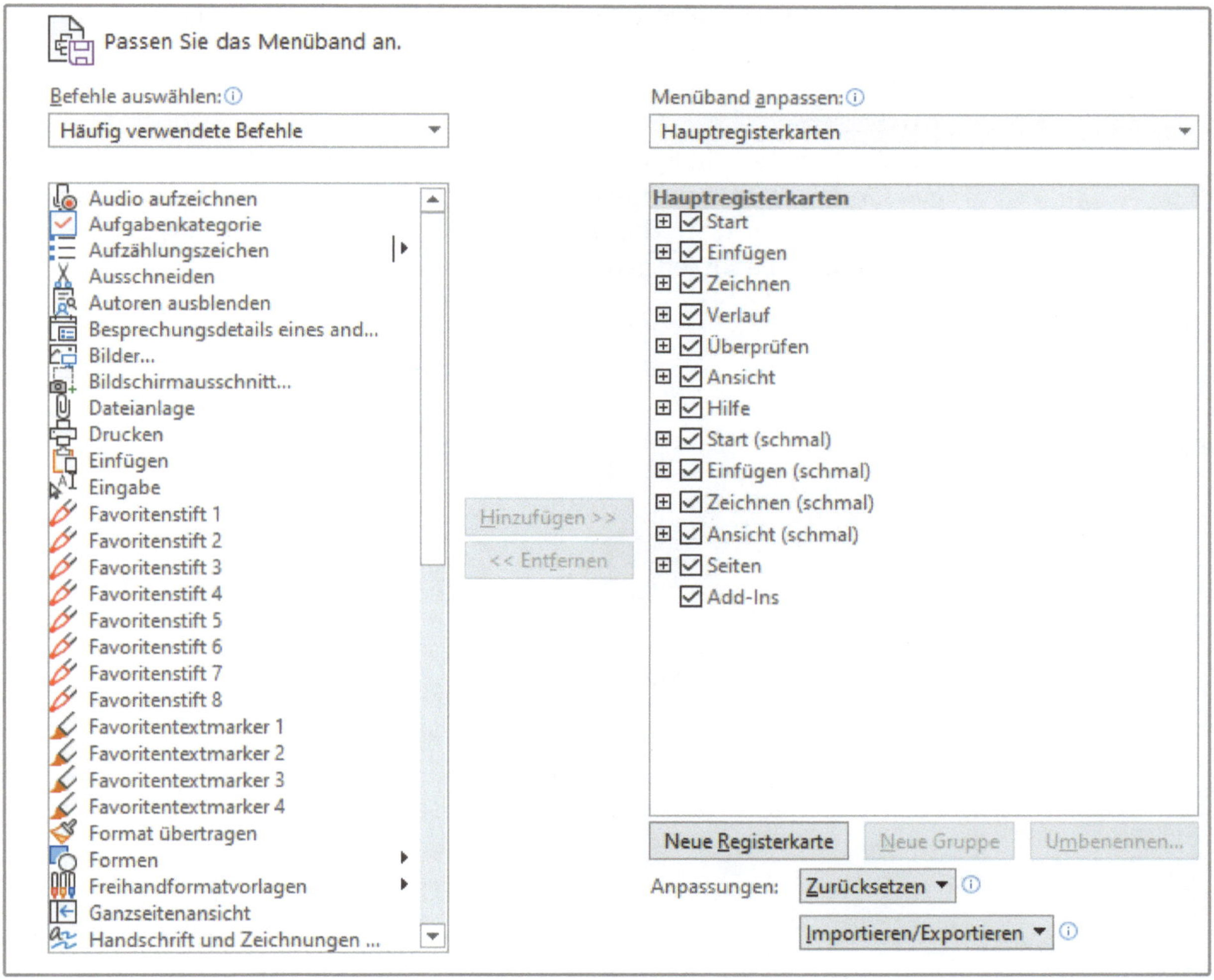

Symbolleiste für den Schnellzugriff

Die Einstellungen in diesem Menü verlaufen eigentlich parallel zur Registerkarte ***Menüband anpassen***. Die Schnellzugriffs-Funktionen, die Sie hier festlegen, sind die, die unabhängig der ausgewählten Registerkarte am linken oberen Fensterrand im violetten Bereich angezeigt werden.

Add-ins

Add-ins ermöglichen es, OneNote zusätzliche Funktionen hinzuzufügen. Haben Sie Add-ins installiert, tauchen sie hier geordnet auf und können aktiviert und deaktiviert werden.

Trust Center

Das Trust Center gibt Ihnen die Möglichkeit, über die Schaltfläche ***Einstellungen für das Trust Center*** Sicherheits- und Datenschutzoptionen von OneNote anzupassen. Wir raten davon ab, in diesem Bereich Einstellungen zu verändern – außer Sie wissen genau, was Sie da tun.

3 Daten exportieren, synchronisieren und teilen

Aus anderen Programmen sind Sie es gewohnt, Ihre Dateien vor dem Schließen abzuspeichern, so dass Sie beim nächsten Mal genau dort weiterarbeiten können, wo Sie heute aufgehört haben. Auf diese „altmodische“ Art der Datensicherung sind Sie bei OneNote nicht mehr angewiesen: Alle Änderungen, egal wie groß oder klein, werden automatisch gesichert – und zwar ständig. Wenn Sie Ihre Daten aber doch einmal manuell sichern möchten, spricht man von „exportieren“. Sie haben dabei die Wahl, ob die Dateien lokal auf Ihrem Rechner oder online in der Cloud gesichert werden sollen. Wo Ihr Notizbuch aktuell gespeichert wird, erfahren Sie in den OneNote-Optionen unter ***Speichern und Sichern*** (siehe Seite 74).

3.1 Lokal

Nur die Desktop-Version von OneNote (die Version, die nur „OneNote“ bzw. „OneNote 2016“ heißt) erlaubt das lokale Speichern von Notizbüchern. Alle anderen OneNote-Instanzen speichern ausschließlich in die Cloud. Notizbücher lokal zu speichern, ist eventuell sinnvoll, wenn ...

- Sie mit besonders sensiblen oder privaten Daten hantieren, die Sie nicht in die Cloud laden wollen oder
- Sie nur eingeschränkten Zugriff auf das Internet haben.

Dateien lokal zu speichern, hat folgende Nachteile:

- Festplatten gehen kaputt, USB-Sticks gehen verloren. Kurz: Dateien können verloren gehen, wenn sie nicht ausreichend gesichert sind.
- Lokal gespeicherte Dateien können Sie nicht mit Freunden und Bekannten teilen und müssen Notizbücher deshalb alleine bearbeiten.
- Sie sind natürlich explizit nicht von überall aus zugänglich, insbesondere nicht auf dem Smartphone oder auf anderen Rechnern.

Ihre Notizbücher lokal zu speichern ist unserer Meinung nach also nur sinnvoll, wenn es sich um streng vertrauliche, sensible Daten handelt, die Sie nicht der Cloud anvertrauen wollen oder wenn Sie das Notizbuch als Datei (auf USB-Stick oder via Upload) mit Fremden teilen wollen, ohne mit ihnen parallel zu kollaborieren.

3.2 Cloud (OneDrive)

Sind meine Daten in der Cloud sicher?

Werden Daten lokal gespeichert, ist relativ leicht nachzuvollziehen, was mit ihnen passiert: Sie liegen an einem bestimmten Platz auf der Festplatte oder SSD, die Sie für die Daten ausgesucht haben – und dort bleiben sie auch. Wenn Sie sich jetzt noch gemerkt haben, in welche Ordner und Unterordner Sie die Datei verfrachtet haben, können Sie sie dort auch jederzeit wiederfinden.

Etwas komplexer wird die Angelegenheit, wenn wir von der „Cloud" sprechen. Kurz erklärt ist die Cloud ein Netzwerk von miteinander verbundenen Computern, sogenannten Servern. Dabei werden nicht nur eine Hand voll Server verknüpft, sondern im Falle von Microsofts OneDrive tausende – eher sogar zehntausende. Laden Sie jetzt eine Datei in die Cloud, liegt sie eben nicht mehr lokal bei Ihnen im Wohnzimmer, sondern irgendwo in Microsofts Serverlandschaft, wahrscheinlich einem großen lagerhallenartigen Raum mit unzähligen gekühlten „Schränken" – den Servern.

Und es ist nur natürlich, dass wir uns fragen, ob die Daten in den Händen, in die wir sie gegeben haben, wirklich sicher sind. Kurz gesagt: Ja, das sind sie im Regelfall. Aber jedes Netzwerk hat Schwachstellen und manchmal können diese Schwachstellen von Personen mit unlauteren Absichten ausgenutzt werden. Passwörter werden durch Löcher im System umgangen oder werden durch systematisches Raten geknackt. Das geschah, um ein recht bekanntes Beispiel zu nehmen, beim großen iCloud-Leak 2014. Dabei wurden unter anderem äußerst private Fotos von diversen Prominenten frei im Internet zugänglich. Dieses Ereignis war für viele Cloud-Betreiber ein kleiner Denkanstoß, mehr in Datensicherheit zu investieren.

Abgesehen von Kriminellen gibt es aber noch zwei weitere Gruppen, die potenziell Einsicht in Ihre Daten nehmen können. Eine davon ist natürlich der Bereitsteller der Cloud-Dienste selbst, im Fall von OneDrive Microsoft. Schließlich gilt: Derjenige, der die Daten verwaltet, ist auch imstande, einen Blick auf sie zu werfen. Die Chancen dafür sind in der Praxis aber sehr gering: Das Sichten von Kundendaten würde Microsoft zwar kleine private Einblicke ins Leben einzelner Nutzer gewähren, aber das Vertrauen der Kunden in den Dienst wäre irreparabel zerstört, würde solches Vorgehen jemals publik werden – und bei derart großen Konzernen mit vielen Mitarbeitern würde es das früher oder später. Die zweite Gruppe mit potenziellem Zugriff auf Ihre Cloud-Daten ist die Regierung. Besteht ein krimineller Verdacht (und die entsprechende Erlaubnis zur „digitalen Hausdursuchung“ wurde den zuständigen Behörden erteilt), können Polizei und Geheimdienste Ihre Daten nach Herzenslust durchforschen.

Trotz all dieser Bedenken sind Ihre Daten summa summarum tatsächlich aber eher *sicherer*, wenn sie sich in der Cloud befinden – aus mehreren Gründen. Für alle Festplatten und Datenspeichermedien, auf denen Sie Ihre Dateien lokal speichern, stellt sich nicht die Frage, **ob** sie denn eines Tages kaputt gehen, sondern eher **wann** sie es tun. Denn ewig haltbar sind sie alle nicht. Und wenn es so weit ist, haben Sie Ihre Daten besser noch einmal irgendwo gesichert – sonst sind sie weg. Bei der Cloud müssen Sie sich um Sicherungen keine Sorgen machen: Das übernimmt der Dienstleister für Sie. Und auch Hacker haben es mit Cloud-Servern viel schwerer als mit Ihrem Privat-PC: Daten auf den Servern werden nämlich besonders abgesichert und verschlüsselt.

3.3 Exportieren

Wenn Sie Ihre Notizbücher anderen Personen zugänglich machen wollen, ohne ihnen Zugriff auf die Datei zu gewähren, mit der Sie selbst arbeiten, können Sie das Notizbuch oder Bestandteile davon exportieren. Sie können es dabei entweder als ONE- bzw. ONEPKG-Datei abspeichern, als digitalen Ausdruck (PDF bzw. XPS) oder als Website in einer Datei, einer sogenannten MHT-Datei. Die Unterschiede dabei sind die folgenden:

ONE-Datei / ONEPKG-Datei:
ONE bzw. ONEPKG ist das OneNote-eigene Dateiformat. ONE-Dateien enthalten dabei einzelne Seiten und Abschnitte, während ONEPKG-Dateien ganze Notizbücher beinhalten. Dieses Format lässt sich nur mit der Desktop-App exportieren und auch nur mit ihr (ohne Weiteres) öffnen. Dennoch kann das sehr

sinnvoll sein, wenn Sie anderen Personen lokale Kopien Ihres Notizbuchs zukommen lassen wollen.

PDF:
PDF steht für Portable Document Format (deutsch: portables Dokumentenformat) und ist ein betriebssystem- und programmunabhängiges Dateiformat, welches von Adobe entwickelt wurde. Es ermöglicht, Daten sicher und standardisiert auszutauschen und wird sowohl in der Druckvorstufe, als auch für E-Books, Formulare, vertrauliche medizinische Daten und in vielen weiteren Fällen benutzt. PDF-Dateien lassen sich sowohl in Web-Browsern, als auch in PDF-Reader-Programmen öffnen. Wie Sie PDF-Dateien in OneNote einbinden, lesen Sie auf Seite Seite 56.

XPS:
XPS ist ein von Microsoft entwickeltes Dateiformat, das im Anwendungsbereich sehr ähnlich zu PDF ist, praktisch aber fast nicht verwendet wird. Meistens sind Sie mit einer PDF-Datei deutlich besser aufgehoben.

MHT-Datei / Webseite in einer Datei:
MHT bzw. ausgeschrieben MHTML steht für *MIME Encapsulation of HTML*, zu deutsch etwa „MIME-Einbindung von zusammengesetzten HTML-Dokumenten“ (MIME ist ein Kompatibilitätsstandard für Daten im Internet). In einfachen Worten sind MHT-Dateien Kopien von Webseiten, die sowohl den Webseiten-Text als auch Bilder der Webseite abspeichern. Sie können OneNote-Notizen im MHT-Format also auch mit Personen teilen, die selbst kein OneNote installiert haben oder erst gar nicht über einen Microsoft-Account verfügen.

3.4 Drucken

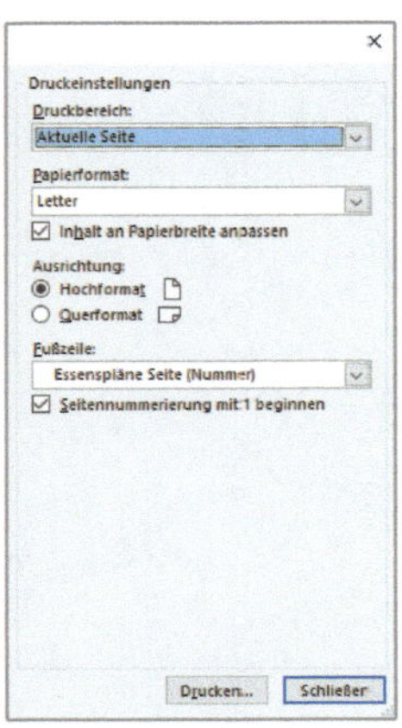

Möchten Sie Ihr OneNote-Notizbuch bzw. bestimmte Abschnitte ausdrucken, so können Sie das in der Backstage-Ansicht (Registerkarte ***Datei***, siehe Seite 39) unter dem Befehl ***Drucken*** erledigen. Ihnen muss dabei aber bewusst sein, dass, je nachdem welche Art von Daten Sie eingebunden haben, der Ausdruck womöglich nicht die gesamte Datenspanne Ihres Notizbuchs akkurat wiedergibt (beispielsweise können in Notizen eingebundene Videos und Audionachrichten natürlich nicht ausgedruckt werden).

Im Druckeinstellungen-Dialogfenster, das sich vor dem Druck öffnet, können Sie die gängigen Einstellungen treffen: Druckbereich, Papierformat und Ausrichtung. Erwähnenswert ist ansonsten nur, dass Sie auswählen können, mit welcher Bezeichnung Ihre Dokumentenfußzeilen versehen werden sollen.

3.5 Real-Time-Kollaborationen (Mehrere Benutzer)

„Echte" Notizbücher haben den großen Nachteil, dass in der Regel stets nur eine Person zur selben Zeit etwas hineinschreiben kann. Diese Limitation besitzen OneNote-Notizen nicht: Sie können Ihre Daten jederzeit mit anderen Nutzern teilen.

Im Notizbuch werden Notizen, die nicht von Ihnen selbst stammen, dann mit den Initialen Ihres Mitnotizenschreibers versehen.

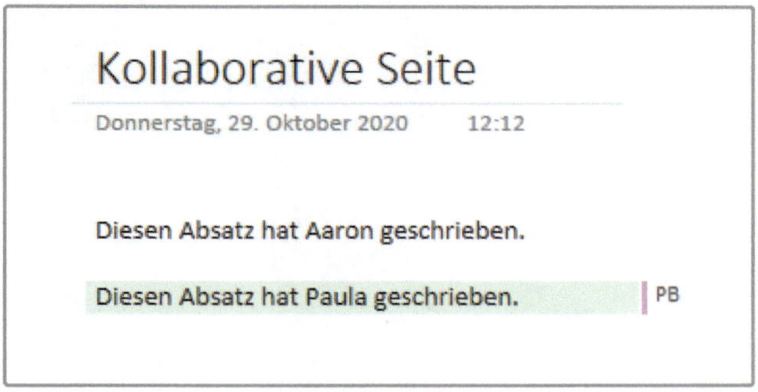

Paula Baumusters Notizen werden mit den Initialen PB gekennzeichnet.

Notizen freigeben / teilen

Bevor Sie mit anderen Personen zusammenarbeiten können, müssen Sie sie erst für die Bearbeitung einladen. Navigieren Sie in der Backstage-Ansicht (Registerkarte ***Datei***) zu ***Freigeben***. Hier haben Sie verschiedene Auswahlmöglichkeiten:

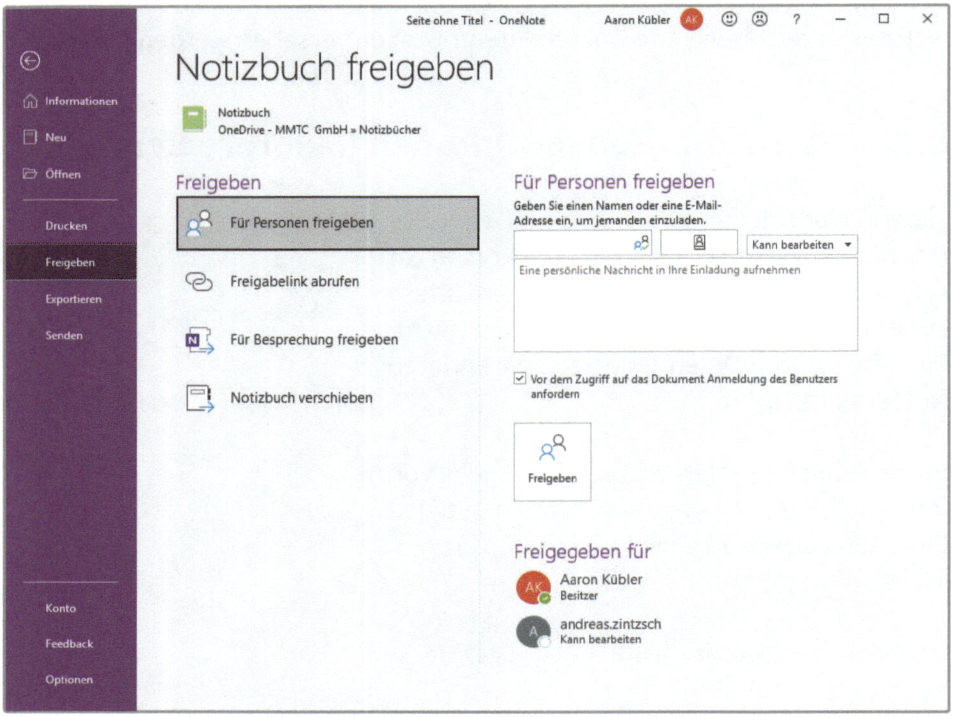

- **Für Personen freigeben:** Mit dieser Option können Sie Personen aus Ihrer Kontaktliste einladen oder Einladungen via E-Mail versenden. Es ist außerdem möglich einzustellen, ob die eingeladene Person die Notizen nur anzeigen, oder auch bearbeiten kann. Optional können Sie einen kurzen Einladungstext verfassen. Unten rechts sehen Sie, für welche Nutzer das Dokument bereits freigegeben wurde.

- **Freigabelink abrufen:** Diese Option erlaubt, Personen via Teilen eines Links zum Notizbuch hinzuzufügen. Dabei wird zwischen ***Anzeigelink*** und ***Bearbeitungslink*** unterschieden. Mit ersterem können eingeladene Personen die Notizen nur betrachten, mit zweiterem auch selbst bearbeiten.

- **Für Besprechung freigeben:** Wenn Sie gerade an einer Outlook-Besprechung teilnehmen, können Sie mit dieser Option Ihr Notizbuch mit den anderen Besprechungsteilnehmern teilen. Die Details der Besprechung werden als eigene Notizenseite zum Buch hinzugefügt.

- **Notizbuch freigeben:** Diese Option erinnert lediglich daran, dass das Verschieben von freigegebenen Notizen zu Synchronisierungsproblemen führen kann.

Die Registerkarte Verlauf

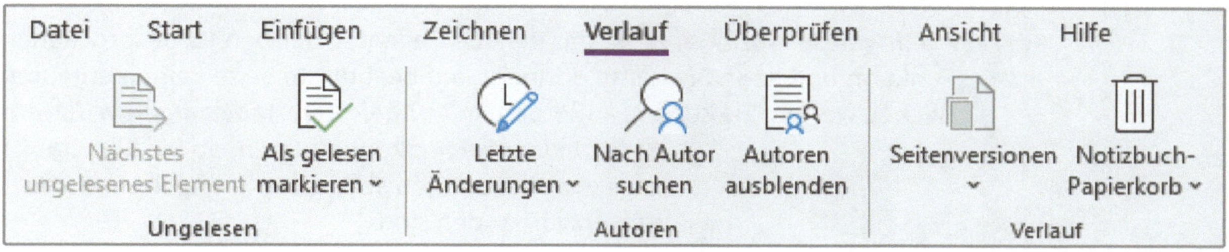

Wenn mehrere Personen an einem Notizbuch arbeiten, kann es schnell unübersichtlich werden oder im schlimmsten Fall kann es sogar zu Themenüberschneidungen kommen und Notizen werden doppelt festgehalten. Vielen dieser Probleme können die Funktionen im Register ***Verlauf*** Abhilfe schaffen.

Den aktuellen Stand des Notizbuchs feststellen

War man einige Tage lang nicht am Notizbuch beteiligt oder geht es um ein Firmennotizbuch und man kehrt aus einem mehrwöchigen Urlaub zurück, dann können schnell viele und drastische Änderungen entstanden sein. Aber auch beim parallelen Arbeiten hat man nicht immer die Zeit, alle Änderungen der Kollegen live mitzuverfolgen. Was hatten Sie noch gleich schon gelesen und bei welchen Abschnitten gibt es noch Nachholbedarf?

Die Funktion ***Letzte Änderungen*** kann zeitlich sortiert anzeigen, welche Seiten als letztes bearbeitet wurden. Das Problem: Es werden auch Ihre eigenen Änderungen angezeigt.

Im Bereich ***Ungelesen*** finden sich deshalb zwei nützliche Funktionen:

- ***Nächstes ungelesenes Element*** springt zum nächsten Element, das auf Ihrem Bildschirm bisher noch nicht angezeigt wurde. So können Sie sich einfach Stück für Stück durch alle Ihnen unbekannten Stellen durchklicken.

- ***Als gelesen markieren*** ist nützlich, wenn Sie Stellen zwar noch nicht gelesen haben, aber sie entweder nur geringfügig geändert wurden (Rechtschreib- und Grammatikkorrektur etc.) oder die entsprechenden Abschnitte schlichtweg nicht in Ihren Aufgabenbereich fallen.

Der Pfeil rechts unter ***Als gelesen markieren*** öffnet ein Kontextmenü, das noch weitere Optionen bereithält:

Als ungelesen markieren ist das genaue Gegenteil der bereits besprochenen Funktion und kann Sie daran erinnern, auf bestimmte Seiten einen erneuten Blick zu werfen. Sie können außerdem mit ***Ungelesene Änderungen in diesem Notizbuch anzeigen*** konfigurieren, ob Sie **überhaupt** angezeigt bekommen sollen, wenn ungelesene Änderungen vorhanden sind.

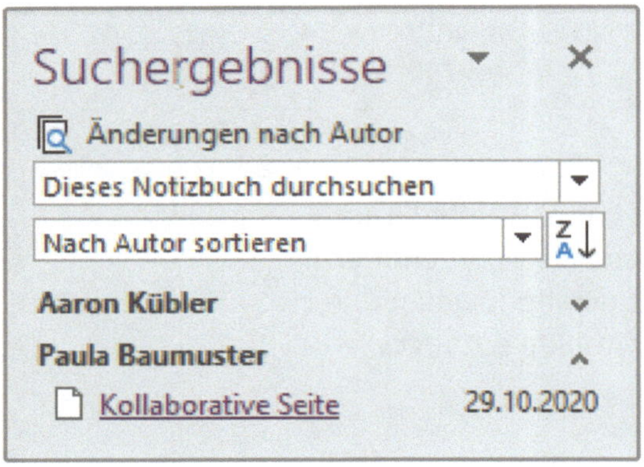

Suchen Sie nach bestimmten Autoren, wird die Funktion ***Nach Autor suchen*** ihrem Namen gerecht: Sie zeigt in einer kompakten Liste alle Notizen einer bestimmten Person an.

Mit ***Autoren ausblenden*** können Sie die Anzeige der Initialen neben fremden Textabschnitten deaktivieren.

Frühere Seitenversionen oder gelöschte Seiten sichten bzw. wiederherstellen

Möchten Sie den aktuellen Stand einer Seite mit dem entsprechenden früheren Seiteninhalt vergleichen oder haben sich Fehler eingeschlichen, die Sie revidieren möchten, können Sie mit ***Seitenversionen*** Kopien der alten Seiten ansehen. Diese Funktion ist allerdings nur begrenzt sinnvoll, da Seitenkopien nur limitiert gespeichert werden. Seiten vom letzten Monat oder gar letzten Jahr werden Sie hier also nicht mehr finden.

Haben Sie eine ältere Seitenversion ausgewählt, erscheint am oberen Bildschirmrand in Gelb der Schriftzug ***Dies ist eine ältere Version der Seite, die im Lauf der Zeit gelöscht wird. Klicken Sie hier um diese als Hauptseite wiederherzustellen oder weitere Optionen anzuzeigen.*** Besagte weitere Optionen können Sie auch mit einem Rechtsklick auf den Namen der Seite im Seitendialogfeld öffnen.

Abgesehen von den Funktionen ***Version wiederherstellen***, ***Version löschen*** und ***Seite kopieren nach...*** haben Sie hier auch die Möglichkeit, überflüssige Versionen im Abschnitt, der Abschnittsgruppe oder sogar dem gesamten Notizbuch zu entfernen. Das ist ratsam, weil mehrere Versionen gleichzeitig zu sichern (insbesondere wenn sie mit vielen Bildern und Dokumenten versehen sind) eine nicht zu vernachlässigende Menge an Speicherplatz einnehmen kann.

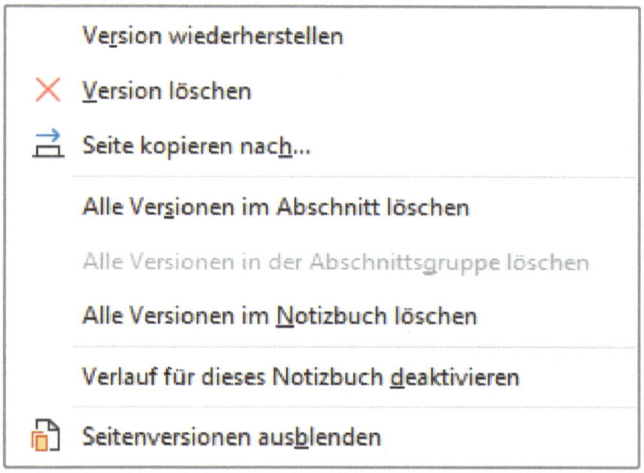

Achtung!
Wenn Sie eine alte ***Version wiederherstellen***, überschreiben Sie damit natürlich die aktuelle Version! Klicken Sie diese Option also nur an, wenn Sie sich absolut sicher sind!

Im ***Notizbuch-Papierkorb*** finden Sie alle Seiten aus dem Notizbuch, die Sie seit dem letzten Leeren des Papierkorbs gelöscht haben. Alte Versionen werden außerdem nach spätestens zwei Monaten von selbst gelöscht. Im Papierkorb selbst können Sie die gelöschten Seiten ganz normal sichten und sogar verschieben, wie Sie es von ungelöschten Seiten gewohnt sind.

Mit einem Klick auf den Pfeil unter dem Papierkorbsymbol finden Sie außerdem die Option ***Papierkorb leeren***, welche den Speicherplatz, der durch bereits gelöschte OneNote-Seiten belegt wird, freigibt. Dadurch sind die gelöschten Seiten aber für immer verloren. Der Button ***Verlauf für dieses Notizbuch deaktivieren*** unterbindet sowohl die Papierkorb- als auch die Seitenversionenfunktion von OneNote.

4 Nützliche Funktionen

Sie wissen, wie OneNote aufgebaut ist – mit den Grundlagen sind Sie also vertraut. Aber es gibt noch zahlreiche, nicht ganz so offensichtliche Funktionen, die wir Ihnen in diesem Kapitel vorstellen möchten.

4.1 Seiten verlinken und Seiten automatisch erstellen

Sie können OneNote-Seiten automatisch miteinander verlinken, indem Sie doppelte eckige Klammern benutzen (z. B. so wie [[hier]]). Das Wort wird daraufhin automatisch zu einem Link, der zu einer Seite mit dem selben Namen führt. Existiert keine Seite mit dem eingeklammerten Namen, wird sie neu erstellt. Mit diesem Trick können Sie Ihr OneNote-Notizbuch Schritt für Schritt zu einem kleinen Wiki ausbauen!

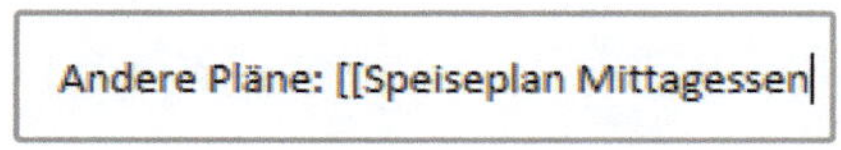

4.2 Text aus Bild kopieren (OCR)

OneNote unterstützt seit einigen Versionen Optical Character Recognition (deutsch: „optische Zeichenerkennung“), kurz OCR. Dieses Feature erlaubt es, Text aus Bildern zu kopieren. Dazu reicht ein Rechtsklick auf das Bild und der Befehl ***Text aus Bild kopieren***.

4.3 Notizen markieren und kategorisieren

Wie in echten Notizbüchern gibt es die Möglichkeit, Textstellen mit einem „Marker“ hervorzuheben. Das ist im Rechtsklick-Kontextmenü über den Button ***Texthervorhebungsfarbe*** möglich. Diese Funktion ist den meisten OneNote-Anwendern auch bekannt – viel weniger benutzt und unserer Meinung nach aber deutlich interessanter ist die Möglichkeit, Notizen zu „taggen“.

Um eine Notiz zu taggen, gehen Sie folgendermaßen vor:

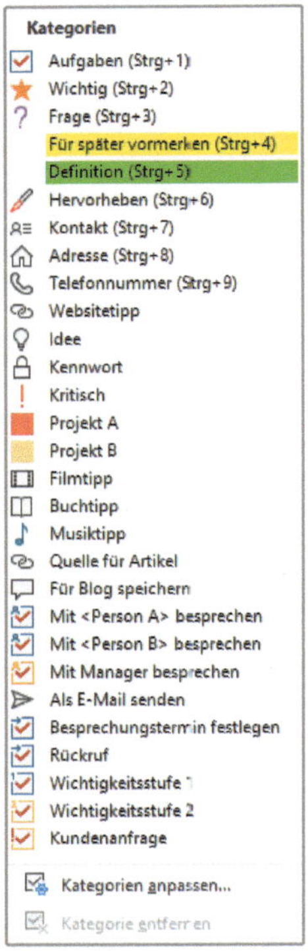

Die vorgegebenen Kategorien sind zahlreich. Trotzdem können noch eigene hinzugefügt werden.

1. Markieren Sie den Text, den Sie kategorisieren wollen. Dabei sollten Sie beachten, dass Tags sich immer auf den gesamten Absatz auswirken.

2. Navigieren Sie in der Registerkarte ***Start*** zum Kategorien-Auswahlkatalog.

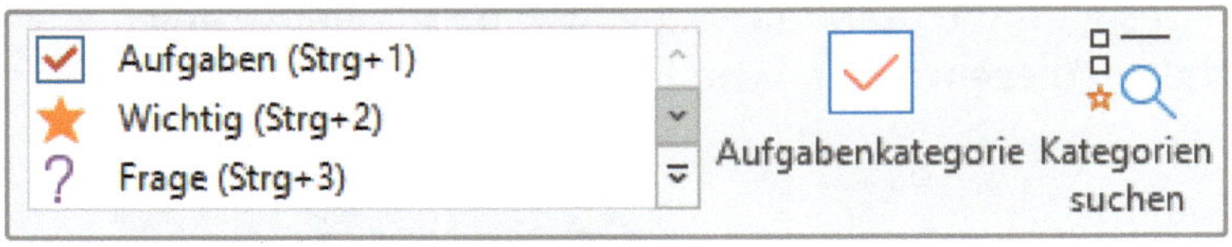

3. Mit den Pfeil-Buttons können Sie nun durch die Liste navigieren und eine passende Kategorie mit einem Klick auswählen. Für besonders wichtige Notizen bietet sich ***Wichtig*** an, für Unklarheiten ***Frage***, für Kontaktdaten ***Kontakt*** usw.

Alternativ ist es möglich, sobald Text markiert wurde, im Kontextmenü auf den Pfeil neben dem Kategorien-Symbol zu klicken.

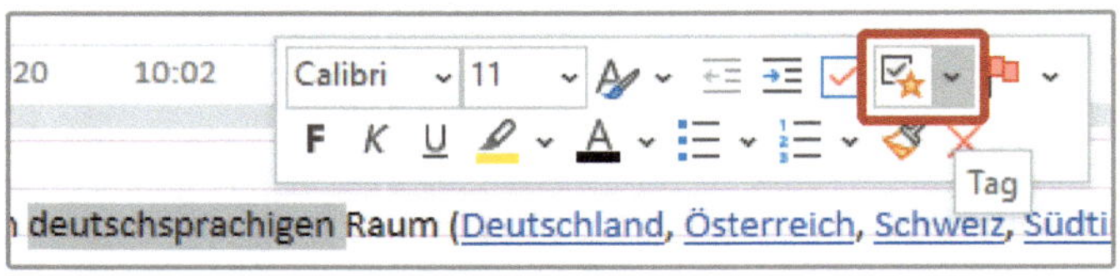

Es erscheint sofort eine Liste **aller** Kategorien, durch die Sie nicht erst müßig durch Klicken auf Pfeile navigieren müssen.

Die Kategorie Aufgaben

Eine Kategorie unterscheidet sich von den anderen: ***Aufgaben***. Sie ist bisher als einzige interaktiv. Das bedeutet, wenn sie einem Absatz zugewiesen wird, erscheint neben diesem ein Kontrollkästchen, welches mit einem Häkchen versehen werden kann. So ist direkt sichtbar, welche Aufgaben bereits erledigt wurden und welche noch nicht.

In der OneNote-Suche können dann entsprechend mit Tags versehene Notizen gesucht und kategorisiert werden.

4.4 Outlook-Aufgaben in OneNote managen

Wenn Sie zusätzlich zu OneNote auch Outlook und insbesondere Outlook-Aufgaben nutzen, ist diese Funktion ein Lebensretter. Ähnlich wie mit Tags können Sie Absätze auch als Outlook-Aufgaben kategorisieren.

Outlook-Aufgaben in OneNote zuweisen

1. Klicke Sie den Button ***Outlook-Aufgaben*** in der Registerkarte ***Start*** an.

2. Wählen Sie aus, bis wann die Aufgabe erledigt sein soll. Im selben Menü können Sie eine ebenso bereits zugewiesene ***Outlook-Aufgabe löschen*** oder das Aufgabenfenster in OneNote öffnen.

*Ist keine der vorgegebenen Deadlines passend, so haben Sie auch **Kein Datum** und **Benutzerdefiniert** zur Auswahl.*

3. Ein Absatz, der als Outlook-Aufgabe markiert wurde, wird mit dem aus Outlook bekannten Flaggen-Icon gekennzeichnet.

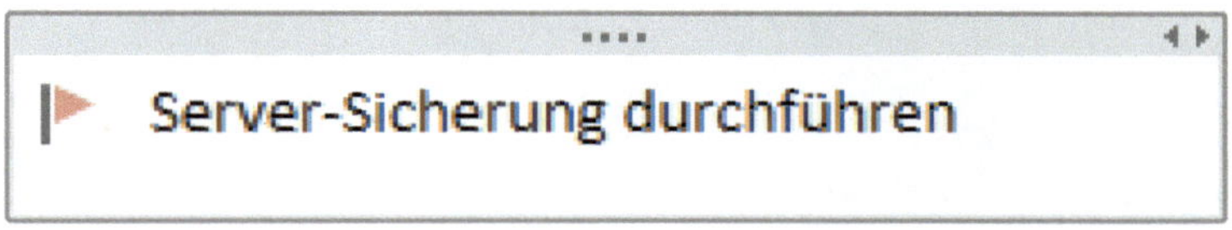

Die gekennzeichnete Notiz in OneNote und …

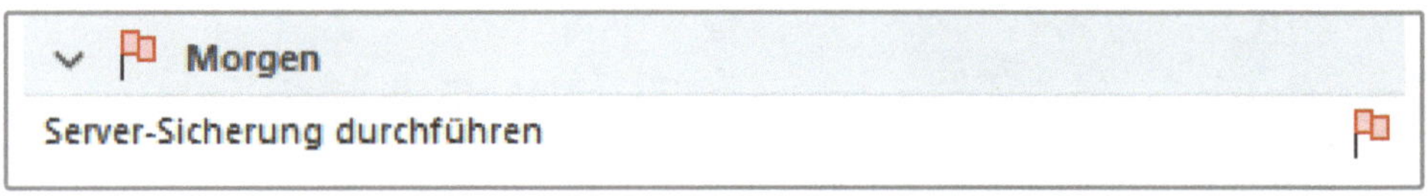

… die entsprechende Aufgabe in Outlook.

4. In OneNote angelegte Aufgaben tauchen wie alle anderen Outlook-Aufgaben ganz normal im Outlook-Aufgabenbereich auf. Sie können dann weiter via Outlook bearbeitet werden, aber lassen sich auch direkt in OneNote über Anklicken des Flaggen-Icons abschließen.

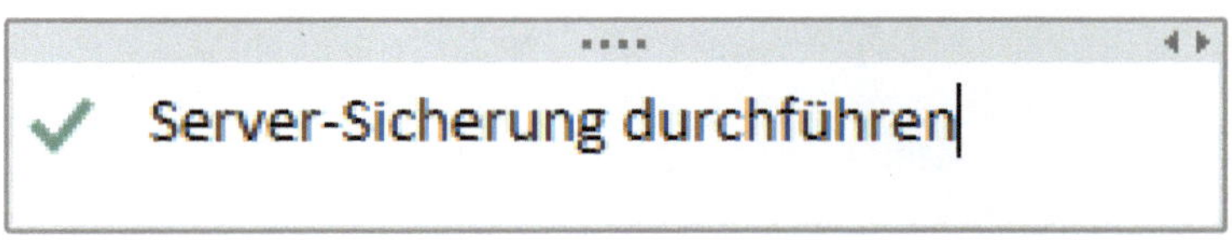

4.5 Matheaufgaben lösen

1/2+3/4*1000=

1/2+3/4*1000=750,5

Tippen Sie in OneNote ein mathematisches Problem und schließen es mit einem Ist-Gleich-Zeichen ab, können Sie mit Leertaste OneNote das Ergebnis automatisch berechnen lassen. Das Programm beachtet dabei sogar Operationsregeln wie „Punkt vor Strich“.

5 Andere OneNote-Versionen

Wegen der umfangreicheren Features steht bei uns hauptsächlich die OneNote-Desktop-Version im Rampenlicht. Doch auch die anderen OneNote- Varianten haben eine Daseinsberechtigung.

Wenn Sie den Aufbau des Programms in einer Version grundlegend verstanden haben, sollte es Ihnen nicht schwerfallen, mit einer anderen OneNote-Variante zu arbeiten. Der grundsätzliche Aufbau und die hierarchische Struktur sind identisch. Die Funktionen und die Darstellung variieren je nach Plattform jedoch deutlich.

Ein nennenswerter Unterschied zur Desktop-Version besteht darin, dass in OneNote für Windows 10 das lokale Speichern von Notizbüchern nicht möglich ist. Die Dateien können auch nicht als .one-Datei exportiert werden.

5.1 OneNote für Windows 10

Die Windows-10- bzw. UWP-OneNote-App unterscheidet sich nicht nur in der Programmoberfläche, sondern auch im Funktionsumfang von der sonst im Buch besprochenen OneNote-Desktop-App. Die Funktionen sind dabei grundsätzlich eher eingeschränkter als in der Desktop-Version, zusätzliche exklusive Features sind erst durch ein Microsoft-365-Abonnement zugänglich (siehe Seite 105).

Start

Start beinhaltet all die wichtigen Textformatoptionen, die Sie aus anderen Programmen bereits kennen: Schriftart, Schriftgröße, Farbe usw. lassen sich hier einstellen. Mit dem Checkbox-Symbol rechts kann man einfache To-Do-Listen erstellen und mit der Schaltfläche ganz rechts können häufig benutzte Formate zugewiesen werden.

Einfügen

Die Registerkarte ***Einfügen*** enthält im Grunde alle Funktionen, die Sie aus der Desktop-App bereits kennen:

- ***Tabelle*** fügt neue Tabellen ein.
- ***Datei*** erlaubt Dateien direkt ins Notizbuch einzubinden.
- ***Ausdruck*** bindet eine „digital ausgedruckte Version“ der gewünschten Datei ein, d. h. aus Excel-Dateien oder PDFs werden große Bilder, die zwar nicht mehr bearbeitet werden können, aber direkt angezeigt werden und über die gezeichnet werden kann.
- ***Bilder***, ***Onlinevideo*** und ***Link*** fügen entsprechend Bilder, Onlinevideos bzw. Links in Ihr Dokument ein. Bei Bilder können Sie noch wählen, ob Sie Bilder von einem lokalen Speichermedium, der Kamera oder aus dem Web einbinden wollen.
- ***Audio*** erlaubt es, Sprachnachrichten bzw. -memos aufzunehmen, die sich später beliebig abspielen lassen. Das ist natürlich nur möglich, wenn ein funktionierendes Mikrofon am Rechner angeschlossen (oder bereits im Gerät verbaut) ist.
- ***Besprechungsdetails*** ermöglicht, Besprechungen aus Outlook direkt mit OneNote zu verknüpfen. Dabei kann unter anderem angezeigt werden, um welche Uhrzeit an welchem Tag der Termin stattfindet, wo die Besprechung erfolgt und wer teilnimmt.
- ***Symbol*** kann genutzt werden, um Glyphen (Symbole) ins Notizbuch einzufügen, die keine eigenen Tasten auf der Tastatur haben.
- ***Gleichung*** ist ein mächtiges Werkzeug, mit dem Sie sich nach Ihren Anforderungen komplexe mathematische Formeln zusammenstellen können.

Zeichnen

Zeichnen bietet im Grunde denselben Funktionsumfang wie die entsprechende Registerkarte in der OneNote-Desktop-Version. Sie können einen Stift auswählen, der Ihnen gefällt, und sofort drauf los malen. Andere Funktionen in dieser Registerkarte erlauben es Ihnen, zusätzlichen Platz auf der Seite zu schaffen (***Zusätzlichen Platz einfügen oder entfernen***), Objekte mit dem Stift auszuwählen (***Lassoauswahl***) und Ihre Freihandzeichnungen in Text oder geometrische Formen umzuwandeln (***Freihand in Text*** bzw. ***Freihand in Form***).

Ansicht

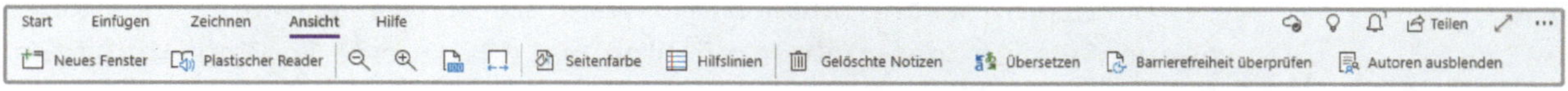

Unter ***Ansicht*** können Sie einstellen, wie OneNote angezeigt wird, ohne den Inhalt an sich zu verändern. Folgende Funktionen stehen zur Auswahl:

- ***Neues Fenster*** öffnet ein zusätzliches Fenster.
- ***Plastischer Reader*** kann den geschriebenen Text vorlesen lassen.
- Die ***Lupensymbole*** dienen dazu, in die Notizen hinein- bzw. herauszuzoomen. Mit den anderen beiden Symbolen im selben Abschnitt kann man den Zoom auf 100 % zurücksetzen bzw. auf die genaue Seitenbreite anpassen.
- ***Seitenfarbe*** erlaubt es, den Farbton des Seitenhintergrunds zu ändern.
- Mit ***Hilfslinien*** können Sie liniertes bzw. kariertes Papier nutzen.
- Unter ***Gelöschte Notizen*** können Sie bestimmen, ob Seiten, die Sie bereits gelöscht haben, trotzdem noch einsehbar bleiben sollen.
- ***Übersetzen*** kann einzelne Abschnitte wie auch ganze Seiten in andere Sprachen übersetzen. Dazu wird das KI-basierte Microsoft-Tool ***Übersetzer*** benutzt. Die Ergebnisse unterscheiden sich je nach Sprache – Deutsch-Englisch-Übersetzungen etwa sind inzwischen relativ brauchbar. Übersetzen Sie jedoch von Tschechisch auf Chinesisch, sieht es nicht mehr so rosig aus.

- ***Barrierefreiheit überprüfen*** ist ein Tool, das Ihre Notizen auf Stellen untersucht, die Menschen mit Behinderungen Schwierigkeiten bereiten könnten. Das ist z. B. dann wichtig, wenn Sie Ihr Notizbuch der gesamten Firma zur Verfügung stellen möchten und auch auf Kollegen Rücksicht nehmen müssen, die betroffen sein könnten.

- ***Autoren einblenden*** gibt an, ob Autoren von Textstellen eingeblendet werden sollen oder nicht.

Hilfe

Der Bereich ***Hilfe*** kann nützlich sein, wenn Sie sich an bestimmte Funktionen erinnern wollen oder erfahren möchten, was das neueste OneNote-Update am Programm verändert hat. Ihnen stehen folgende Möglichkeiten zur Verfügung:

- ***Hilfe*** öffnet den Hilfe-Bereich. Sie können nach Schlagworten suchen und bekommen kleine Anleitungs- und Erklärungstexte angezeigt.

- ***Feedback*** ermöglicht, Microsoft für besonders gute Features zu loben oder Fehler im Programm zu melden.

- Mit ***Schulung anzeigen*** können Sie sich kleine Hilfevideos zu bestimmten Einsteigerthemen ansehen.

- ***Neuerungen*** zeigt den Inhalt der letzten Updates übersichtlich zusammengefasst an.

Exklusive Features für Microsoft-365-Nutzer

Wenn Sie vom Funktionsumfang der Windows-10-App nicht überzeugt sind, dann geht es Ihnen vielleicht wie uns: Obwohl die Desktop-Version zur bevorzugten OneNote-Variante geworden ist – die Microsoft-365-exklusiven Funktionen sind Grund genug, die UWP-App nicht zu deinstallieren.

Recherche

Die Recherche-Funktion überrascht positiv, denn sie bietet nicht nur Thesaurus- und Wörterbuchinhalte, sondern auch Zeitungsartikel, Buchquellen, Magazine und Webseitentext als Referenzmaterial. Zu finden ist sie im Bereich ***Einfügen*** unter ***Recherche***.

Ein Klick auf den Button öffnet den Recherche-Bereich, in dem nach Schlagworten oder Textausschnitten gesucht werden kann.

Im oberen Bereich werden daraufhin Links zu relevanten Themen angezeigt, im unteren Bereich Quellen. Diese können dabei nach Kategorie sortiert werden. Ein Klick auf eine der Quellen öffnet den entsprechenden Ausschnitt größer und gibt Ihnen die Möglichkeit, den Link direkt im Browser zu öffnen, oder die Quelle als Zitat hinzuzufügen.

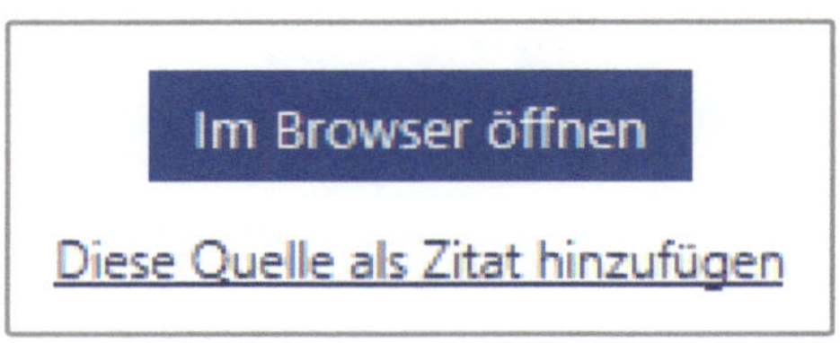

Wird die Quelle als Zitat eingefügt, sieht das auf der Notizbuchseite folgendermaßen aus:

> **Hält der Generationenvertrag bis zum Jahre 2050? - Eine Analyse der Beitragsäquivalenz in der gRV**
> Journal: EconStor Open Access Articles, 2003
> Autor: Scholtz, Hellmut D.
> https://econstor.eu/bitstream/10419/91612/3/rv 03 44 -59-69-intergen.umverteilung rv.pdf

Mathematik-Assistent

Die Mathematik-Funktion erkennt mathematische Gleichungen und kann sie als Graphen in ein Koordinatensystem zeichnen, nach Variablen auflösen, differenzieren, integrieren und vieles mehr. Um den Mathematik-Assistent zu nutzen, gehen Sie so vor:

1. Geben Sie eine Formel ein. Verwenden Sie dazu entweder die Formeltools unter ***Einfügen*** > ***Gleichung*** oder schreiben Sie eine Formel via Freihand, selektieren Sie sie und wählen Sie ***Mathematik***.

2. Es öffnet sich der Mathematik-Bereich. Haben Sie eine Freihand-Formel ausgewählt und sie wurde nicht korrekt erkannt, können Sie mit ***Korrigieren*** Änderungen an der Formel vornehmen.

3. Sie können jetzt eine Aktion bestimmen (in unserem Beispiel haben wir ***In 2D zeichnen*** ausgewählt).

4. Haben Sie den Graphen zeichnen lassen, können Sie mit den Lupensymbolen unten rechts weiter ins Koordinatensystem hinein- bzw. herauszoomen. Haben Sie nach einer Variable auflösen lassen, können Sie sich die einzelnen Lösungsschritte anzeigen lassen. Je nach Auswahl finden sich hier viele weitere Einstellungsmöglichkeiten.

5. Unten rechts können Sie auf ***Einstellungen*** klicken, um zu konfigurieren, ob Ihre Formeln nur reelle oder auch komplexe Ergebnisse berücksichtigen sollen und welches Winkelmaß Sie verwenden wollen.

6. Das Ergebnis Ihrer Auswahl können Sie jetzt mit dem Button ***Auf Seite einfügen*** als Bild oder Formel (je nach Auswahl) in Ihr Notizbuch einfügen lassen.

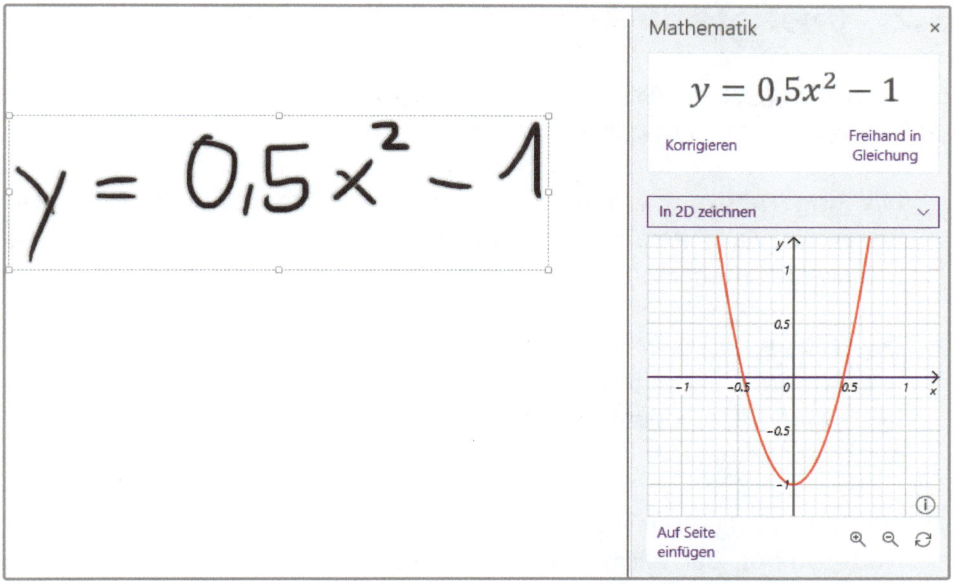

Ink Replay

Die Funktion ***Ink Replay*** (zu deutsch auch oft einfach nur Wiedergeben) ermöglicht die schrittweise Wiedergabe von handschriftlichen Notizen und Zeichnungen. Dabei wird pro Schritt je ein Pinselstrich angezeigt.

Um die Funktion zu nutzen, klicken Sie in der Registerkarte ***Einfügen*** auf ***Wiedergeben***. Anschließend müssen Sie eine Zeichnung oder einen handschriftlichen Bereich auswählen, den Sie wiedergeben möchten.

5.2 OneNote für Android

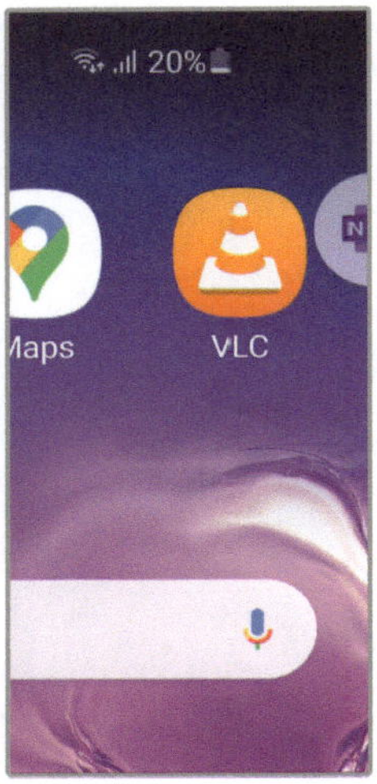

Der OneNote Badge versteckt sich rechts oben am Bildschirmrand.

Die Google-Play-Store-Version von OneNote ähnelt der Windows-10-UWP-App im Funktionsumfang. Es gibt jedoch ein paar exklusive Features:

- **Mit Fingerabdruck entsperren:** Gesperrte Abschnitte Ihres Notizbuchs lassen sich via Fingerabdrucksensor entsperren. Das ist natürlich nur möglich, wenn Ihr Smartphone das unterstützt.
- **OneNote-Widgets:** Mit OneNote-Widgets lassen sich nützliche kleine Programme auf den Home-Bildschirm zaubern, z. B. eine Übersicht der letztbesuchten Seiten oder kleine Buttons, mit denen via Antippen sofort Bilder oder Audioaufnahmen ins Notizbuch eingefügt werden können.
- **OneNote Badge:** Der OneNote Badge ist ein kleiner Button mit dem OneNote-Symbol, der permanent am Bildschirmrand eingeblendet werden kann. So können auch wenn eigentlich gerade andere Apps geöffnet sind, schnell OneNote-Notizen geschrieben werden.

Links: Mit Fingerabdruck Abschnitte entsperren

Rechts: Die OneNote-Widgets

5.3 OneNote für iOS (und watchOS)

Die OneNote-App für iPhones bietet kaum nennenswerte exklusive Features, mit einer Ausnahme: Apple Watch-Support.

Besitzen Sie eine Apple Watch, so haben Sie Zugriff auf die OneNote-App, die automatisch installiert wird, sobald Sie das Programm auf Ihrem iPhone aufgespielt haben. OneNote auf der Watch eignet sich insbesondere dafür, schnell und unkompliziert Notizen via Sprachaufnahmen hinzuzufügen, vor allem wenn Sie gerade keine freie Hand haben.

OneNote lässt sich inzwischen auch am Handgelenk tragen. Praktisch!

Sprachaufnahmen funktionieren mit der Watch überraschend gut. Außer Aufnehmen und Anschauen ist allerdings keine Interaktion mit Notizen möglich.

5.4 OneNote Online

Microsoft stellt auch eine Version bereit, die geräteübergreifend über einen Web-Browser aufrufbar ist.

Sie ist über *www.onenote.com* von jedem aktuellen Browser aus zugänglich und bietet alle grundlegenden Funktionen der UWP-App – von den Desktop-zugänglichen OneNote-Versionen ist diese jedoch die feature-ärmste.

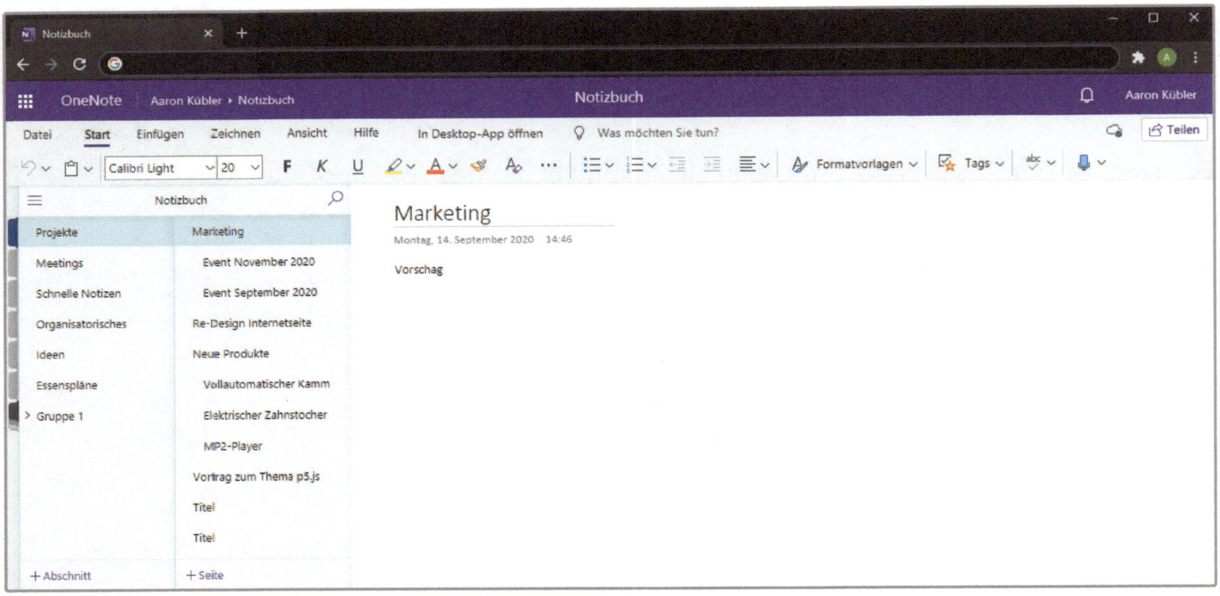

Einer der markantesten Unterschiede ist das Fehlen der Abschnittfarben (stattdessen werden alle Abschnitte grau dargestellt).

Es sind jedoch auch andere, bei OneNote-Nutzern recht beliebte Funktionen abwesend, zum Beispiel Kategoriezusammenfassungen, die Option zum Einfügen zusätzlichen Leerraums und Hilfslinien (liniert und kariert).

Die Web-Version von OneNote wird jedoch regelmäßig erweitert. Deswegen ist davon auszugehen, dass manche dieser Mängel mit der Zeit behoben werden.

Microsoft Teams

Microsoft bietet schon lange Kommunikationsplattformen für den Geschäftsbereich an. Zuerst wurde das Programm ***Lync*** angeboten, welches später zu ***Skype for Business*** umgewandelt wurde. Seit 2017 soll nun ***Microsoft Teams*** den ***Skype for Business*** Dienst ersetzen. Dieser ist zwar nach wie vor verfügbar, soll aber Ende 2021 zu Gunsten von Teams eingestellt werden. Das besondere an Teams ist nicht nur der deutlich erweiterte Funktionsumfang gegenüber seinen Vorgängern, sondern auch, dass eine kostenlose (etwas eingeschränkte) Version von Teams erhältlich ist.

Einen enormen Benutzeranstieg erfuhr Microsoft Teams während des Lockdowns der Covid-19-Pandemie. Zusätzlich stellte Microsoft Schulen, Lehrern und Organisationen des Gemeinwohls Microsoft 365 mit Microsoft Teams kostenlos zur Verfügung, was auch zu einer weiten Verbreitung im Schul- und Privatbereich führte. Zum Beispiel stieg im März 2020 die Anzahl an täglichen Nutzern von 12 auf über 44 Millionen (Quelle Microsoft).

Microsoft nutzte die Gunst der Stunde und hat seitdem Teams mit zahlreichen Updates um viele Funktionen erweitert und verbessert.

Im folgenden lernen sie alle wichtigen Möglichkeiten von Microsoft Teams kennen, egal ob Sie es im Geschäft, Privat zu Hause, Verein, Schule oder Studium benutzen.

1 Erster Start

Viele von Ihnen werden von den Systemadministratoren im Unternehmen wunderbar betreut und auf Ihrem Laptop befindet sich alles, was Sie zum Arbeiten benötigen. Manche sitzen vielleicht überraschenderweise zu Hause im Homeoffice und Teams fehlt noch auf dem Rechner. Für Sie ist das folgende Kapitel:

1.1 So installieren Sie Teams

Im Unternehmen nutzen Sie Microsoft Teams als Bestandteil eines Microsoft 365 Business Abos entweder in den Versionen Microsoft 365 Standard bzw. Premium oder Microsoft 365 Business Basic. Unterschied ist, dass Ihnen mit der Standard- und Premiumversion Programme, wie z. B. die Desktop-Apps Word, Excel, PowerPoint, Outlook und weitere Apps zur Verfügung gestellt werden. Teams selbst verfügt in allen Abo-Versionen über denselben Funktionsumfang. Außerdem stellt Microsoft eine kostenlose Version zur Verfügung, dazu gleich mehr auf der nächsten Seite.

Teams kann als Version für den Desktop (PC-Programm) heruntergeladen, als Web-Version im Browser angezeigt werden oder auf dem Smartphone als Mobile App genutzt werden. In diesem Buch beschäftigen wir uns hauptsächlich mit der Desktop-App, da diese den größten Funktionsumfang bietet.

Vorbereitung: Daten des Organisationskontos heraussuchen
Was Sie benötigen sind die Zugangsdaten Ihres Organisationskontos, welches auch oft als Geschäftskonto bezeichnet wird: E-Mail-Adresse und Kennwort. Das Organisationskonto wurde im Unternehmen von Ihrem Administrator eingerichtet. Ein typisches Organisationskonto für den Mitarbeiter Tom Mustermann könnte beispielsweise lauten: tm@firmenname.onmicrosoft.com. Mit diesem Konto und dem zugehörigen Kennwort kann Microsoft Teams heruntergeladen werden. Lassen Sie sich nicht beirren, falls der Zusatz onmicrosoft fehlt. Es kann sich dennoch um ein Organisationskonto handeln, da die Domain nachträglich vom Administrator geändert werden kann.

Wenn Sie Teams als Desktop-App zusammen mit Microsoft 365 nutzen, steht Ihnen der größtmögliche Funktionsumfang zur Verfügung. Es ist allerdings auch möglich die Desktop-App mit einem Microsoft-Konto zu verwenden.

Desktop-App herunterladen

1. Navigieren Sie nun zur Webseite *www.office.com*, klicken Sie auf ***Anmelden*** und geben Sie die Daten Ihres Organisationskontos an.

2. Sie erhalten eine Übersicht aller Programme, die Ihnen angeboten werden. Wenn Sie über einen Microsoft 365 Zugang verfügen (wie im Bild unten gezeigt) werden Sie in der Regel auch Office installieren, es ist aber auch möglich nur Teams zu verwenden. Klicken Sie auf ***Teams***.

3. Im nächsten Schritt entscheiden Sie, ob Sie mit der Windows-App oder der Web-App arbeiten möchten. Der wichtigste Grund die Web-App nicht zu verwenden ist, dass das Feature Bildschirm mit einer anderen Person während eines Anrufs teilen nicht zur Verfügung steht. Laden Sie wann immer möglich die Desktop-App herunter. Klicken Sie dazu auf ***Windows-App herunterladen***. Geben Sie nach der Installation E-Mail-Adresse und Kennwort ein.

Teams kostenlos nutzen mit einem Microsoft-Konto

Microsoft stellt Nutzern eines Microsoft-Kontos eine eingeschränkte Version von Microsoft-Teams kostenlos zur Verfügung. Dazu muss aber dieses bei Microsoft registriert werden. Dann können Sie sich über ***teams.microsoft.com*** anmelden und die Desktop-App ebenfalls herunterladen.

Download als Browser-App

Falls Sie auf Ihrem Rechner nicht die Berechtigung haben, Programme zu installieren oder wenn Sie an einem fremden PC arbeiten, bleibt Ihnen für den Moment nur die Web-App. Die Web-App kann beispielsweise mit Microsoft Edge oder Google Chrome genutzt werden. Zur Anzeige gehen Sie so vor:

1. Geben Sie in den Browser die Adresse *teams.microsoft.com* ein.
2. Geben Sie Ihre Anmeldedaten ein und klicken Sie auf ***Anmelden***.
3. Im nächsten Schritt entscheiden Sie, ob Sie angemeldet bleiben möchten.
4. Wählen Sie dann ***Stattdessen die Web-App verwenden*** aus.

5 Unter Umständen erhalten Sie einen kurzen Einstieg in die Nutzung von Teams. Dann wird die Microsoft-Teams Oberfläche im Browser angezeigt.

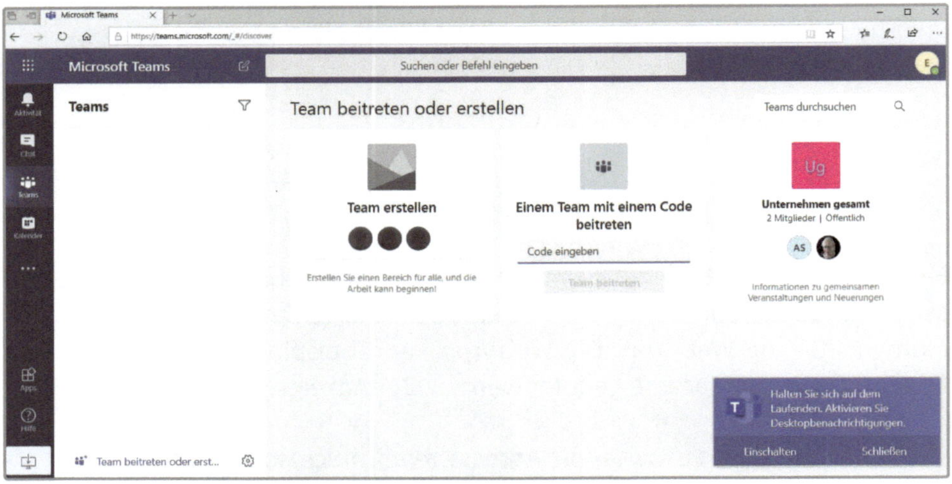

- Beim nächsten Login geben Sie wieder die Adresse *teams.microsoft.com* in den Browser ein und ggfs. Ihre Anmeldeinformationen. So gelangen Sie erneut zur Microsoft Teams-Oberfläche.
- Sie können jederzeit über das Symbol unten links die Desktop-App herunterladen.
- Sollten Sie an einem fremden Rechner arbeiten, loggen Sie sich durch Anklicken Ihres Kontosymbols E und Auswahl von ***Abmelden*** aus.

Die Mobile-App herunterladen

Sie möchten Teams auch unterwegs auf Ihrem Smartphone nutzen. Schon während des ersten Herunterladens kann die Installation der Mobile-App angestoßen werden. Das wird oft übersehen, was kein Problem ist, da Sie das jederzeit nachholen können.

Sie könnten den Prozess über die Schaltfläche ***Mobile-App herunterladen*** im Programmfenster unten links anstoßen. Das ist aber etwas umständlich. Aus diesem Grund schlagen wir diesen Weg vor, den wir an einem Android-Smartphone im Play Store nachvollziehen:

- Rufen Sie Microsoft Teams im Play Store auf. Klicken Sie auf ***Installieren*** ❶.
- Nach erfolgreichem Download der App öffnen Sie diese und melden sich an. Unter Umständen wird ein falsches Konto für die Anmeldung vorgeschlagen. Wählen Sie dann ***Mit einem anderen Konto anmelden*** ❷ aus.

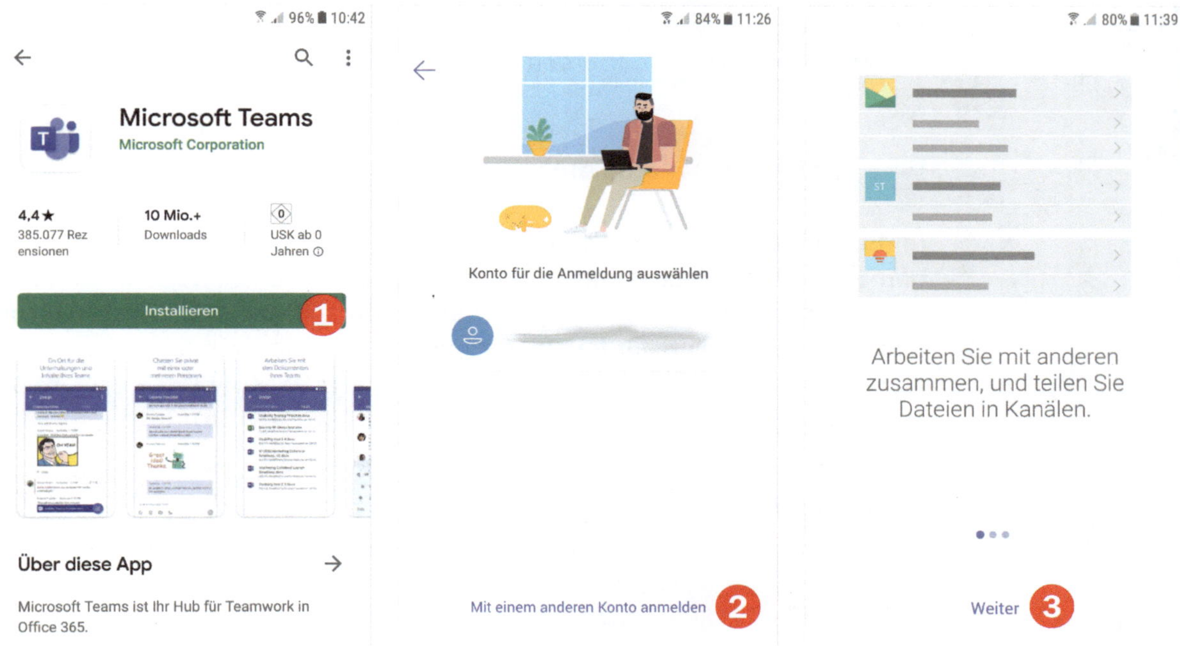

- Geben Sie die E-Mail-Adresse ein, tippen Sie auf ***Anmelden***, danach tippen Sie das Kennwort ein und bestätigen erneut mit ***Anmelden***.
- Daraufhin folgt eine kleine Übersicht zu Teams, wenn Sie diese nicht durchsehen möchten, tippen Sie einfach auf ***Weiter*** ❸.

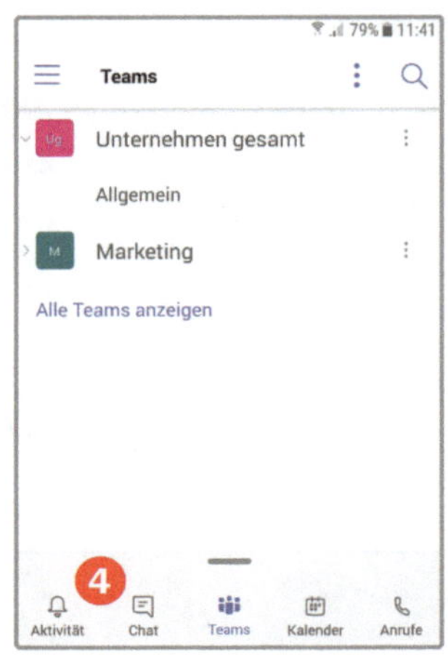

Teams ist jetzt fertig eingerichtet und kann verwendet werden. Die Übersicht zum Wechsel zwischen den einzelnen Bereichen finden Sie am unteren Bildschirmrand ❹.

1.2 Übersicht gewinnen

Am linken Rand des Programmfensters der Desktop-App wechseln Sie zwischen den einzelnen Bereichen über die Teams-Leiste. Hier stehen Ihnen je nach Größe des Programmfenster ***Aktivität***, ***Chat***, ***Teams***, ***Kalender***, ***Anrufe***, ***Dateien*** etc. als Arbeitsbereiche zur Verfügung. Fehlende Bereiche wählen Sie durch Anklicken von ••• aus. Wenn Sie noch nie mit Teams gearbeitet haben, finden Sie im Bereich ***Teams*** den ersten Einstieg.

Was der Bereich Teams bietet

Im Bereich ***Teams*** sehen Sie auf der linken Seite Ihre Teams; zu diesen wurden Sie bereits hinzugefügt. Unternehmensweit stehen weitere Teams zur Verfügung, für die Sie keine Zugangsberechtigung haben und die deshalb hier auch nicht angezeigt werden. Im Beispiel auf der nächsten Seite stehen dem angemeldeten Nutzer zwei Teams zur Verfügung: ***Unternehmen gesamt*** und ***Marketing***.

Was ist ein Team?
Ein Team ist eine Arbeitsgruppe, also eine Verbund von Kollegen, die eine Aufgabe gemeinsam erledigen und hierzu über das Team Informationen austauschen. Dabei können die Teammitglieder einer Abteilung angehören (Marketing) oder aus verschiedenen Bereichen kommen (KeyUser EDV).

Wer ist in meinem Team?
Zur Anzeige der Teammitglieder markieren Sie links unter dem Teamnamen den Kanal ***Allgemein*** ❶ und klicken rechts oben auf ***Kanalinfo*** ❷.

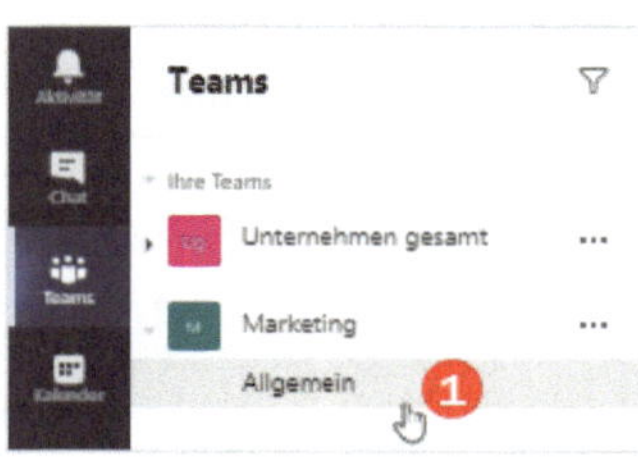

Hier sehen Sie alle Mitglieder und einige weitere Infos. Durch Anklicken von ***Vollständige Liste anzeigen*** rufen Sie den Bereich zur Verwaltung des Teams auf.

Alternativ zeigen Sie den Verwaltungsbereich auch über ***Weitere Optionen*** ••• ❸ und Auswahl von ***Team verwalten*** an. Klicken Sie im Register ***Mitglieder*** ❹ auf das graue Dreieck, um die Anzeige zu erweitern. Hier sehen Sie den oder die Besitzer des Teams und die Mitglieder bzw. Gäste. Zu den unterschiedlichen Rollen erfahren Sie gleich mehr. Um den Bereich zu verlassen und wieder zur Ausgangsansicht zurückzukehren, klicken Sie einfach links ein Team an oder Sie klicken auf die Schaltfläche ***Zurück*** ❺ links oben.

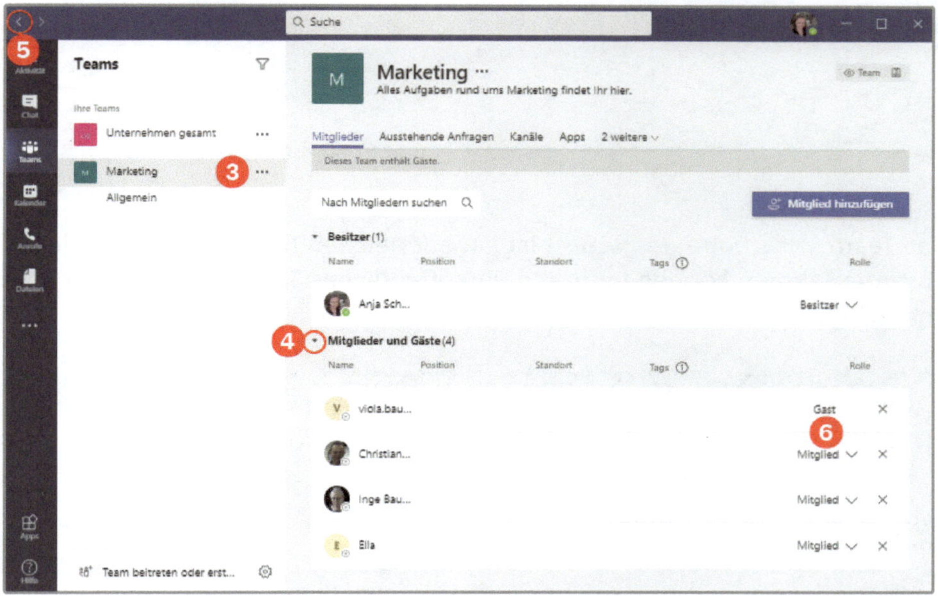

Was ist eine Rolle?

Wie im Bild links gezeigt, hat jedes Teammitglied eine Rolle ❻. Diese legt die Bearbeitungsrechte der Einzelnen im Team fest. Es gibt die Rollen Besitzer, Mitglied und Gast.

- Besitzer: Der Besitzer eines Teams hat Verwaltungsrechte, er kann Mitglieder hinzufügen, Rollen verändern (z. B. ein anderes Mitglied zum Besitzer machen), Mitglieder oder das gesamte Team löschen und er legt die grundlegenden Einstellungen für das Team fest.
- Mitglieder: Standardmäßig dürfen Mitglieder Kanäle (siehe nächste Seite) erstellen, bearbeiten und löschen. Diese Rechte können allerdings vom Besitzer geändert werden.
- Gäste: Ein Gast ist nicht Mitglied des Unternehmens, während Besitzer und Mitglieder derselben Domäne angehören, z. B. *musterfirma.de*, tut das der Gast nicht. Er muss gesondert eingeladen werden. Er kann die Inhalte des Teams sehen, Beiträge posten und Dateien bearbeiten. In der Regel kann er keine Kanäle anlegen, bearbeiten oder löschen.

Arten von Teams

Im Beispiel unten sehen Sie drei Teams: ***Marketing***, ***Unternehmen gesamt*** und ***Muster GmbH***. Das Team ***Marketing*** besteht aus einem ausgewählten Personenkreis, Microsoft spricht in diesem Zusammenhang auch von einem privaten Team. Diese erkennt man am Symbol Team rechts oben.

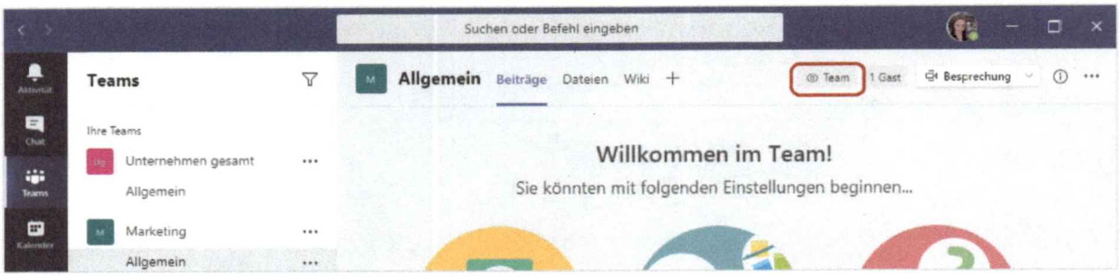

Das Team ***Unternehmen gesamt*** ist ein öffentliches Team, d. h. alle Kollegen im Unternehmen können beitreten. Ein öffentliches Team erhält hierfür eine andere Kennzeichnung Organisation .

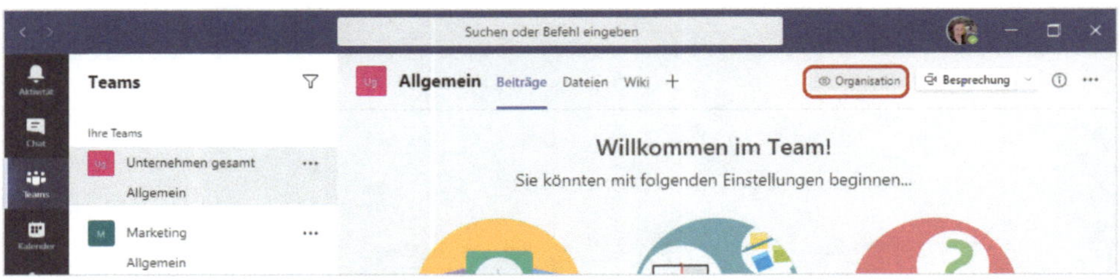

Das Team ***Muster GmbH*** ist ein organisationsweites Team. Alle Mitarbeiter des Unternehmens oder der Organisation sind automatisch Teil dieses Teams. Organisationsweite Teams stehen nur in Unternehmen mit nicht mehr als 5000 Benutzern zur Verfügung. Sie erkennen dieses Team am Zusatz ***organisationsweit***.

Jedem Team ist der Bereich ***Allgemein*** untergeordnet. Dabei handelt es sich um den Standardkanal jedes Teams. Dieser kann weder umbenannt noch gelöscht werden.

Was ist ein Kanal?

Jede Arbeitsgruppe widmet sich unterschiedlichen Themen. So beschäftigt sich das Marketing vielleicht allgemein mit Auftritten auf Social Media Plattformen, dreht im Speziellen Videos für YouTube, stellt Inhalte für den Newsletter bereit, bearbeitet eine Firmenzeitschrift und vieles mehr. Das alles wild durchgewürfelt im Team Marketing zu besprechen, würde zu einem riesigen Durcheinander führen. Aus diesem Grund gibt es Kanäle, die sich unterschiedlichen Unterhaltungsthemen widmen.

Nicht alle Teammitglieder müssen auch Mitglieder jedes Kanals sein. So steuern Sie Informationsströme und überfrachten die Einzelnen nicht mit Mitteilungen, die diese nicht benötigen. Informationen die alle Teammitglieder betreffen, hinterlegen Sie im Kanal ***Allgemein***.

Wie Sie einen neuen Kanal anlegen, erfahren Sie auf Seite 133. Jeder Kanal ist unterteilt in Register. Die Kanäle ***Allgemein*** verfügen über die Register ***Beiträge***, ***Dateien*** und ***Wiki***. Weitere Registerkarten, die auf Webseiten, PDF-Dateien, Word-Dokumente etc. verweisen, können hinzugefügt werden.

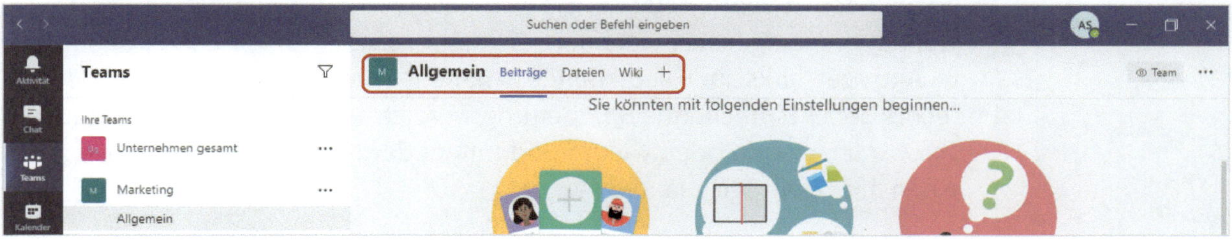

Beiträge, Dateien und Wiki - wie verwenden?

Beiträge sind die Chatnachrichten eines Kanals. Alle Mitglieder des Kanals sehen den Beitrag und können darauf antworten. Hier sollten kanalbezogene Informationen ausgetauscht werden. Wer schnell mal ein bisschen unter Kollegen plaudern möchte, verwendet besser den Einzelchat.

Auch Dateien können über den Kanal mit den Kollegen ausgetauscht werden, dazu steht dieser Bereich zur Verfügung.

Das Wiki dient dazu Ideen, Anleitungen oder Vorgaben für alle im Team bereitzustellen. Verwendet wird es, wie ein Notizblock, den man Seite um Seite füllt. Zwar gibt es eine Art Inhaltsverzeichnis, aber keine weiteren Suchfunktionen, was die Nutzung erschwert.

In Kontakt bleiben in den Bereichen Chat und Anrufe

Chat: Im Bereich Chat können Sie mit einer oder mehreren Personen eine Unterhaltung führen. Aus diesem Bereich können Sie auch schnell einen Sprach- oder Videoanruf starten.

Anrufe: Hier finden Sie eine einfache Möglichkeit wichtige Kontakte zu hinterlegen und diese schnell via Sprach-, Videoanruf oder Chat zu erreichen, dazu gleich mehr auf Seite 162.

Auf dem Laufenden bleiben

Aktivität

Im Bereich Aktivität erfahren Sie, was in Microsoft Teams so passiert ist. Allerdings stellt der Bereich die Informationen unsortiert als Liste zur Verfügung. ***Aktivität*** ist in zwei Bereiche unterteilt: ***Feed*** und ***Meine Aktivität***.

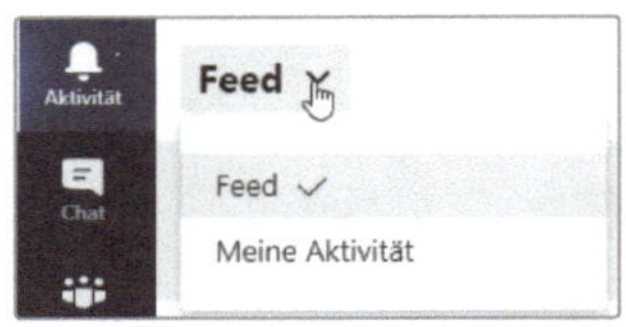

Feed: Alles was Ihrer Aufmerksamkeit entgehen könnte, wie beispielsweise verpasste Anrufe, Erwähnungen in Chats, neue Kanäle und vieles mehr werden hier aufgelistet. Nachdem Sie die verpasste Aktivität links im Feed markiert haben, wird rechts der entsprechende Bearbeitungsbereich angezeigt, z. B. der Verlauf der verpassten Anrufe oder, wie im Bild unten, der Kanal in dem ein Kollege auf einen Ihrer Beiträge geantwortet hat.

Meine Aktivität: Ihre Beiträge in Kanälen werden hier angezeigt, Chatnachrichten gehören nicht dazu.

Aktivität: Benachrichtigungsliste zu verpassten Anrufen, Antworten auf Ihre Beiträge, Erwähnungen, neuen Teams und Kanälen. Bietet auch eine Liste eigener Aktivitäten in den Kanälen.

Chat: Hier tauschen Sie sich mit Kollegen aus entweder einzeln oder in Gruppenchats.

Teams: Bilden Sie Arbeitsgruppen (Teams) und unterteilen Sie diese nach Themen (Kanäle). So können Informationen gezielt mit dem Team geteilt werden.

Kalender: Im Kalender planen Sie Besprechungen und laden Kollegen zu einem gemeinsamen Video-Meeting ein.

Anrufe: Sprach- und Videoanrufe zu zweit oder in der Gruppe – alles ist möglich.

Dateien: Übersichtliche Zusammenfassung aller über Microsoft-Teams ausgetauschter Dateien.

Apps: Sie benötigen weitere Funktionalitäten? Vielleicht werden Sie bei Apps fündig, z. B. mit dem Microsoft Planner einem Tool zur Aufgabenplanung.

Navigation: Mit Zurück wechseln Sie zur vorherigen Ansicht und mit Weiter wieder zum Bereich den Sie gerade mit der Zurück-Schaltfläche verlassen haben.

Rote Ziffer: Der Bereich hält Neuigkeiten für Sie bereit. Diese sind in fetter Schrift hervorgehoben.

Suchfeld: Hier finden Sie Kollegen, können nach Dateien suchen und Infos in Chatnachrichten oder Teams-Beiträgen wiederfinden.

Profil & Einstellungen: Ändern Sie die Statusanzeige, hinterlegen Sie ein Profilbild oder kontrollieren Sie die Einstellungen für Benachrichtigungen und Leseberechtigung.

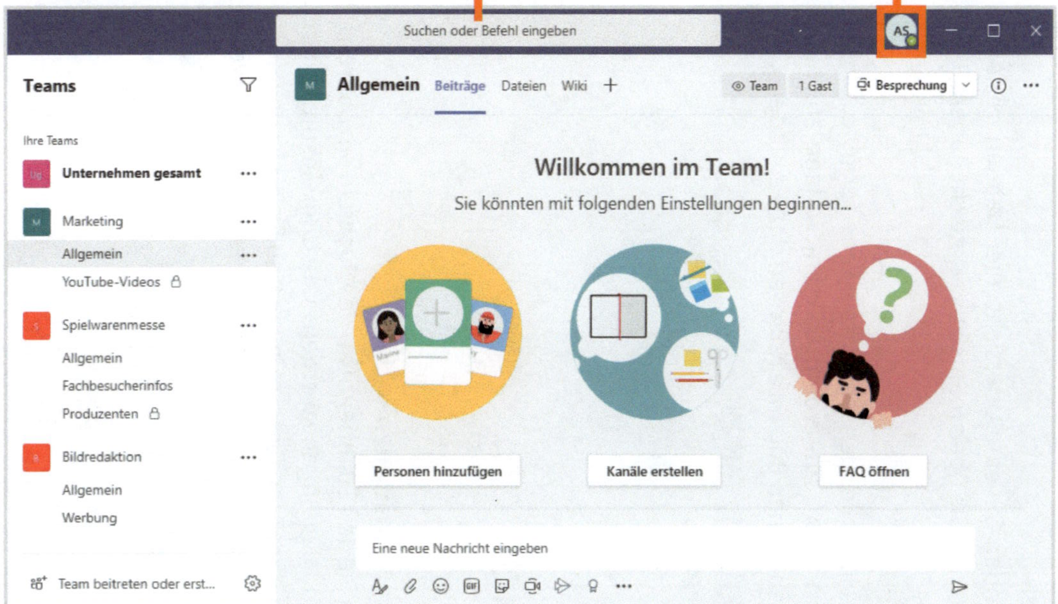

Dateien
Hier finden Sie eine Übersicht aller Dateien mit Änderungsdatum und Speicherort, die Sie über Teams ausgetauscht haben.

Kalender
Im Bereich Kalender sehen Sie eigene Termine. Diese werden mit Outlook 365 synchronisiert. Außerdem können Sie hier, ähnlich wie in Outlook, Besprechungen planen und Ihre Kollegen dazu einladen.

Nach Informationen suchen
Geben Sie den Suchbegriff in das Suchfeld am oberen Bilschirmrand ein; schon während der Eingabe werden erste Übereinstimmungen angezeigt. Bestätigen Sie mit der Enter-Taste. Nun können Sie zwischen den Bereichen ***Nachrichten***, ***Mitglieder*** und ***Dateien*** wechseln und die Suchergebnisse anzeigen.

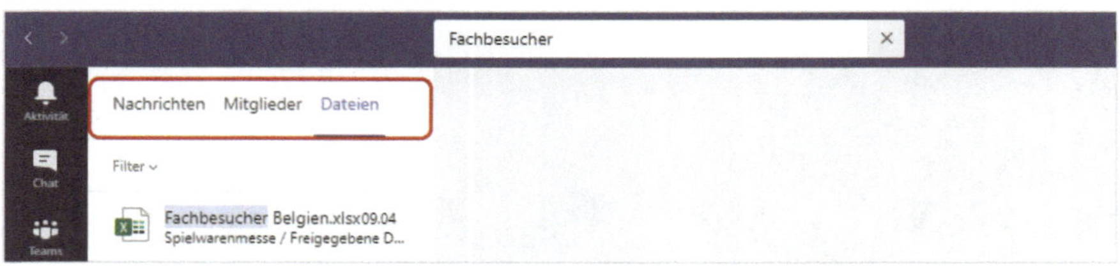

Liste mit Befehlen: Geben Sie einen Slash / in das Suchfeld ein, um eine Liste mit Befehlen zu erhalten, die über das Suchfeld ausgeführt werden können. Der Befehl /nichtstören und Bestätigung mit der Enter-Taste setzt Ihre Statusanzeige beispielsweise auf *Nicht stören*.

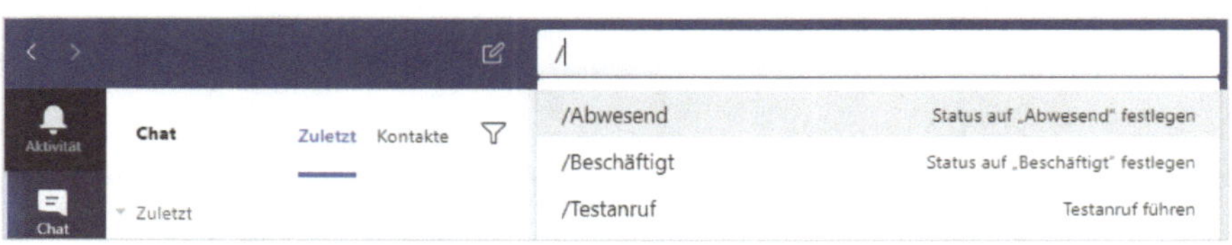

1.3 Die wichtigsten Kontaktdaten hinterlegen

Starten Sie Ihre Nutzung von Teams mit dem Anlegen wichtiger Kontakte, so erreichen Sie diese schnell per Videoanruf:

- Zeigen Sie den Bereich ***Anrufe*** ❶ an.
- Klicken Sie dann auf die Schaltfläche ***Kurzwahl hinzufügen*** ❷ und tippen Sie den Namen des Kollegen ein. Bestätigen Sie mit ***Hinzufügen***.

Auf diese Weise erhalten Sie eine übersichtliche Zusammenstellung der wichtigsten Kontakte und können schnell einen Video- oder Sprachanruf ❸ beginnen.

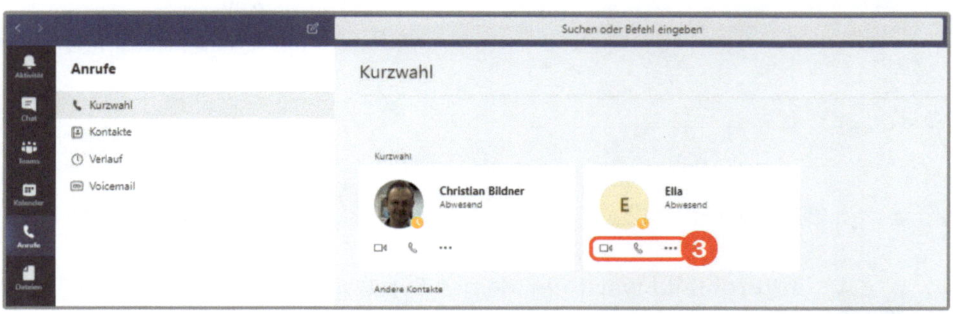

2 Persönliche Einstellungen

Rechts oben sehen Sie entweder Ihr Profilbild oder den Platzhalter dafür. Klicken Sie darauf, um einige persönliche Einstellungen vorzunehmen. Diese steuern unter anderem die Anzeige von Benachrichtigungen.

2.1 Profilbild

Klicken Sie auf Ihr Profilbild bzw. den Platzhalter ❶ und auf ***Bild ändern*** ❷. Mit Klick auf ***Bild hochladen*** ❸ können Sie anschließend ein Bild auf Ihrem Gerät auswählen, klicken Sie dann auf ***Speichern*** ❹ und zuletzt auf ***Schließen*** ❺. Der Platzhalter wurde nun durch Ihr Bild ersetzt. Dieses Bild können Sie auf demselben Weg jederzeit ändern oder wieder entfernen.

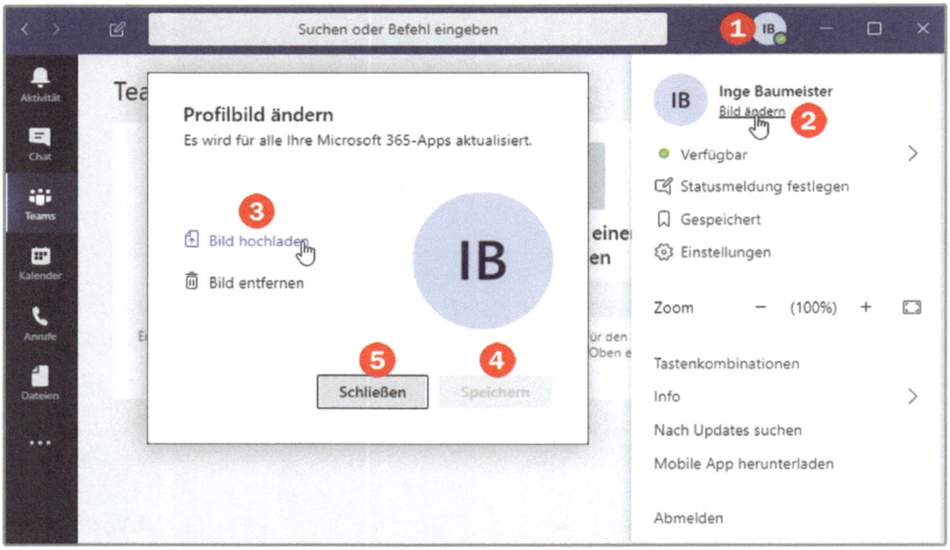

2.2 Statusanzeige

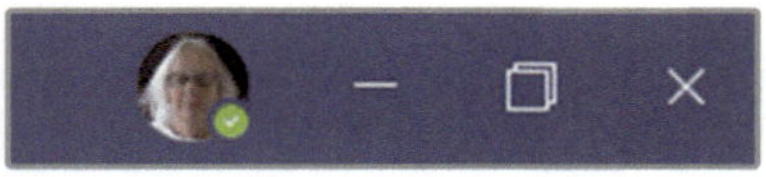

Ihr Profilbild weist ein kleines Symbol auf, das anderen im Team Ihren Status signalisiert. Ein grünes Häkchen bedeutet ***Verfügbar***. Der Status ändert sich automatisch in ***Abwesend***, wenn Ihr Gerät in den Ruhemodus wechselt, auf mobilen Geräten erscheint ***Ab-***

wesend auch, wenn sich die Teams-App im Hintergrund befindet. Während eines Anrufs wechselt Ihr Status in ***Beschäftigt***.

Um den Status manuell zu ändern, klicken Sie auf Ihr Bild und dann auf den Status ❶.

- Wenn Sie offline sind, werden trotzdem Chatnachrichten empfangen. Sie sehen diese Nachrichten in Teams, wenn Sie wieder online sind.

- Im Status ***Nicht stören*** erhalten Sie zwar Chatnachrichten, aber keine Bannerbenachrichtigung. Anrufe werden nicht an Sie weitergeleitet, ausgenommen von Personen, die Sie in Ihre Prioritätsliste aufgenommen haben, siehe unten.

Personen in Prioritätsliste aufnehmen

Klicken Sie auf ***Einstellungen*** ❷ und auf ***Datenschutz***. Über die Schaltfläche ***Prioritätszugriff verwalten*** ❸ können Sie nun Kontakte hinzufügen.

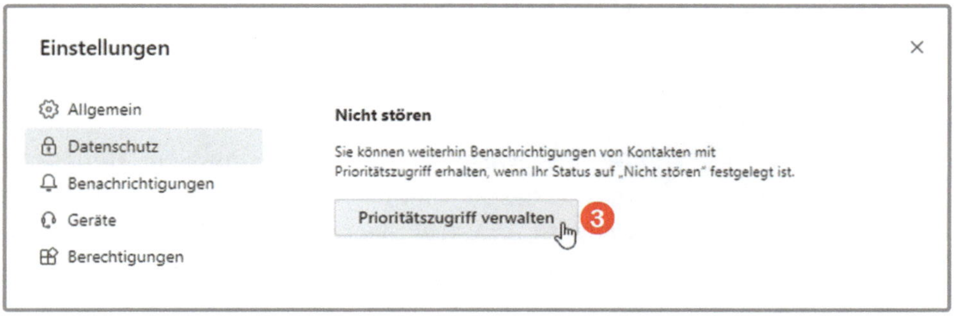

Statusmeldung festlegen
Unterhalb Ihres Status können Sie bei Bedarf eine Statusmeldung festlegen ❹ (Bild vorherige Seite). Diese erscheint bei Kontakten, die Ihnen eine Nachricht senden. Mit dem @-Zeichen ist es auch möglich, eine Meldung gezielt für eine bestimmte Person zu formulieren.

2.3 Weitere Einstellungen

Design und Sprache

Mit Klick auf Ihr Bild und auf ***Einstellungen*** steuern Sie unter anderem die Sprache und das Verhalten von Benachrichtigungen.

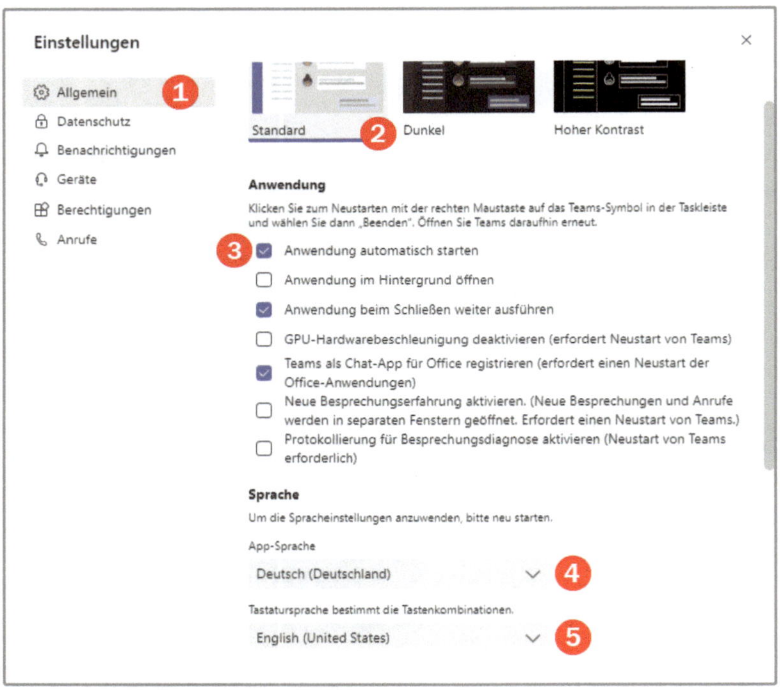

Unter ***Allgemein*** ❶ können Sie zwischen hellem und dunklem Design ❷ bzw. Hintergrund wählen sowie das automatische Starten von Teams beim Einschalten des Geräts aktivieren und deaktivieren ❸. Die Sprache ❹, hier ***Deutsch (Deutschland)*** bestimmt die Schreibweise von Datum und Uhrzeit.

Team mit Tastenkombinationen steuern

Falls Sie Teams mit Tastenkombinationen steuern möchten, müssen Sie auch die Tastatursprache ❺ entsprechend ändern. Standardmäßig ist hier Englisch eingestellt. Eine Zusammenstellung der verfügbaren Tasten erhalten Sie über Ihr Bild und den Befehl ***Tastenkombinationen***.

Anzeige von Benachrichtigungen

Es gibt verschiedene Möglichkeiten ob und wie Sie über Aktionen in Teams informiert werden.

Banner: Einige Benachrichtigungen aus Teams erscheinen in Form eines Banners in der rechten unteren Ecke des Bildschirms.

Feed: Im Bereich ***Aktivität***  können Sie unter Feed nachsehen, was Sie verpasst haben. Die Benachrichtigungen werden 14 Tage lang im Feed angezeigt und dann daraus entfernt.

Tipp: Den Feed filtern

Im Feed sammeln sich viele Informationen. Sie können diese nach Gruppen anzeigen lassen, z. B. nur verpasste Anrufe. Dazu klicken Sie im Feed auf Filter  und dann auf das Dreipunkte-Symbol. Hier wählen Sie aus der Liste das Filterkriterium aus.

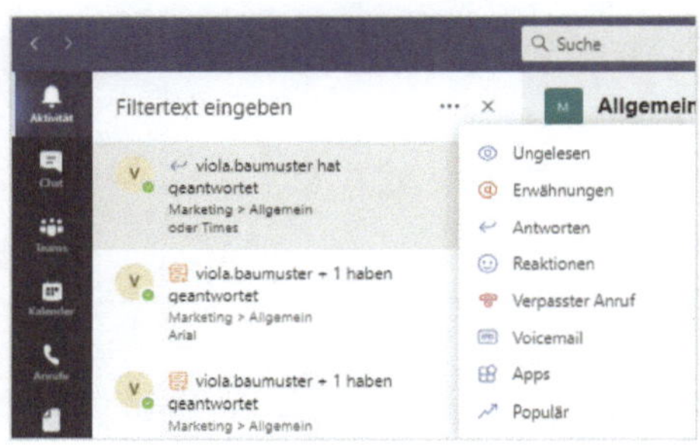

Ob und wie Sie informiert werden steuern Sie über Einstellungen > ***Benachrichtigungen***.

E-Mail Benachrichtigung: In der Standardeinstellung erhalten Sie eine Zusammenfassung Ihrer verpassten Aktivitäten via E-Mail. Ob und wie oft, legen Sie hier fest ❶.

Aktionen in Teams und Kanälen: Sie haben die Wahl zwischen ***Alle Aktivitäten***, nur ***Erwähnungen und Antworten*** oder ***Benutzerdefiniert*** ❷. Ein Klick auf letztere Option ermöglicht Ihnen das detaillierte Einstellen alller Benachrichtigungsarten.

Weitere Benachrichtigungseinstellungen finden Sie kategorisiert für ***Chat***, ***Besprechungen***, ***Personen*** und sonstige Ereignisse.

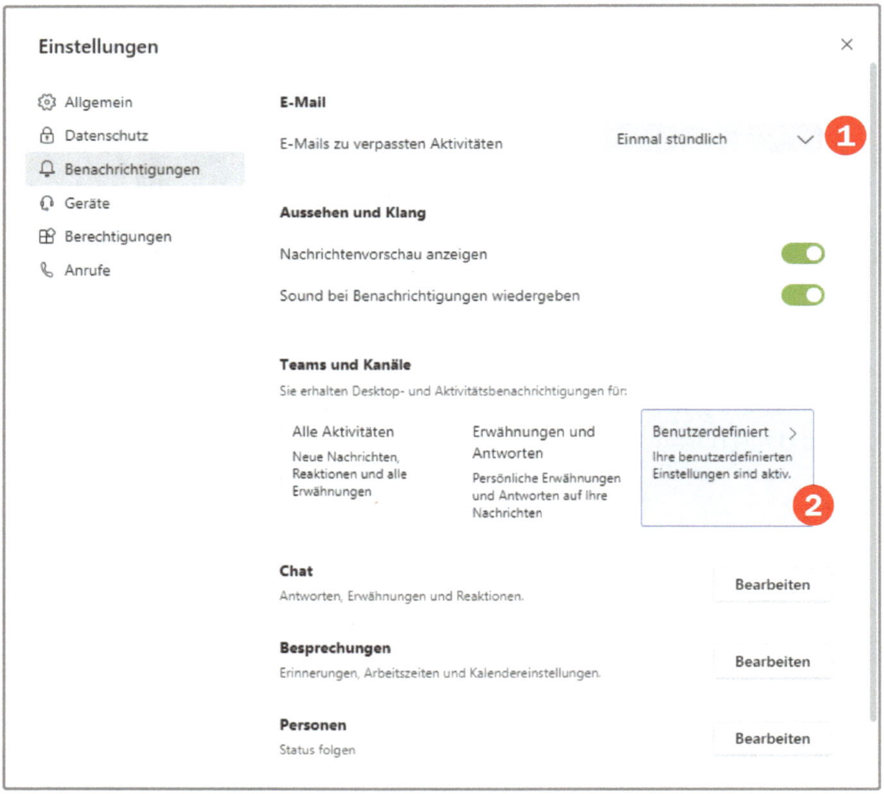

Kamera und Mikrofon verwalten

Zum Testen von Kamera und Mikrofon klicken Sie in den Einstellungen auf ***Geräte***, ggf. können Sie hier auch ein anderes Gerät wählen.

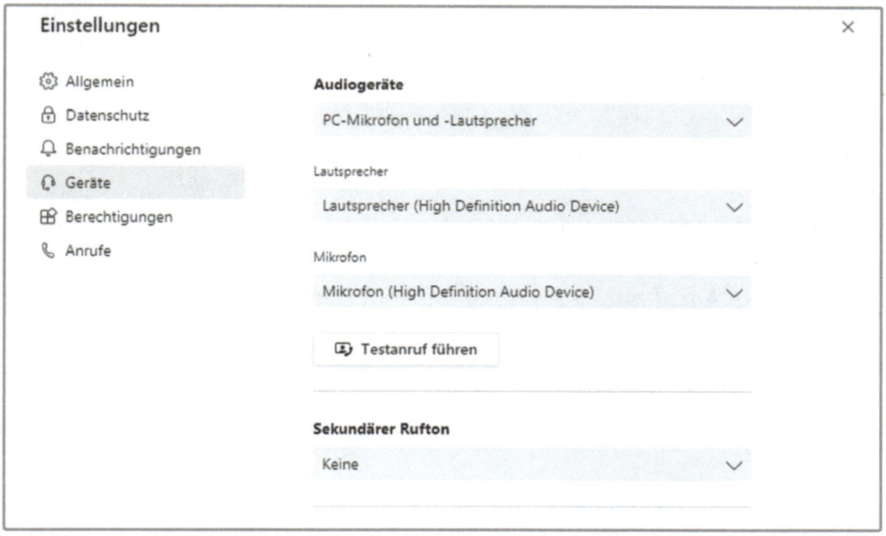

Zugriff auf Geräte, Standort usw.
Damit Microsoft Teams und eventuell weitere hinzugefügte Apps Kamera, Mikrofon und Lautsprecher sowie andere Informationen nutzen können, ist eine Berechtigung erforderlich. Diese kontrollieren und ändern Sie über ***Berechtigungen***. In der Standardeinstellung ist der Zugriff auf alle Ressourcen gestattet.

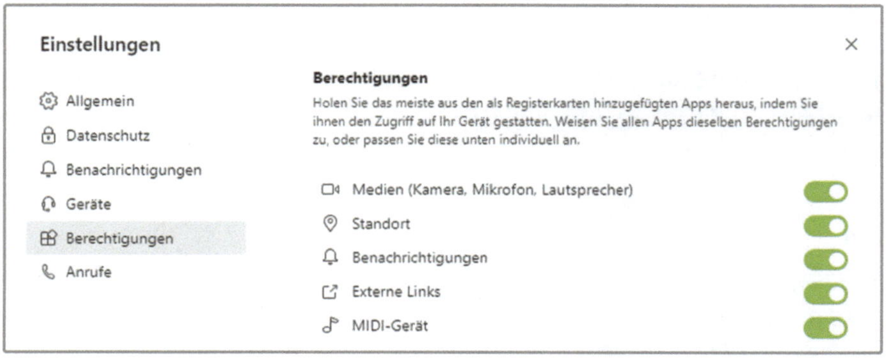

Anrufe an Voicemail weiterleiten und Klingelton ändern

Sie können eingehende Anrufe nach einer bestimmten Klingeldauer an Ihre Voicemail (Anrufbeantworter) weiterleiten lassen. Dazu wählen Sie in den ***Einstellungen*** im Bereich ***Anrufe*** bei ***Wenn unbeantwortet*** die Option ***Voicemail*** ❶ aus. Über die Schaltfläche ***Voicemail konfigurieren*** können Sie dann einen Begrüßungstext aufzeichnen.

Unter ***Klingeltöne***, ***Anrufe für Sie*** können Sie außerdem den Klingelton von eingehenden Anrufen ändern.

Eingehende Anrufe können durch Auswahl von ***Meine Anrufe weiterleiten*** ❷ auch sofort an Voicemail übergeben werden. In diesem Fall bekommen Sie nichts von dem Anruf mit - kein Klingeln, kein Banner und keine Benachrichtigung im Feed.

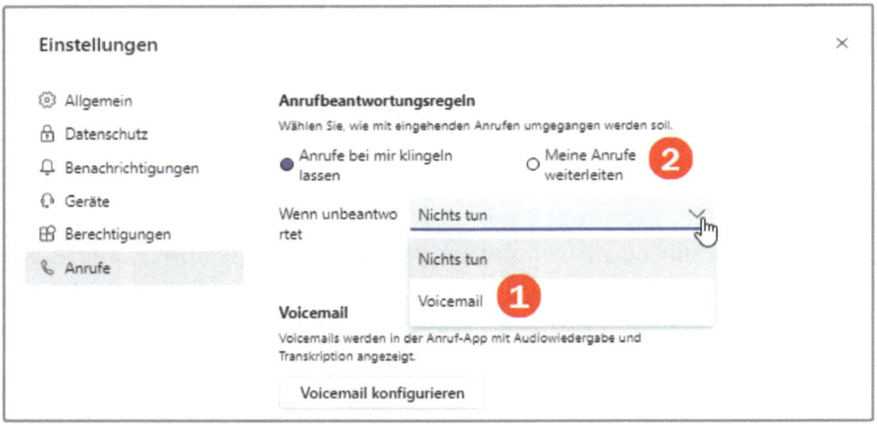

Um eingegangene Anrufe via Voicemail anzuhören, klicken Sie in der Microsoft Teams-Leiste auf ***Anrufe*** und hier auf ***Voicemail***.

Einstellungen speichern

Änderungen in den Einstellungen werden automatisch übernommen und brauchen nicht extra gespeichert werden. Sie können also einfach das Fenster wieder schließen. Nachteil: Um Änderungen wieder zurückzunehmen, müssen Sie die vorherigen Einstellungen wiederherstellen.

3 Kanäle hinzufügen

Wie Sie wissen, verfügt jedes Team über den Kanal ***Allgemein***, doch nicht immer ist es sinnvoll, alle Unterhaltungen eines Teams in diesem Kanal zu führen. Zu besseren Übersichtlichkeit sollten Kanäle erstellt werden, die sich mit speziellen Themen beschäftigen. Kanäle sind ein wichtiges Instrument, um die Übersichtlichkeit in Microsoft Teams zu erhalten. Falls Sie schon über die notwendigen Kanäle verfügen, gehen Sie gleich weiter zum nächsten Kapitel.

Noch kein Team?

Dieses Buch richtet sich primär an Einsteiger. Wir gehen davon aus, dass die einzelnen Teams bereits angelegt wurden. Falls Sie Teams erstellen möchten, lesen Sie dazu mehr auf Seite 174.

3.1 Neuen Kanal erstellen

Standardmäßig haben Sie als Mitglied eines Teams das Recht einen Kanal anzulegen.

- Markieren Sie das Team, zu dem Sie einen neuen Kanal hinzufügen möchten. Klicken Sie rechts auf ***Kanäle erstellen*** ❶.
- Alternativ klicken Sie auf ***Weitere Optionen*** ••• ❷ und wählen ***Kanal hinzufügen***.

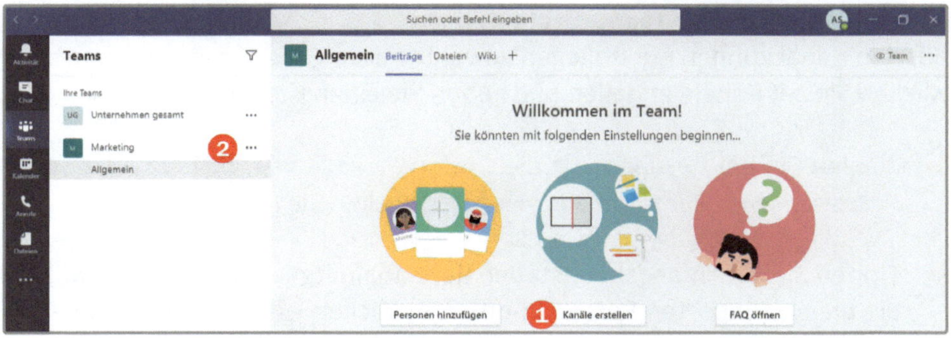

- Geben Sie dann einen Kanalnamen ③ und darunter optional eine passende Beschreibung ein.

Auswahl aller Teammitglieder

- Bei ***Datenschutz*** ④ entscheiden Sie, ob alle Teammitglieder auch automatisch Mitglieder des Kanals sind oder Sie treffen eine Auswahl. Belassen Sie bei ***Datenschutz*** die Option ***Standard - für alle Teammitglieder zugänglich***, wenn alle im Team die Inhalte dieses Kanals sehen sollen.

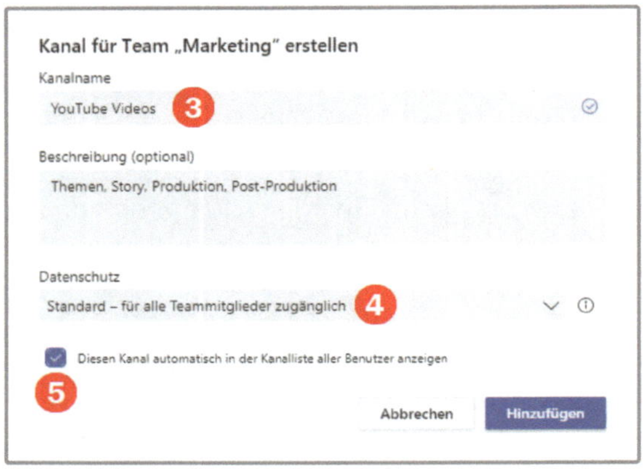

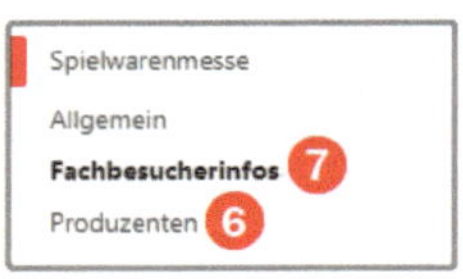

- Sie können ***Diesen Kanal automatisch in der Kanalliste aller Benutzer anzeigen*** ⑤ aktivieren. Dann wird beim hinzugefügten Mitglied der Kanal einfach angezeigt ⑥; wenn Sie das nicht aktivieren, wird der Kanal zunächst in fetter Schrift hervorgehoben ⑦. Das Teammitglied erhält immer einen Hinweis im Bereich ***Aktivität***, damit er den neuen Kanal nicht übersieht.

- Klicken Sie dann auf ***Hinzufügen***.

Auswahl bestimmter Teammitglieder

Für den Kanal können nur Kollegen gewählt werden, die bereits im Team sind. Klicken Sie auf Känale erstellen und geben Sie einen Kanalnamen ein.

- Wählen Sie bei ***Datenschutz*** die Option ***Privat - nur für eine bestimmte Personengruppe im Team zugänglich***. Klicken Sie dann auf ***Weiter***.

- Tippen Sie die Anfangsbuchstaben der Kanalmitglieder ein ① und wählen Sie die gewünschten Personen durch Anklicken ② aus. Zum Schluss klicken Sie auf ***Hinzufügen***.

- Die ausgewählten Mitglieder werden nochmals aufgelistet. Hier könnten Sie die Rolle der Mitglieder verändern ❸ oder nochmals ein Mitglied löschen ❹. Wählen Sie dann ***Fertig*** aus.

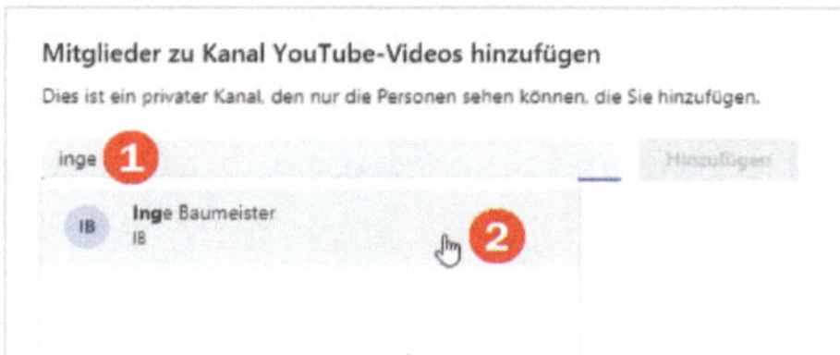

Auch für ein öffentliches Team können Kanäle mit eingeschränktem Mitgliederkreis erstellt werden.

Wer gehört zum privaten Kanal?

Wenn ein Kanal nicht allen Teammitgliedern offen steht, wird dieser mit Schloss-Symbol ❺ angezeigt. Um zu sehen, welcher Personenkreis Teil des Kanals ist, markieren Sie diesen und klicken rechts auf ***Kanalinfo*** ❻. Sie erhalten dann eine Liste der Teammitglieder, die Zugang zu diesem Kanal haben. Durch nochmaliges Anklicken blenden Sie den Bereich wieder aus.

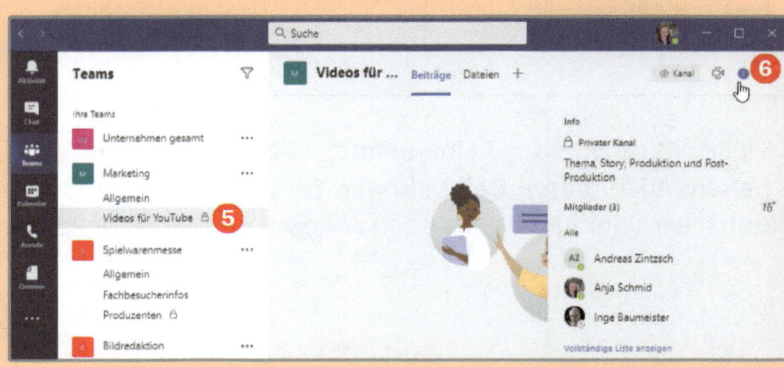

Aber Achtung: Wer nicht Mitglied des privaten Kanals ist, sieht diesen nicht. Für diese Teammitglieder sieht das Team so aus:

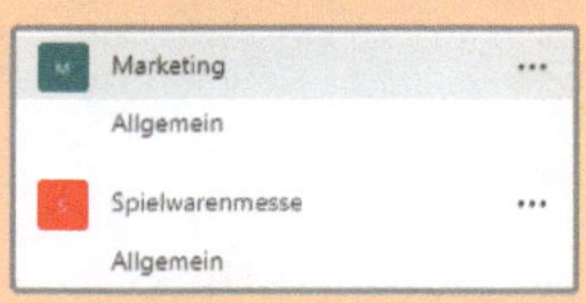

3.2 Kanalverwaltung

Nachträglich Personen in einen Kanal aufnehmen

In einem Kanal, egal ob allgemein zugänglich oder privat, können nur Personen Mitglied werden, die schon Teil des Teams sind. Soll also ein neuer Kollege in einem allgemein zugänglichen Kanal arbeiten, dann muss er zuerst dem Team hinzugefügt werden (siehe Seite 181). Damit ist er auch automatisch ein Mitglied aller allgemein zugänglichen Kanäle des Teams.

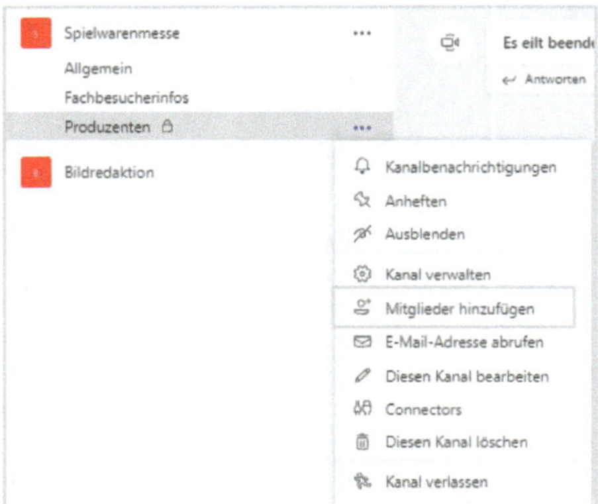

Zu einem privaten Kanal können weitere Teammitglieder hinzugefügt werden über ***Weitere Optionen*** ••• und ***Mitglied hinzufügen***.

Kanal anheften

Vielleicht möchten Sie einen Kanal, in dem gerade viel passiert, anheften. Auch diesen Befehl finden Sie in ***Weitere Optionen*** •••. Dadurch wird der Kanal ganz oben angezeigt und ist so leicht zu finden.

4 Nachrichten austauschen

Chats, also Textnachrichten sind wichtiger Bestandteil Ihrer Aktivitäten, sowohl im Team als auch zur Kommunikation mit einzelnen Personen.

4.1 Private Unterhaltungen (Person oder Gruppe)

- Wechseln Sie in den Bereich Chat und klicken Sie auf das Symbol ***Neuer Chat*** ❶.
- Geben Sie den Namen der Person ein ❷, auch mehrere Personen sind möglich. Tippen Sie den Nachrichtentext ein ❸ und klicken Sie zum Senden entweder auf das Symbol ***Senden*** ❹ oder drücken Sie die Eingabetaste.
- Der neue Chat wird dann links aufgeführt. Beim nächsten Mal können Sie den Chat durch Anklicken auswählen und die Unterhaltung fortsetzen.

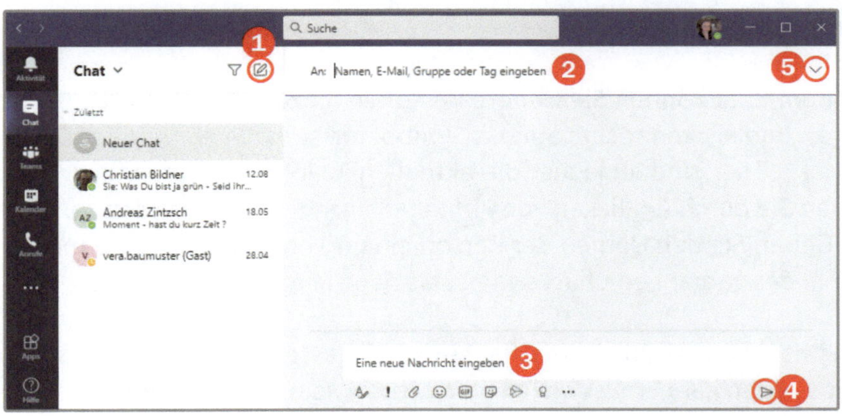

Tipp Chat benennen

Sind mehrere Personen in einer Unterhaltung zusammengefasst, ist es auf den ersten Blick schwer erkennbar, wer zur Gruppe gehört. Hier ist es von Vorteil, wenn Sie die Chat-Gruppe benennen.

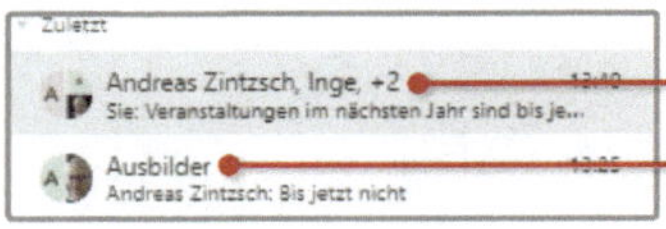

Das können Sie schon beim Anlegen erledigen. Klicken Sie dazu auf das Erweiterungssymbol rechts oben 5 (Grafik vorherige Seite).

Geben Sie dann einen Gruppennamen ein und darunter die einzelnen Mitglieder.

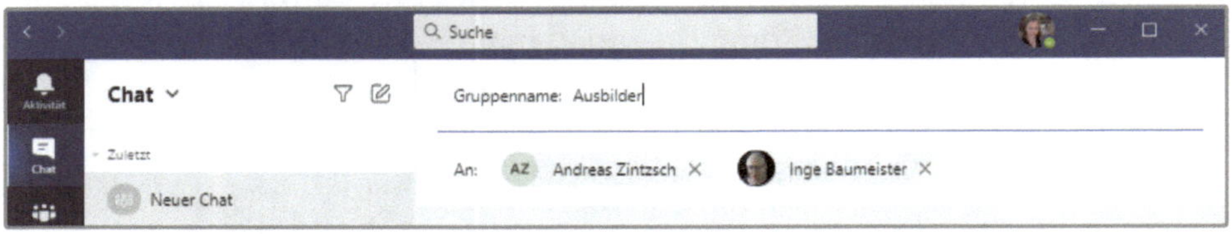

Aber auch im Nachhinein können Sie für Ordnung sorgen. Wählen Sie den Chat aus und klicken Sie auf das Symbol Gruppenchat benennen.

Personen hinzufügen

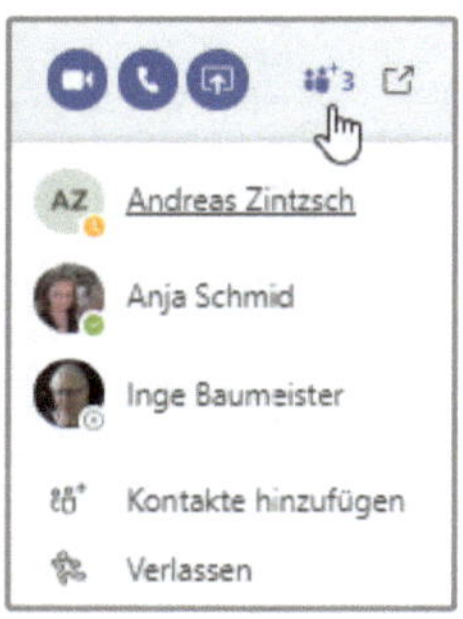

Zu jedem Chat können Sie weitere Personen hinzufügen. Dazu zeigen Sie den Chat an und klicken rechts auf das Symbol für *Teilnehmer anzeigen und hinzufügen*. Hier sind zunächst die aktuellen Teilnehmer aufgeführt. Darunter können Sie durch Anklicken von *Kontakte hinzufügen* weitere Personen beifügen. Geben Sie den Namen der Person ein und entscheiden Sie dann, ob und wie viel des vergangen Chatverlaufs das neue Mitglied sehen darf.

Auch Gäste können zu einem Chat hinzugefügt werden. Damit der Gast ausgewählt werden kann, muss er Teil eines Teams sein (siehe Seite 178).

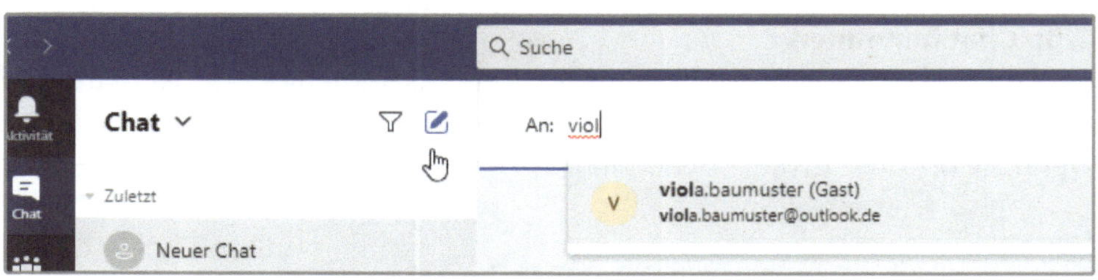

Neue ungelesene Nachrichten

Haben Sie während Ihrer Abwesenheit eine Nachricht im Chat erhalten, dann erscheint in der Teams-Leiste auf dem Symbol ***Chat*** in roter Schriftfarbe die Anzahl der Nachrichten.

Lesebestätigungen im Chat

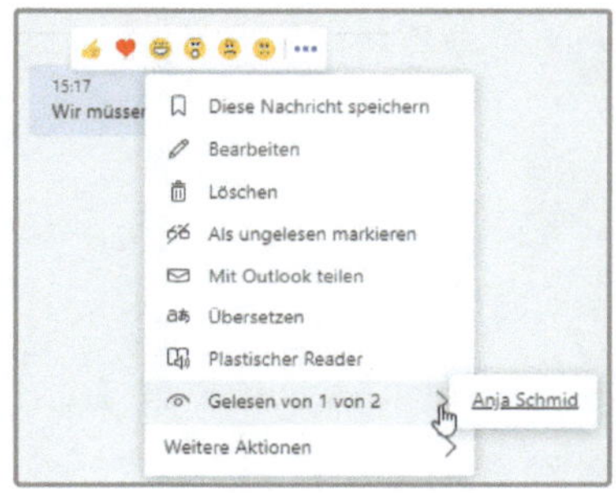

Lesebestätigungen sind standardmäßig aktiviert. Wurde eine Nachricht im Chat vom Empfänger gesehen, wird neben ihr ein Auge angezeigt. Eine Nachricht wird als gesehen eingestuft, wenn Sie in das Chatfenster klicken, nicht aber wenn die Nachricht als Banner oder unter Aktivitäten erscheint. Wird eine Nachricht an einen Gruppenchat versendet, dann gilt sie erst als gelesen, wenn alle Mitglieder sie gesehen haben. Wenn Sie kontrollieren möchten, wer die Nachricht schon gelesen hat, klicken Sie auf die drei Punkte der betreffenden Nachricht und zeigen auf ***Gelesen von...***

Eine gesendete aber noch nicht gelesene Nachricht erhält ein Häkchen. Lesebestätigungen können bei Bedarf in den ***Einstellungen*** (siehe Seite 128 ff.) unter ***Datenschutz*** deaktiviert und aktiviert werden.

4.2 Unterhaltung im Team oder Kanal

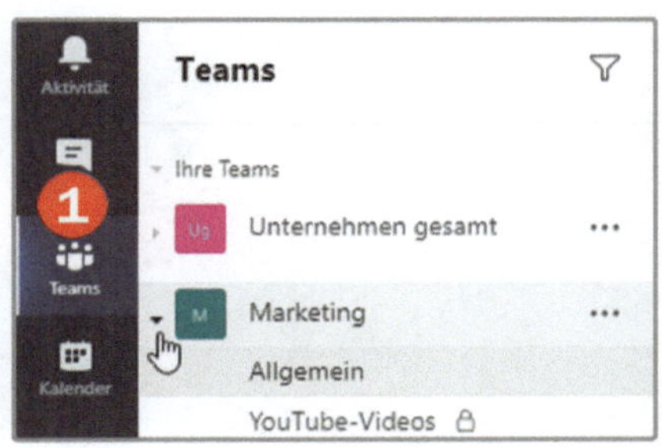

Teamweite Unterhaltungen sind innerhalb des gesamten Teams (Kanal ***Allgemein***) oder in einem bestimmten Kanal möglich. Die Nachrichten sind für jedes Mitglied bzw. jeden Benutzer mit Zugriff auf den Kanal im Register ***Beiträge*** sichtbar.

- Wechseln in den Bereich Teams ❶, hier sollten Ihre ***Teams*** und Kanäle aufgelistet sein. Die zum Team gehörenden Kanäle können mit Klick auf das kleine Dreieck ein- und ausgeblendet werden.

- Klicken Sie auf den Kanal, im dem Sie Ihre Nachricht schreiben möchten, hier Team ***Marketing***, Kanal ***Allgemein*** ❷ und achten Sie darauf, dass das Register ***Beiträge*** ❸ ausgewählt ist. Klicken Sie auf die Schaltfläche ***Neue Unterhaltung*** ❹, geben Sie Ihre Nachricht ein ❺ und klicken Sie auf ***Senden*** ❻.

- Welcher Personenkreis die Nachricht sehen kann, sehen Sie, wie bereits erwähnt nach einem Klick auf die Kanalinfo ❼.

Statt ***Team*** ❽ könnte hier auch ***Kanal*** oder ***Organisation*** stehen; Kanal für einen privaten Kanal und Organisation für ein öffentliches Team.

Neue Unterhaltung, Antworten und ungelesene Beiträge

Innerhalb eines Kanals können Sie eine ***Neue Unterhaltung*** ❶ beginnen oder auf eine Unterhaltung antworten ❷. So fällt die Zuordnung einer Information bei mitgliedsreichen Kanälen und unterschiedlichen Beiträgen etwas leichter.

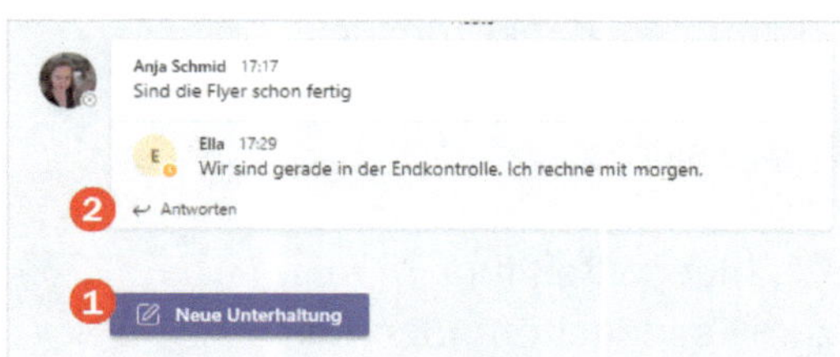

Im Gegensatz zum Chat erzeugt ein neuer Beitrag in einem Kanal keine rote Hinweisnummer auf der linken Leiste. Im Bereich ***Teams*** wird lediglich der Team- bzw. der Kanalname in fetter Schrift dargestellt ❸, wenn ein neuer Beitrag gepostet oder eine andere Aktion (z. B. Hinzufügen eines neuen Mitglieds) durchgeführt wurde (Abbildung oben rechts: Kanal ***Marketing*** - ***Allgemein***).

Einen besonderen Stellenwert hat eine Antwort auf einen eigenen Beitrag im Kanal. Auf diese Antwort wird in der Standardeinstellung bei ***Aktivität*** hingewiesen.

4.3 Nachrichtenoptionen

Beiträge in einem Kanal und Nachrichten im Chat können formatiert, mit Emojis aufgepeppt werden und vieles mehr. Die Handhabung ist in vielen Bereichen gleich, weswegen wir Unterhaltungen im Kanal und Nachrichten im Chat gemeinsam behandeln.

Betreff und Textformatierung hinzufügen

Wenn Sie eine Nachricht mit Betreffzeile und Formatierungen versehen möchten, dann klicken Sie unterhalb der Nachrichtenzeile auf das Symbol ***Formatieren*** ❶. Das Eingabefeld erweitert sich und Sie können nun einen ***Betreff hinzufügen*** ❷ und mit den Symbolen oberhalb ❸, z. B. Text fett oder unterstrichen hervorheben, weitere Optionen sind dahinter aufgelistet oder Sie erhalten diese über die drei Punkte. Mit dem Papierkorb-Symbol ❹ löschen Sie ggf. den noch nicht gesendeten Entwurf.

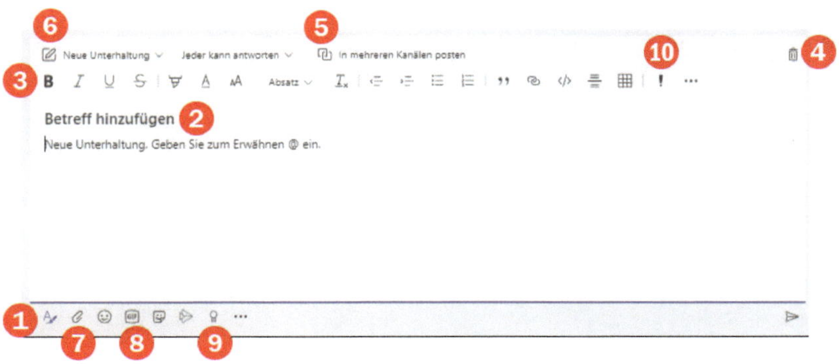

Wenn die Formatierungsoptionen geöffnet sind, können Sie problemlos mit der Eingabetaste eine neue Zeile beginnen. Andernfalls müssen Sie einen Zeilenumbruch mit **Umschalt + Eingabetaste** erzeugen, da sonst die Nachricht gesendet wird.

Unterhaltungen im Kanal: Ein Beitrag kann gleich in mehrere Kanäle gepostet werden ❺. Bedarf es einer größeren Aufmerksamkeit, dann wählen Sie anstelle einer neuen Unterhaltung ❻ die ***Ankündigung*** aus. Diese ist schon auffallend vorformatiert und kann zusätzlich mit einem Hintergrundbild versehen werden.

Anhänge, Bilder und Symbole versenden

Unterhalb der Nachricht finden Sie Symbole für weitere Nachrichtenoptionen.

- **Anfügen** ❼: Fügen Sie eine Datei vom Computer oder OneDrive an, dazu gleich mehr auf Seite 146.
- **Emoji**, **GIF**, und **Aufkleber** ❽ erlauben das Hinzufügen von Symbolen und Bilder.
- **Praise** ❾: Dem Motto „Nicht geschimpft, ist genug gelobt“ folgt Teams mit dem Praise-Button nicht. Hier können Sie Teammitglieder für deren Arbeitseinsatz loben und Batches (Auszeichnungen) versenden.
- **Wichtig:** Ein Beitrag im Kanal kann als ***Wichtig*** gekennzeichnet werden. Klicken Sie dazu auf das Ausrufezeichen ❿. Auch im Chat steht diese Option zur Verfügung. Allerdings hier direkt unterhalb der Nachricht, aber auch in Form eines Ausrufezeichens ⓫. Hier finden Sie auch noch die Option ***Dringend*** ⓬, die es Ihnen erlaubt, im Chat eine Nachricht zu versenden, auf die Ihr Gesprächspartner in kurzen Abständen aufmerksam gemacht wird.

Erwähnungen

Die Funktion Erwähnung können Sie sowohl im Chat als auch im Kanal nutzen. Damit wenden Sie sich explizit an eine Person. Der Angesprochene erhält neben einer Benachrichtigung auch einen Hinweis im Chat bzw. im Team. Die

Nachricht selbst ist mit diesem Zeichen @ hervorgehoben. Sie können nach Nachrichten suchen, in denen Sie erwähnt wurden (siehe nächste Seite).

Eine Erwähnung erstellen Sie durch Eingabe des @-Zeichens im Nachrichtenfeld und Auswahl des Namens.

4.4 So behalten Sie den Überblick

Nachricht suchen

Nachrichten einer Person
Geben Sie den Namen der Person in das Suchfeld ein. Neben der gesuchten Person erscheinen auch alle Gruppenchats, in denen die Person Mitglied ist und mit einem Klick auf die Person oder Gruppe wechseln Sie in den dazugehörigen Chat.

Suche nach einem Schlüsselwort
Um eine Nachricht anhand eines enthaltenen Schlüsselworts zu suchen, geben Sie dieses in das Suchfeld ein und betätigen anschließend die Eingabetaste. Die Suchergebnisse erscheinen in der linken Spalte und ein Klick auf eine Nachricht zeigt diese im dazugehörigen Kanal oder Chat an.

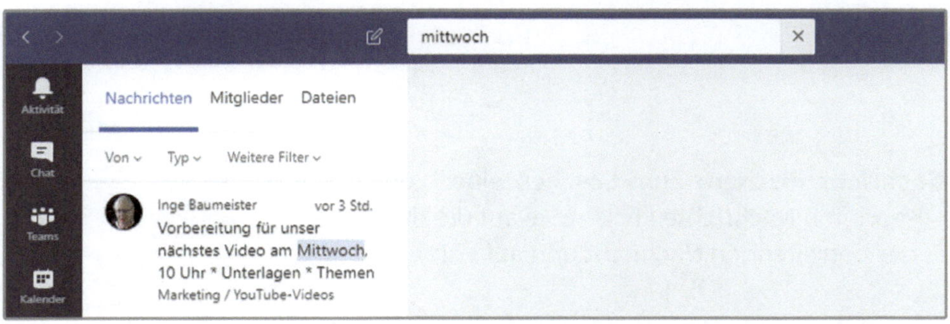

Nachrichten nach Personen, Kanälen oder Typ filtern

▶ Klicken Sie auf ***Aktivität*** ❶, achten Sie darauf, dass ***Feed*** ❷ ausgewählt ist und klicken Sie auf das Symbol ***Filtern*** ❸.

- Geben Sie dann entweder Text, z. B. einen Namen oder Kanal als Filter ein ❹ oder klicken Sie auf die drei Punkte, um nach Nachrichtentypen zu filtern ❺, z. B. ***Erwähnungen*** oder ***Antworten***.

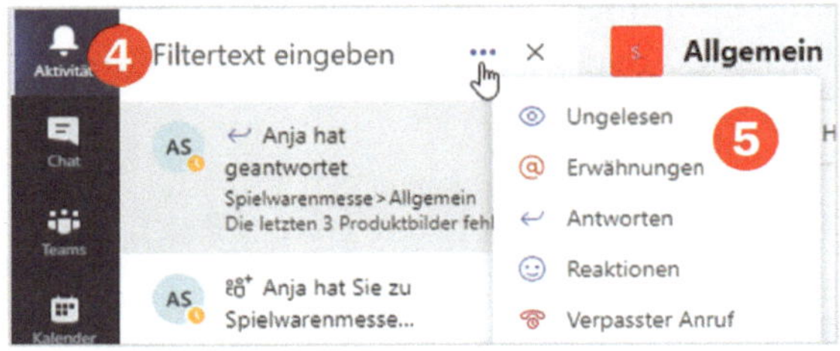

Nachricht speichern oder löschen

Nachricht speichern: Wichtige Nachrichten oder Beiträge können Sie bei Bedarf speichern: Zeigen Sie dazu auf die Nachricht, klicken Sie auf die drei Punkte ❶ (***Weitere Optionen***) und auf ***Diese Nachricht speichern*** ❷. Zum Anzeigen gespeicherter Nachrichten klicken Sie rechts oben auf Ihr Profilbild und auf ***Gespeichert*** ❸. Mit dieser Methode erstellen Sie z. B. schnell eine To-do-Liste.

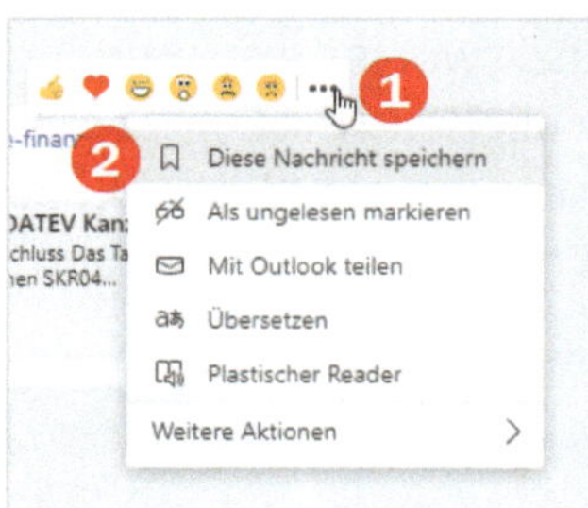

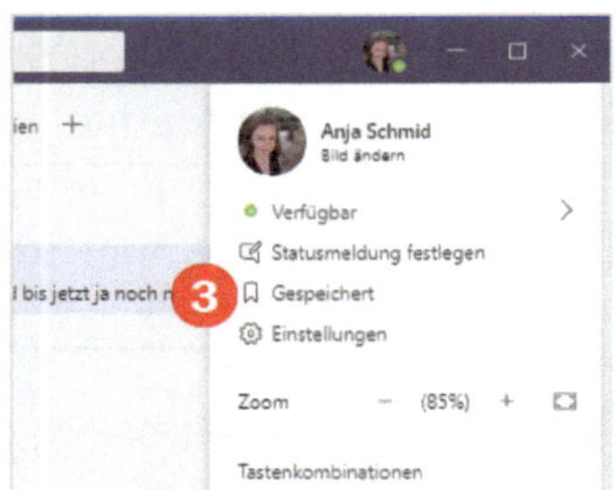

Nachricht löschen: Zum Löschen einer von Ihnen gesendeten Nachrichte klicken Sie auf die drei Punkte der betreffenden Nachricht und auf ***Löschen***.

Eine noch nicht gesendete Nachricht können Sie auch in den Formatoptionen mit Klick auf das Symbol ***Löschen*** entfernen.

Chats und Teams verwalten

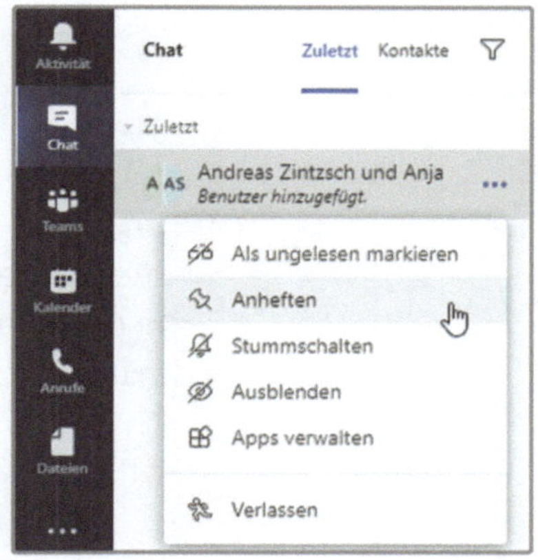

Für einen besseren Überblick sorgen Sie durch Anheften wichtiger Chats und Kanäle oder durch Ausblenden weniger besuchter Chats oder Teams etc. Wir beschreiben die Vorgehensweise am Chat, für Teams ist die Handhabung analog.

Wechseln Sie zu ***Chat*** und zeigen Sie auf den Chat, den Sie bearbeiten möchten. Klicken Sie auf die drei Punkte und auf ***Anheften***, ***Stummschalten*** oder ***Ausblenden***.

- **Anheften:** Der Chat erscheint ganz oben in der Chatliste und kann auf demselben Weg und ***Lösen*** wieder daraus entfernt werden.

- **Stummschalten:** Sie sind immer noch Teilnehmer, erhalten aber keine Benachrichtigung mehr. Auf demselben Weg deaktivieren Sie diese Einstellung wieder. Für ein Team bzw. einen Kanal steht diese Funktion nicht zur Verfügung.

- **Ausblenden:** Ein Chat kann nicht gelöscht, sondern nur in der Chatliste ausgeblendet werden. Damit ist der Chat in Ihrer Chatliste solange nicht sichtbar, bis hier jemand eine neue Nachricht sendet. Alternativ können Sie nach einem ausgeblendeten Chat über das Suchfeld suchen.

- **Pop-out-Chat:** Wie der Name schon sagt, können nur Chats in einem eigenen Fenster angezeigt werden. Wenn Sie gerade in mehreren Chats aktiv kommunizieren, ist das eine gute Möglichkeit sich unnötiges Wechseln zu ersparen. Dazu zeigen Sie auf den Chat und klicken auf . Alternativ klicken Sie doppelt auf dem Chat.

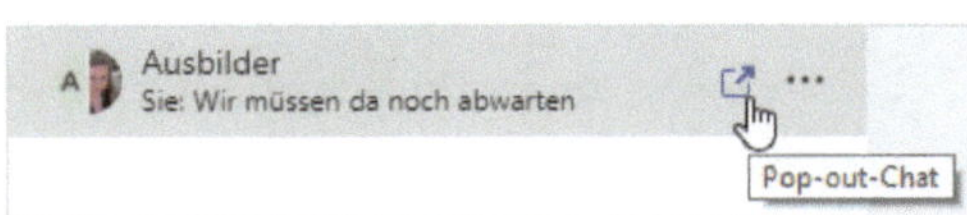

5 Dateien teilen und bearbeiten

5.1 Dateien im Chat hochladen und freigeben

Im Einzel- oder Gruppenchat können Sie ihren Chatpartnern Dateien zukommen lassen. Dazu stehen grundsätzlich zwei Wege zur Verfügung, die sich zwar in der Darstellung der freigegebenen Datei im Chatfenster unterscheiden, aber grundsätzlich zum selben Ergebnis führen.

- **Datei an eine Nachricht anheften:** Der einfachste Weg, jemandem eine Datei zu senden, ist das Anheften an eine Nachricht im Chat. Wechseln Sie zum Chat. Klicken Sie beim Verfassen der Nachricht auf ***Anfügen***, wählen Sie den Speicherort (***OneDrive*** oder ***Vom Computer hochladen***) und dann die Datei aus.

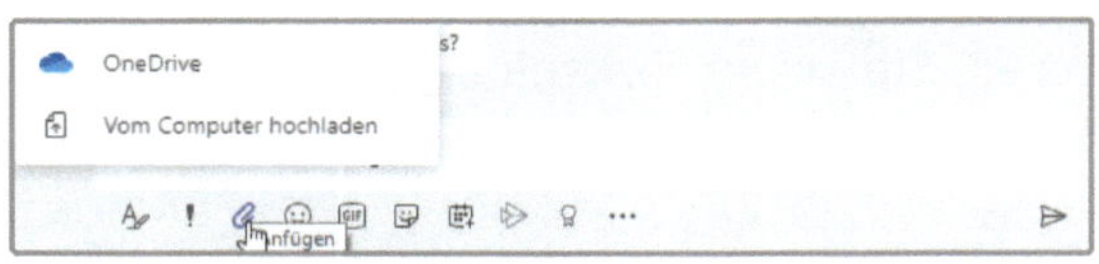

- **Über die Registerkarte Dateien austauschen:** Wechseln Sie zum Chat und klicken Sie auf die Registerkarte ***Dateien*** ❶. Klicken Sie auf ***Teilen*** ❷ und wählen Sie zwischen ***OneDrive*** und ***Vom Computer hochladen***. Je nach Dateiumfang und Speicherort kann es anschließend einige Sekunden dauern, bis die Datei in der Liste erscheint.

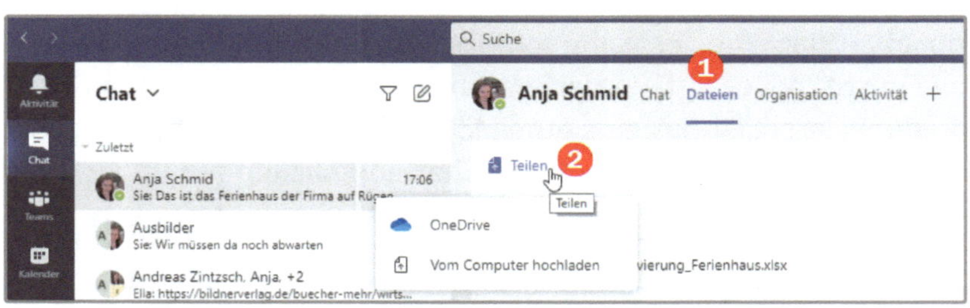

Wenn Sie eine Datei freigegeben haben, deren Speicherort OneDrive ist, so werden Änderungen, die Chatpartner an der Datei vornehmen, in dieser gespeichert. Teilen Sie eine Datei, die an Ihrem PC lokal gespeichert ist, dann wird die Datei in Ihren OneDrive-Ordner ***Microsoft Teams-Chatdateien*** geladen. Änderungen, die Ihre Chatpartner durchführen, werden in dieser Datei gespeichert. Die lokale Datei bleibt davon natürlich unberührt.

Dateien gemeinsam bearbeiten
Die Dateien können entweder in Teams oder online bzw. im Browser geöffnet werden. Word-Dokumente, Excel-Arbeitsmappen und PowerPoint-Präsentationen können außerdem noch mit der Desktop-App angezeigt und bearbeitet werden.

- Die Bearbeitungsoptionen für die Datei können im Chatfenster durch Anklicken der drei Punkte angezeigt werden.

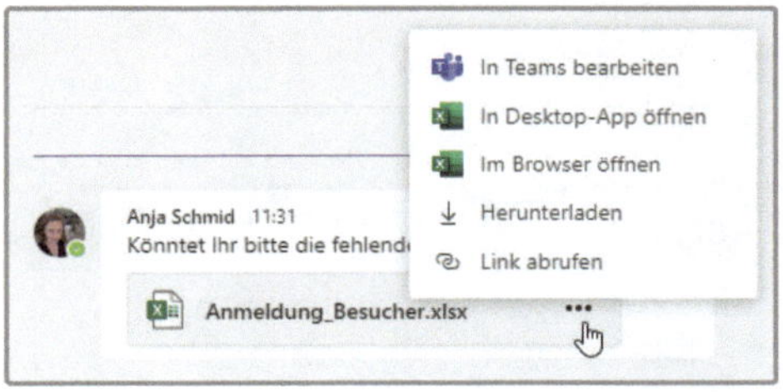

- Alternativ wechseln Sie oben zum Register ***Dateien***. Ein Klick auf den Dateinamen öffnet die Datei in Microsoft-Teams, weitere Möglichkeiten z. B. In ***Desktop-App*** öffnen oder ***Herunterladen*** erhalten Sie über die drei Punkte.

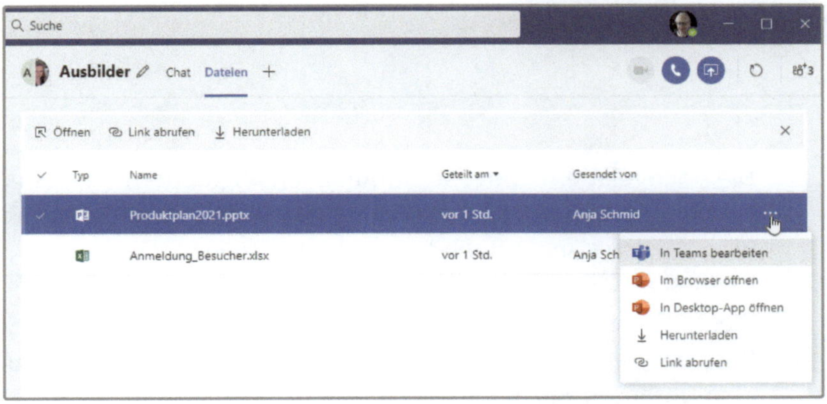

Natürlich sind auch Dateien, die Sie im Chatfenster über das Büroklammer-Symbol hochgeladen haben, im Bereich ***Dateien*** aufgeführt.

5.2 Dateien im Kanal freigeben und bearbeiten

Im Kanal steht ebenfalls die Registerkarte ***Dateien*** ❶ zum Dateiaustausch zur Verfügung. Zur Freigabe klicken Sie entweder auf ***Hochladen*** ❷ und wählen eine Datei aus oder ziehen Sie die Datei mit der Maus in diesen Bereich ❸.

Tipp:
Durch Anklicken von ❹ erweitern Sie die Registerkarte und blenden links die Übersicht zu den einzelnen Teams aus. Mit reduzieren Sie die Registerkarte wieder. Auf der nächsten Seite sehen Sie, wie ein erweitertes Register ❺ aussieht.

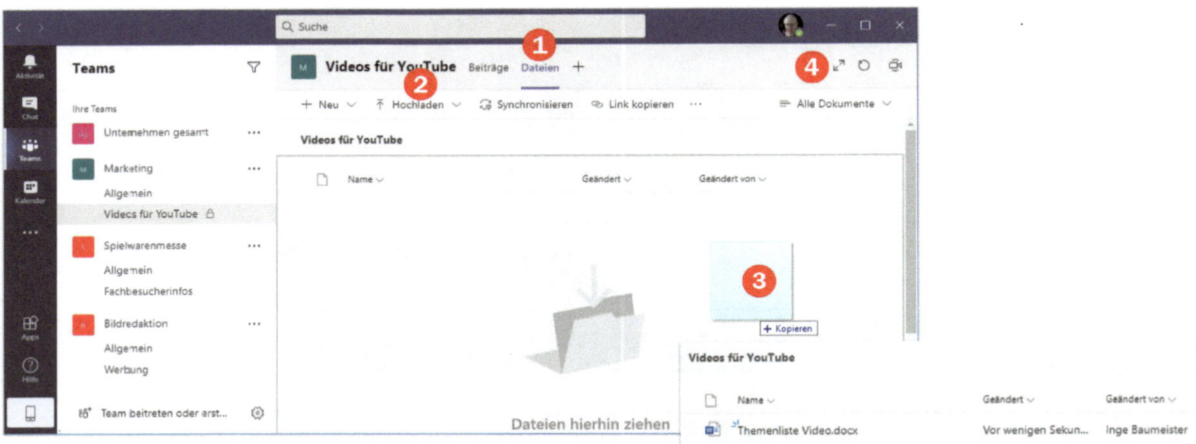

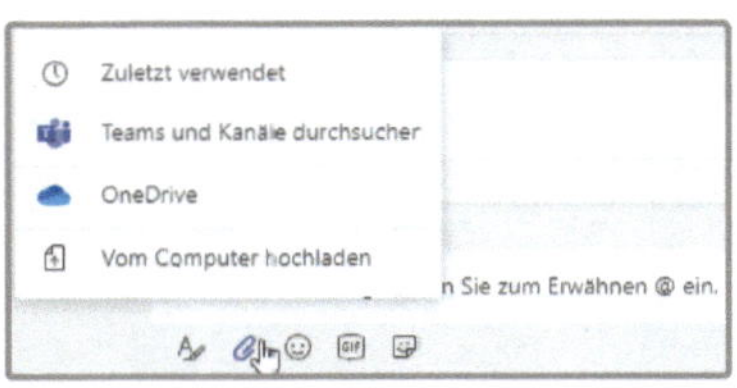

Die hochgeladene Datei steht nun allen Mitgliedern des Kanals zur Verfügung. Eine Benachrichtigung, dass eine Datei geteilt wurde, wird bei den Kanalmitgliedern nicht angezeigt.

Wenn Sie etwas mehr Aufmerksamkeit wünschen, können Sie die Datei im Register ***Beitrag*** über das Büroklammer-Symbol auch an eine Unterhaltung anfügen.

Dateien betrachten und verwalten

▶ Markieren Sie eine Datei durch Anklicken, vermeiden Sie dabei auf den Dateinamen zu klicken.

- Zum Öffnen der markierten Datei wählen Sie den Erweiterungspfeil bei ***Öffnen*** ❻ und entscheiden, womit Sie den Inhalt anzeigen möchten. Ein Klick auf den Dateinamen öffnet die Datei in Microsoft-Teams.

- Sie können eine Datei als eigene Registerkarte neben ***Beiträge*** und ***Dateien*** anheften. Dazu klicken Sie auf ***Dies als Registerkarte erstellen*** ❼. Der Inhalt der Datei wird auf der Registerkarte angezeigt und kann so schneller bearbeitet werden.

- Daneben finden Sie weitere Befehle zum ***Herunterladen*** oder ***Löschen*** ❽ der markierten Datei.

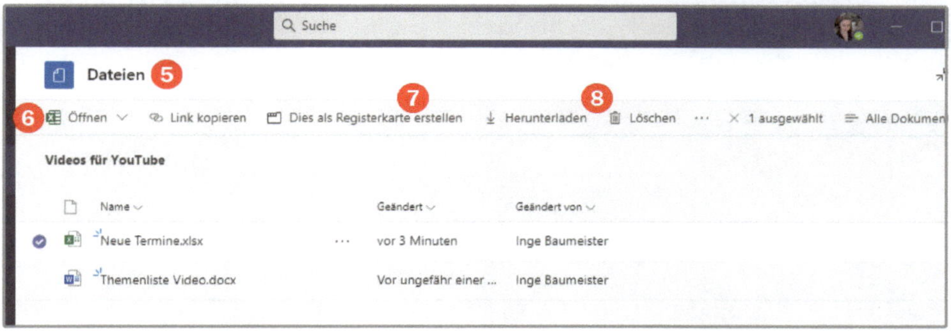

Wo werden geteilte Dateien gespeichert?

- Dateien, die Sie im Einzel- oder Gruppenchat geteilt haben, werden in Ihrem Ordner auf OneDrive for Business gespeichert und sind ausschließlich Teilnehmern dieser Unterhaltung zugänglich.
- Dateien, die in Kanälen freigegeben und bearbeitet werden, sind dagegen im SharePoint-Ordner Ihres Teams gespeichert.

5.3 Die Dateiübersicht

Eine Übersicht über alle geteilten Dateien erhalten Sie, wenn Sie in der Teams-Leiste auf ***Dateien*** ❶ (Abbildung auf der nächsten Seite) klicken. Sollte dieser Bereich hier nicht sichtbar sein, so klicken Sie auf die drei Punkte.

Der Bereich ***Dateien*** verfügt über folgende Ansichten:

- **Zuletzt verwendet** zeigt alle Dateien an, die Sie zuletzt geöffnet oder bearbeitet haben.
- In der Ansicht **Microsoft Teams** sehen Sie alle Dateien, die in Ihren Kanälen erstellt oder bearbeitet wurden.
- Mit **Downloads** erhalten Sie eine Liste der Dateien, die Sie heruntergeladen haben.
- **OneDrive** enthält alle Dateien in Ihrem Ordner auf OneDrive for Business.

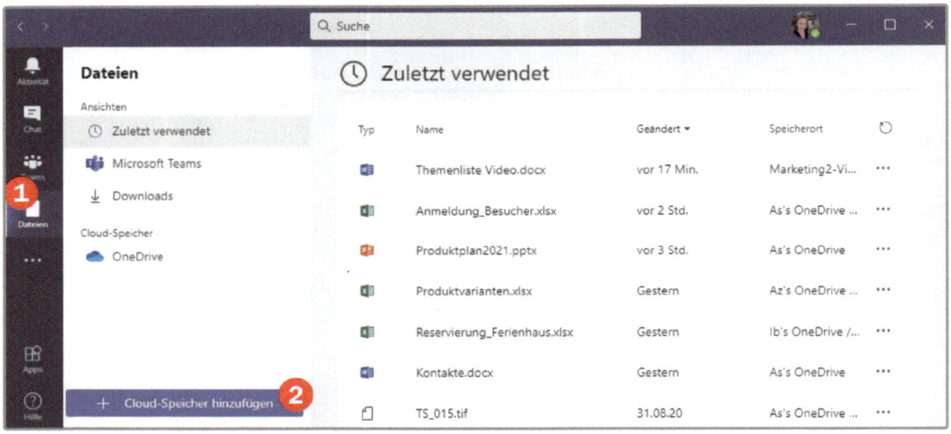

Tipp:

Falls Sie hier eine Datei vermissen, die in einem Kanal freigeben wurde, dann wechseln Sie zum Kanal, klicken rechts auf Dateien und dann auf Synchronisieren.

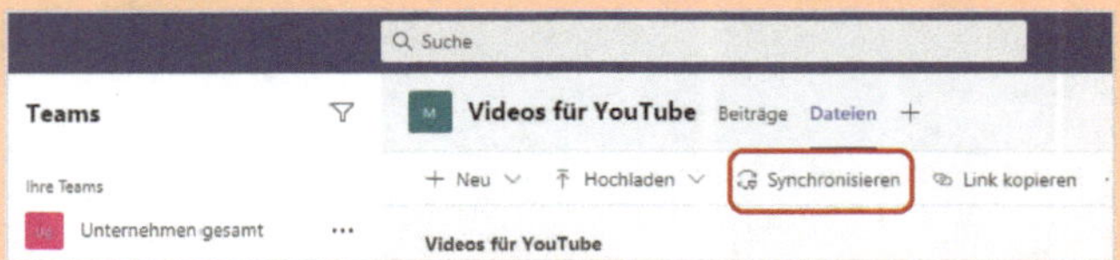

Weitere Cloudspeicher hinzufügen

Sie sind In Microsoft-Teams nicht auf die oben genannten Cloud-Speicher beschränkt, sondern können weitere, z. B. ***DropBox*** oder ***Google Drive*** hinzufügen. Klicken Sie dazu links auf ***Dateien*** und auf ***Cloud-Speicher hinzufügen*** ❷ (Bild oben). Wählen Sie den gewünschten Speicher aus und melden Sie sich hier an.

6 Videobesprechungen

6.1 Videoanruf starten

Anrufe und Besprechungen starten Sie in Chats oder in Kanälen. Sie können seit Juli 2020 in einem neuen Fenster aufgerufen werden, so haben Sie neben einer Besprechung auch die anderen Teams-Bereiche im Blick und können schnell in einem anderen Chat antworten - das ist praktisch.

Teams macht Sie darauf aufmerksam, dass Sie wechseln können. Falls Sie den Hinweis ignoriert haben, wählen Sie mit einem Klick auf Ihr Profilbild die ***Einstellungen*** aus. Im Bereich ***Allgemein*** setzen Sie ein Häkchen bei ***Neue Besprechungserfahrung aktivieren***.

- **Chat:** Im Chat starten Sie den Videoanruf durch Anklicken von klicken rechts oben.

  Wenn Sie mit mehreren Personen sprechen möchten, ist es von Vorteil gleich den passenden Gruppenchat auszuwählen.

- **Kanal:** Besprechungen mit dem gesamten Team oder den Mitgliedern eines Kanals starten Sie in einem Kanal. Klicken Sie dazu rechts oben auf die Schaltfläche ***Besprechung*** oder auf das Symbol ***Jetzt besprechen*** und wählen ***Jetzt besprechen*** aus. Mehr zu Sofortbesprechungen und geplanten Besprechungen erfahren Sie ab Seite 165.

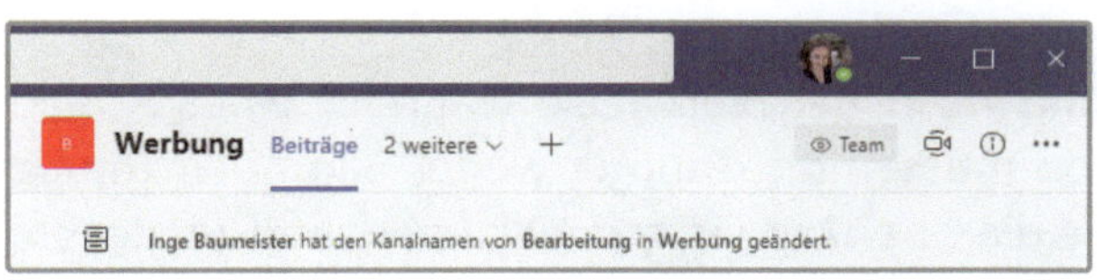

- **Anrufe:** Wichtige Personen können im Bereich ***Anrufe*** in der ***Kurzwahl*** hinterlegt und über das Videoanruf-Symbol schnell kontaktiert werden. Mehr zu Anrufe erfahren Sie auf Seite 162.

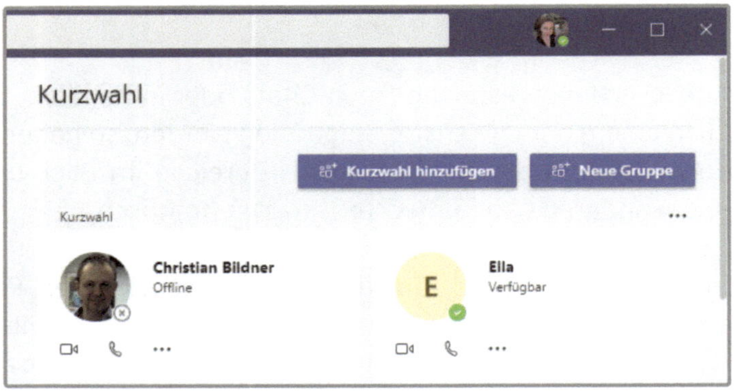

6.2 Gesprächsoptionen

Während des Videoanrufs steht Ihnen eine Leiste mit wichtigen Funktionen zur Verfügung. Diese befindet sich als feste Leiste am oberen Rand des Bildschirms.

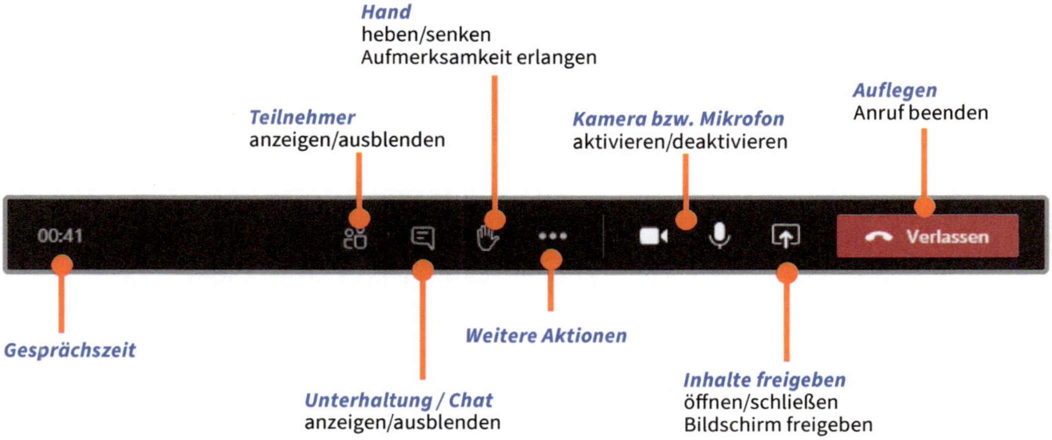

- **Kamera/Mikrofon:** Beispielsweise während einer Schulung oder einer Präsentation müssen die Zuhörer weder Bild noch Ton übertragen. Hier schalten Sie die Übertragung schnell aus und wieder ein.

- **Unterhaltung:** Damit blenden Sie auf der rechten Seite ein Chatfenster ein und tauschen Nachrichten aus. Die Nachrichten werden im Chat bzw. im Kanal angezeigt und können von allen Mitgliedern gelesen werden. Auf eine Nachricht während eines Videoanrufs werden Sie durch ein Tonsignal und einen orangen Punkt neben dem Chatsymbol aufmerksam gemacht. Über den Chatbereich können Sie selbstverständlich während eines Anrufs auch Dateien verschicken.

- **Teilnehmer:** Hier sehen Sie eine Liste der aktuellen Teilnehmer. Zusätzliche Personen können im Chat (1) eingeladen werden. Diese werden dann automatisch angerufen. Für Sofortbesprechungen (siehe Seite 165) können über diesen Bereich explizit Personen zur Teilnahme aufgefordert werden.

Tipp:

In Besprechungen steht im Bearbeitungsbereich ***Teilnehmer*** die Möglichkeit zur Verfügung, eine Anwesenheitsliste herunterzuladen. Dazu klicken Sie oben rechts auf die drei Punkte und wählen ***Anwesenheitsliste herunterladen***. Eine CSV-Datei wird erstellt. Diese enthält den Namen jedes Teilnehmers, wann er dem Meeting beigetreten ist und Name/ Uhrzeit, falls Teilnehmer die Besprechung vorzeitig verlassen haben.

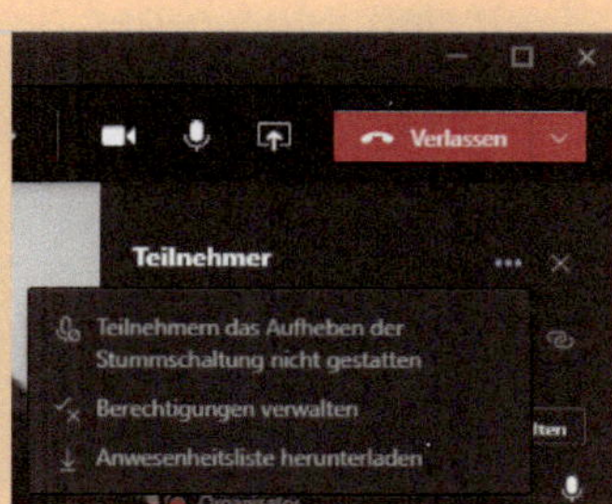

- **Hand:** Um auf sich aufmerksam zu machen, kann man bei Video- oder Sprachanrufen dezent die Hand heben. Die Teilnehmer erhalten eine dementsprechende Meldung. Gleichzeitig wird in der Teilnehmerliste hinter dem Namen der Person eine erhobene Hand angezeigt. Nochmaliges Anklicken des Symbols senkt die Hand wieder. Wenn nur eine Person an Ihrem Video- oder Sprachanruf teilnimmt, wird das Hand-Symbol nicht angezeigt.

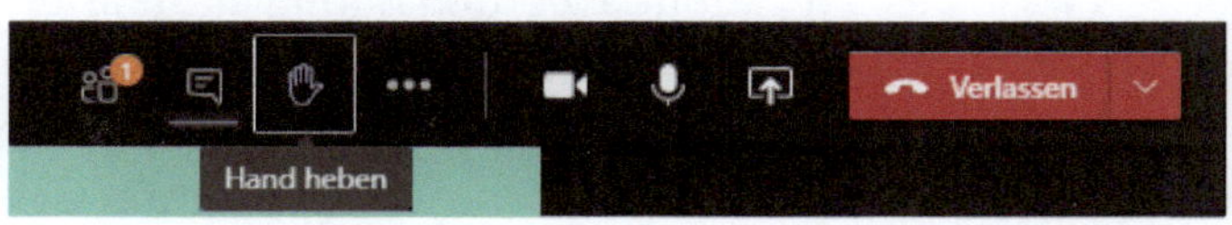

▶ **Spotlight:** In einer Besprechung kann der Organisator bzw. der Referent ein Video eines Teilnehmers oder sein eigenes zum Hauptvideo machen. Dieses wird dann für die Teilnehmer groß angezeigt und die anderen Teilnehmervideos nur klein darunter.

- Blenden Sie den Bereich Teilnehmer ein und klicken Sie mit der rechten Maustaste auf den Teilnehmer, dessen Video zum Hauptvideo werden soll. Wählen Sie im Kontextmenü ***Spotlight*** bzw. ***Spotlight auf mich*** aus. In der Teilnehmerliste sehen Sie an diesem Zeichen, welches Video ausgewählt wurde.

- Die Darstellung ändert sich nicht für die Person dessen Video im Spotlight steht. Er erhält allerdings folgenden Zusatz zur Bearbeitungsleiste, über die er durch Anklicken von ***Exit spotlihgt*** das Spotlight beenden kann.

- Durch einen weiteren Rechtsklick auf den Teilnehmer und Auswahl von ***Aus dem Spotlight nehmen*** werden die Videos wieder gleichberechtigt dargestellt.

▶ **Inhalte freigeben bzw. Teilen-Leiste:** Mittels des Symbols geben Sie Ihren Bildschirm bzw. das ausgewählte Fenster den Teilnehmern der Videokonferenz frei (siehe Seite 157).

Weitere Aktionen: Noch mehr Optionen erhalten Sie mit Klick auf die drei Punkte ••• Die angebotenen Optionen sind abhängig von der Art des Videoanrufs. Sie unterscheiden zwischen einer Besprechung, einem Videoanruf aus einem Chat und zwischen zwei oder mehreren Teilnehmern. Die Aktionen werden häufig aktualisiert und neue Funktionen kommen hinzu.

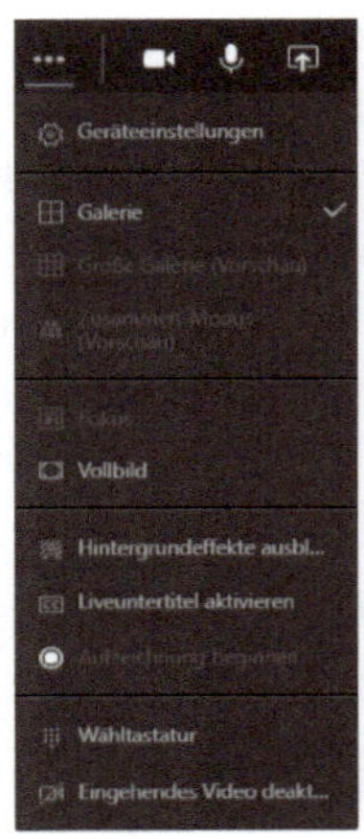

Besprechungsnotizen anfertigen: Klicken Sie auf ***Weitere Aktionen*** ••• und ***Bespre-***

chungsnotizen, um während einer Besprechung einen Bereich auf der rechten Seite anzuzeigen, in den Sie Notizen eintragen können. Klicken Sie auf ***Notizen machen***, tippen Sie eine Überschrift ein ❶ und tragen Sie darunter Stichpunkte ein. Ein neuer Abschnitt ❷ besteht wieder aus einer Überschrift und Text. Das sorgt für mehr Übersichtlichkeit. Die Notizen werden dann automatisch im zugehörigen Kanal als separate Registerkarte mit der Bezeichnung ***Besprechungsnotizen*** ❸ angeheftet. Wenn Sie die Besprechung in einem gesonderten Fenster anzeigen, dann werden Sie nach Anklicken von ***Notizen machen*** direkt in den entsprechenden Kanal auf die Registerkarte ***Besprechungsnotizen*** geleitet und können hier Ihre Einträge hinterlegen.

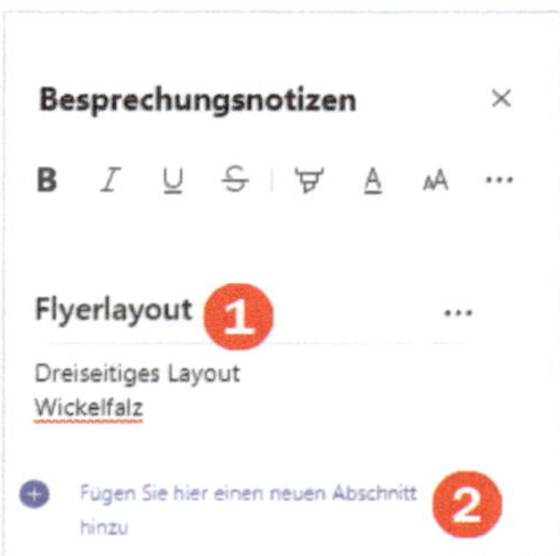

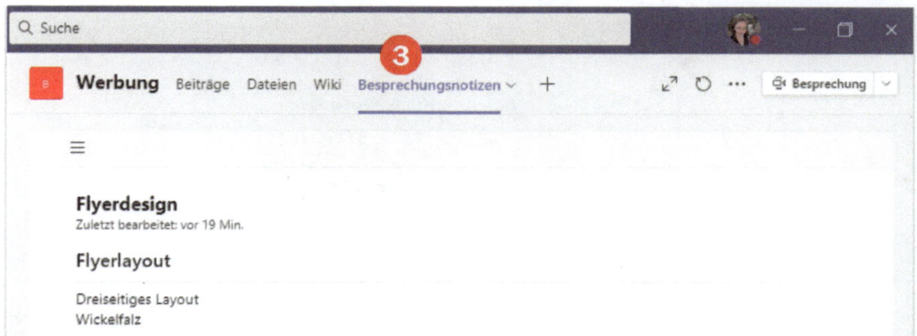

- **Hintergrundeffekte anzeigen:** Eine weitere nützliche Funktion, insbesondere im Homeoffice ist die Möglichkeit, die häusliche Umgebung weichzuzeichnen oder gleich einen anderen Hintergrund einzublenden. **Achtung:** Diese Funktion ist nur sichtbar, wenn sie von Ihrem Gerät unterstützt wird. Klicken Sie auf ***Hintergrundeffekte anwenden***, wählen Sie einen Effekt aus und klicken Sie dann auf ***Übernehmen***. Über ***Neue hinzufügen*** ❶ können Sie auch ein eigenes Bild hochladen und dann am Ende der Liste auswählen.

- **Aufzeichnung beginnen:** Anrufe beziehungsweise Besprechungen können Sie zu Dokumentationszwecken oder als Informationsquelle (z. B. bei einer Schulung) für andere im Team aufzeichnen. Starten Sie die Aufzeichnung über ***Weitere Aktionen*** ··· und ***Aufzeichnung beginnen***. Sie sollten die Teilnehmer darauf aufmerksam machen, dass der Anruf aufgezeichnet wird. Jeder Teilnehmer erhält aber auch einen Hinweis dazu am oberen Rand des Bildschirms.

Jeder Teilnehmer kann eine Besprechung aufzeichnen. Gästen und Personen außerhalb der eigenen Organisation steht die Aufzeichnungsfunktion nicht zur Verfügung. Außerdem benötigen Sie eine Microsoft 365 Lizenz.

Sie stoppen die Aufzeichnung über ***Weitere Aktionen*** ••• und ***Aufzeichnung beenden***. Bestätigen Sie nochmals mit ***Aufzeichnung beenden***. Das Video steht dann nach kurzer Zeit im Chat bzw. im Kanal zur Verfügung und kann durch Anklicken wiedergegeben werden.

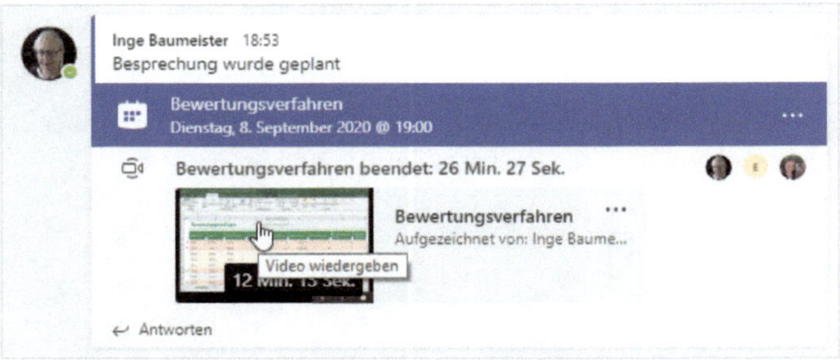

- **Durchstellen:** Sie führen einen Video- oder Sprachanruf mit einer Person. Diesen Anruf können Sie an einen Kollegen durchstellen. Sobald der Anruf von der dritten Person angenommen wird, sind Sie nicht mehr Teil des Gesprächs.

- **Besprechung beenden:** Steht nur dem Organisator zur Verfügung und beendet die Besprechung für alle Teilnehmer. Klicken Sie dazu auf den Drop-Down-Pfeil der Schaltfläche ***Verlassen*** und wählen Sie ***Besprechung beenden*** aus.

6.3 Bildschirm freigeben

In Verbindung mit einem Anruf bzw. Videoanruf können Sie Ihren Bildschirm für andere Personen freigeben. Eine nützliche Funktion, wenn Sie z. B. anwendungsspezifische Fragen haben oder eine Präsentation vorführen möchten.

Freigabe erteilen

Um den Bildschirm während eines Anrufs freizugeben, klicken Sie in der Befehlsleiste auf ***Inhalte freigeben*** ❶ (siehe Seite 152) Anschließend wählen Sie den Bereich aus, den Sie freigeben möchten: Um eine App (z. B. eine Webseite im Browser oder eine Excel-Arbeitsmappe ❷) freizugeben, wählen Sie deren Fenster aus. Die Apps bzw. Dateien müssen geöffnet sein, um hier angezeigt zu werden. Mit der Auswahl ***Desktop*** ❸ können Sie den gesamten Bildschirm freigeben.

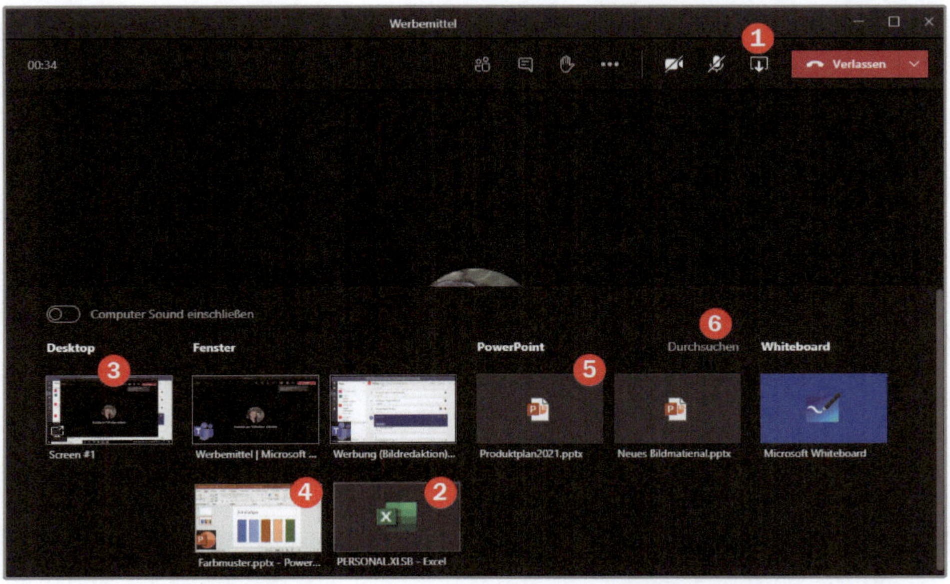

Anschließend erscheint der freigegebene Bildschirm oder Fensterinhalt bei Ihnen und Ihrem Gesprächspartner in Teams und die Videofenster bzw. Profilbilder werden in die untere rechte Ecke gerückt.

Besonderheit: Freigabe einer PowerPoint-Präsentation

Im Bild auf der vorherigen Seite wird zum einen eine geöffnete PowerPoint-Datei ❹ zur Freigabe angeboten und weitere Dateien ❺ im Bereich ***PowerPoint***. Letztere Dateien werden bei Auswahl als Bildschirmpräsentation den Teilnehmern vorgeführt. Die gewünschte PowerPoint-Datei kann durch Anklicken von ***Durchsuchen*** ❻ vom Computer oder OneDrive hochgeladen und angezeigt werden. Wählen Sie die Datei aus und klicken Sie auf ***Teilen***.

Der Teilende bestimmt den Folienwechseln für alle Zuschauer durch Anklicken der Steuerelemente ❼ und beendet die Präsentation.

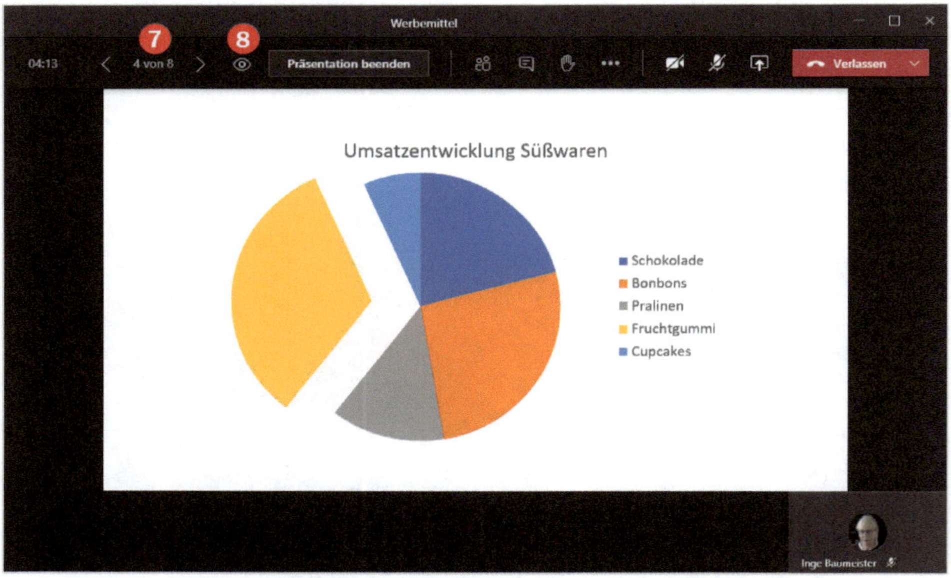

Die einzelnen Zuschauer können allerdings selbstständig durch die Präsentation klicken, ohne dass dies Einfluss auf die eigentliche Präsentation hat. Der Teilende kann diese private Anzeige allerdings durch Anklicken von ❽ unterbinden.

Tipp Bildschirmfreigabe im Chat:
Der Bildschirm kann auch direkt in einem Chat freigegeben werden. Klicken Sie dazu im Chat rechts oben auf das Symbol Bildschirmfreigabe und klicken Sie den Inhalt an, den Sie teilen möchten. Die anderen Teilnehmer des Chats erhalten eine Benachrichtigung und werden aufgefordert, die Bildschirmfreigabe anzunehmen.

Freigabe beenden
Die Bildschirmfreigabe während eines Videoanrufs endet automatisch mit Beenden des Anrufs. Um die Freigabe schon vorher zu beenden, klicken Sie in der kleinen Leiste auf ***Freigabe aufheben***.

In einem freigegebenen Bildschirm arbeiten

Wenn Ihr Gesprächspartner den Bildschirm für Sie freigegeben hat, können Sie in diesem Bildschirm oder in der App auch arbeiten. Dazu klicken Sie in der Videosteuerungsleiste auf ***Steuerung anfordern***.

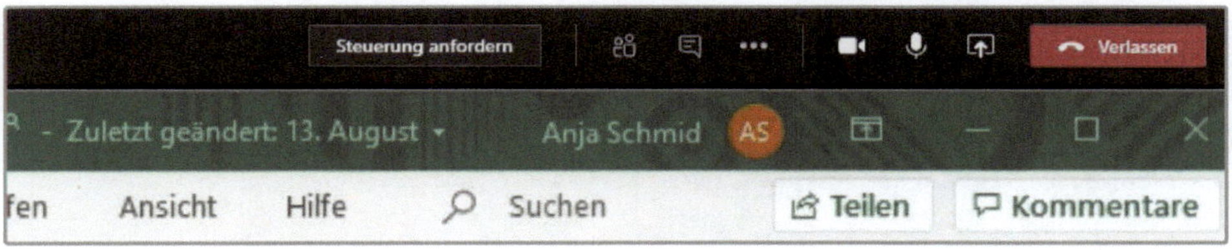

Beim Besitzer des Bildschirms erscheint am oberen Rand des Bildschirms eine Leiste mit der Anforderung: Erst mit Klick auf ***Zulassen*** ist ein gemeinsames Arbeiten im freigegebenen Bildschirm möglich.

Als Beispiel im Bild auf der nächsten Seite: gemeinsames Arbeiten in einer Excel-Arbeitsmappe. Die Teilnehmer lassen sich anhand des Mauszeigers leicht unterscheiden.

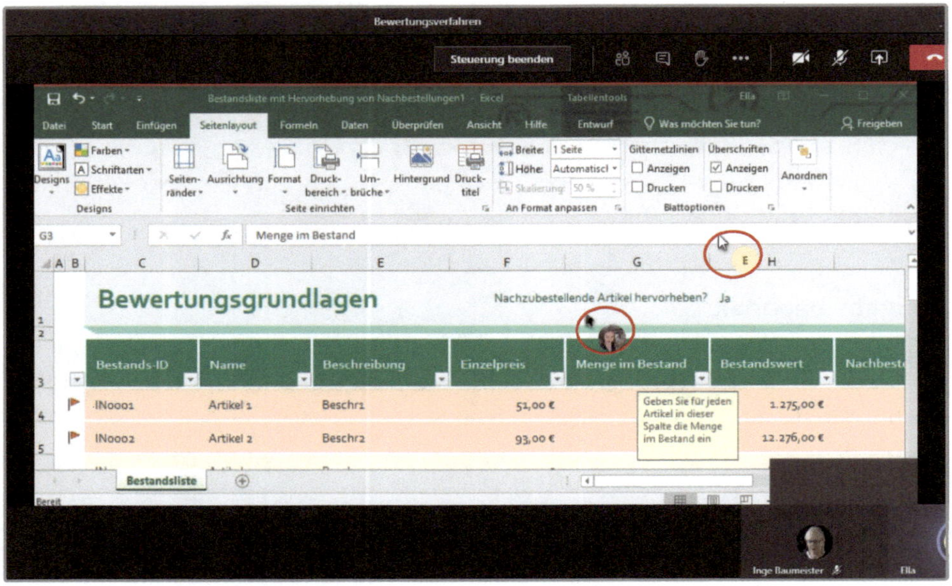

Steuerung beenden
Klicken Sie auf ***Steuerung beenden***, um die Bearbeitung wieder allein dem Besitzer der Datei zu überlassen.

6.4 Eingehende Videoanrufe

Anruf annehmen

Eingehende Videoanrufe erscheinen in der rechten unteren Ecke Ihres Bildschirms als Banner, auch wenn Sie gerade in einer anderen Anwendung arbeiten und sich Microsoft Teams im Hintergrund befindet

- Klicken Sie auf ***Kamera***, um den Anruf als Videoanruf anzunehmen. Mit Klick auf den ***Hörer*** nehmen Sie dagegen nur den Audioanruf an. In diesem Fall können Sie auch während des Anrufs noch die Kamera aktivieren.

- Mit Klick auf das Symbol ***Auflegen*** lehnen Sie den Anruf ab.

Anruf verpasst?

Haben Sie einen Anruf verpasst, so erkennen Sie dies in der Teams-Leiste an der Zahl auf ***Aktivität*** und am roten Punkt auf ***Anrufe***. Auch in der Taskleiste am unteren Bildschirmrand ist das Microsoft Teams-Symbol mit der Zahl der entgangenen Anrufe hervorgehoben . Um den Namen des Anrufers und den Zeitpunkt des Anrufs herauszufinden, haben Sie folgende Möglichkeiten:

- Zeigen Sie ***Aktivität*** an und klicken Sie links auf den verpassten Anruf ❶. Dadurch wird daneben der ***Verlauf*** ❷ mit Infos angezeigt. Hat der Anruf am selben Tag stattgefunden, steht hier nur die Uhrzeit ansonsten Informationen zum Tag (Gestern, Dienstag etc.) oder das Datum.

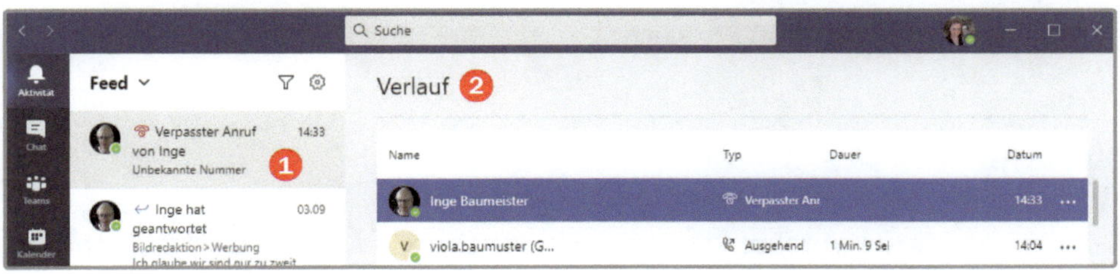

- Klicken Sie auf ***Anrufe*** und hier auf ***Verlauf***. Rechts erhalten Sie dieselbe Liste aller verpassten, ausgehenden und eingehenden Anrufe, wie im Feed.

> Der rote Punkt verschwindet, sobald Sie auf ***Anrufe*** oder Ihren Aktivitätsfeed geklickt haben.

Zurückrufen

Für einen schnellen Rückruf gehen Sie am einfachsten so vor:

- Klicken Sie auf ***Anrufe*** und hier auf ***Verlauf*** ❶ oder auf ***Aktivität*** und auf den verpassten Anruf. Im Verlauf klicken Sie mit der Maus doppelt auf den Namen der Person ❷ deren Anruf Sie verpasst haben.

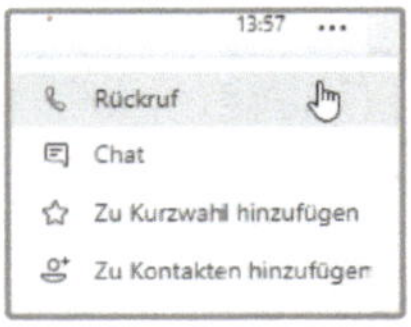

Tipp:
Über die drei Punkte am Ende des Eintrags können Sie ebenfalls einen Rückruf anstoßen oder die Person in Ihre Kurzwahl aufnehmen bzw. zu den Kontakten hinzufügen.

6.5 Anrufe - Ihre schnelle Übersicht

Der Bereich ***Anrufe*** leistet gute Dienste, wenn Sie schnell eine Person oder Gruppe anrufen oder per Chat kontaktieren möchten. Klicken Sie dazu in der Microsoft Teams-Leiste auf ***Anrufe***.

Kurzwahl

Häufig benötigte Kontakte können Sie in die Gruppe ***Kurzwahl*** ❶ aufnehmen. Klicken Sie dazu auf die Schaltfläche ***Kurzwahl hinzufügen*** ❷. Bei einer Vielzahl von Kontakten können Sie auch über die Schaltfläche ***Neue Gruppe*** zunächst weitere Gruppen anlegen und diesen die jeweiligen Kontakte hinzufügen.

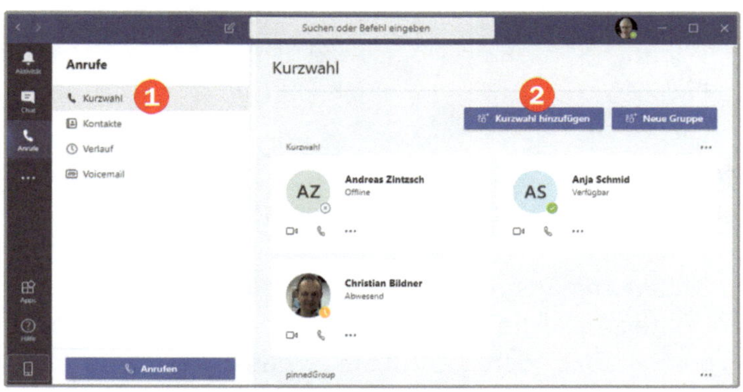

Anrufen

Um einen Anruf zu starten, klicken Sie beim Kontakt auf das Symbol ***Videoanruf*** oder auf ***Kontakt anrufen*** . Über die drei Punkte erhalten Sie außerdem die Möglichkeit zu chatten.

Kontakt aus Kurzwahl oder Gruppe entfernen

Klicken Sie beim Kontakt auf die drei Punkte und auf ***Aus dieser Gruppe entfernen*** bzw. auf ***Aus Kurzwahl entfernen***.

Status

Werfen Sie vor dem Anruf noch einen Blick auf den Status des Gesprächsteilnehmers. So finden Sie schnell heraus, ob dieser verfügbar ist. ***Bin gleich zurück*** und ***Als abwesend anzeigen*** teilen sich leider dasselbe Symbol. Wenn Sie mit der Maus auf das Symbol zeigen, erhalten Sie den Status in Textform.

Verfügbar Beschäftigt Nicht stören Gleich zurück Abwesend

Kontaktliste

Falls Sie Ihre Kontakte lieber als übersichtliche Liste in alphabetischer Reihenfolge bevorzugen, so klicken Sie links auf ***Kontakte***. Hier finden Sie bei jedem Kontakt neben ***Videoanruf*** und ***Anruf*** zusätzlich auch noch die Symbole ***Chat*** und ***E-Mail*** , außerdem die Telefonnummer, sofern vorhanden.

Über die Schaltfläche ***Kontakt hinzufügen*** fügen Sie weitere Kontakte hinzu und über das Suchfeld finden Sie schnell einen bestimmten Kontakt. Es spielt keine Rolle, ob Sie den Vor- oder Nachnamen als Suchbegriff eingeben.

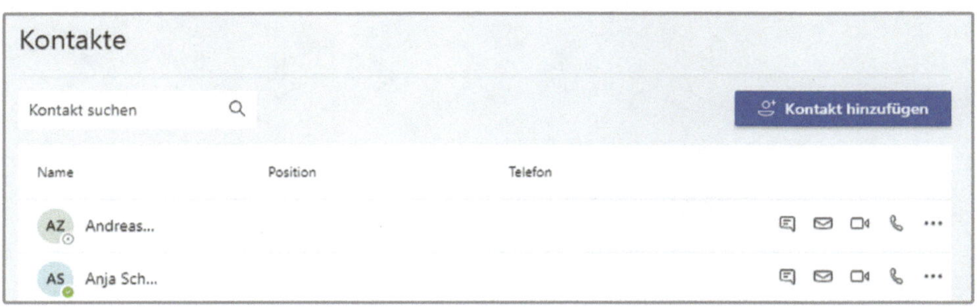

Verlauf

Im ***Verlauf*** sehen Sie eine Liste Ihrer ein- und ausgehenden Anrufe einschließlich verpasster Anrufe. Mehr zum Verlauf erfahren Sie unter „Anruf verpasst?“ auf Seite 161.

Voicemail, Ihr Anrufbeantworter

Anrufe, die per Voicemail eingegangen sind, können hier abgehört werden. Klicken Sie auf den Namen der Person ❶ und dann auf Abspielen ❷.

Voicemail konfigurieren Sie in den Einstellungen unter Anrufe, hier richten Sie auch die Weiterleitung ein.

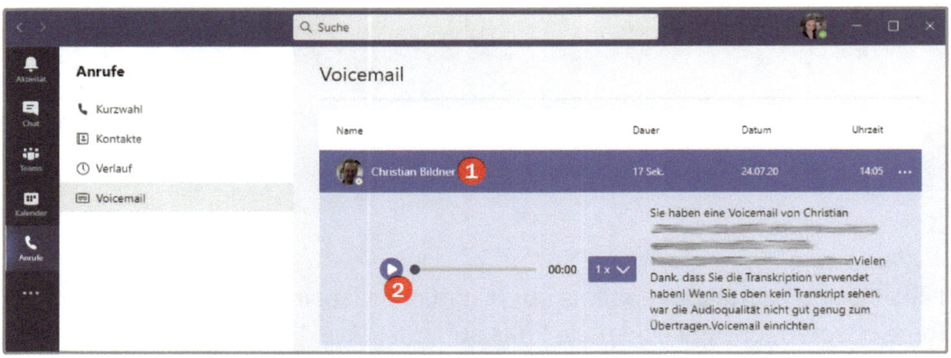

7 Besprechungen organisieren

Wir geben hier nur einen kurzen Einblick in das weite Feld der Besprechungsorganisation. Selbstverständlich findet in Teams eine Besprechung meist als Videoanruf statt, ist aber auch als Sprachanruf möglich. In beiden Fällen hat man den Vorteil, den Bildschirm für Kollegen freigeben zu können.

7.1 Besprechung ad hoc

Oft ist es leichter, kurz über ein Problem mündlich zu diskutieren, als weitere Beiträge dazu im Kanal zu hinterlassen. Hier hilft die Sofortbesprechung.

- Klicken Sie im Kanal rechts oben auf die Schaltfläche ***Besprechung*** ❶. Im nächsten Fenster können Sie oben bei ***Betreff hinzufügen*** ❷ einen Besprechungstitel eingeben. Entscheiden Sie, ob eine Bildübertragung ❸ stattfinden soll und klicken dann auf ***Jetzt besprechen*** ❹.

Hinweis: Bei verkleinertem Fenster kann die Schaltfläche ***Besprechung*** auch nur so aussehen . Unter Umständen müssen Sie nach anklicken der Besprechungsschaltfläche ***Jetzt besprechen*** auswählen und erhalten dann erst die Möglichkeit einen Betreff hinzuzufügen.

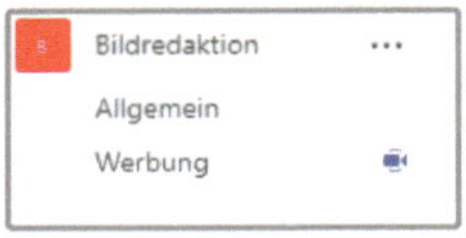

Mitglieder des Kanals können nun auf zwei Arten der Besprechung beitreten:

- Im Kanal wird eine Aufforderung angezeigt, an der Besprechung teilzunehmen. Jedes der Kanalmitglieder, welches mitreden möchte, wählt ***Teilnehmen*** ❹ aus. Das in einem Kanal eine Sofortbesprechung stattfindet, sehen Sie auch am Videosymbol neben dem Kanalnamen.

Im nächsten Schritt legt der Teilnehmer die Audio- und Videoeinstellungen fest: Bildübertragung ❺, Hintergrund ❻, Übertragung Ton ❼; dann klickt er auf ***Jetzt teilnehmen*** ❽.

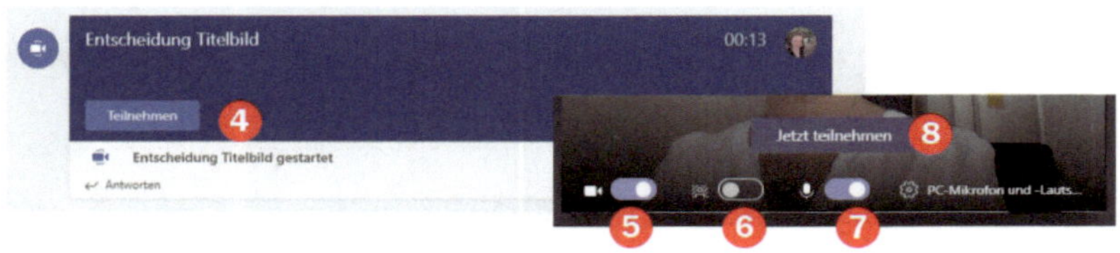

- Teilnehmer können zur laufenden Sofortbesprechung auch eingeladen werden. Dazu klicken Sie auf die Schaltfläche ***Teilnehmer anzeigen*** ❾ der Befehlsleiste des Videoanrufs. Der Bearbeitungsbereich ***Kontakte*** wird auf der rechten Seite angezeigt. Klicken Sie bei der betreffenden Person auf die Punkte und auf ***Teilnahme anfordern*** ❿ oder zeigen Sie auf den Namen und wählen ***Teilnahmeanfrage***.

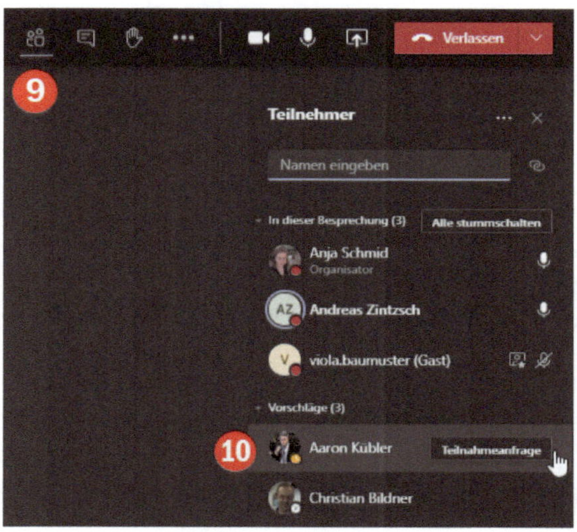

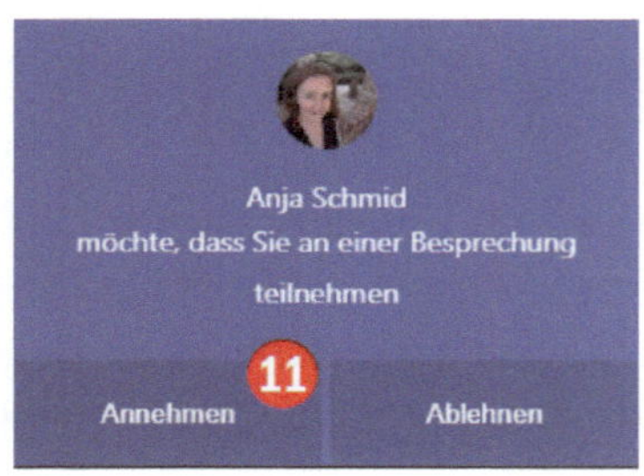

Der unaufmerksame Teilnehmer wird angerufen und gebeten an der Besprechung teilzunehmen ⓫.

Hinweis: Besprechungen in einem Kanal erscheinen im Register ***Beiträge*** und sind am Symbol zu erkennen. Hier sehen Sie auch, ob während der Besprechungen Nachrichten oder Dateien ausgetauscht wurden.

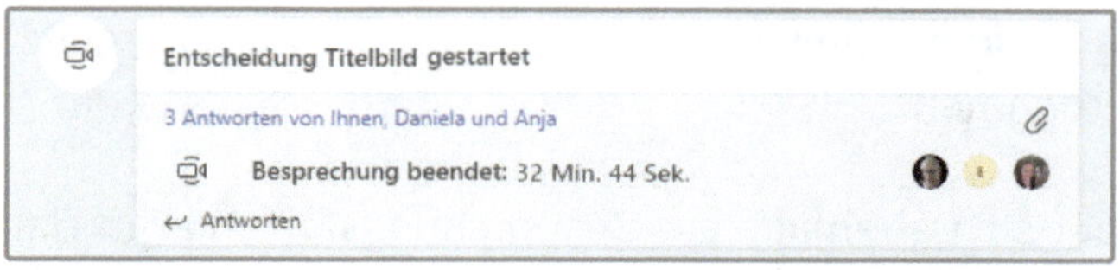

7.2 Neue Besprechung im Voraus planen

Eine Besprechung ist eine Terminvereinbarung für einen Video- oder Sprachanruf. Für die Planung benötigen Sie allerdings die Vollversion von Teams. Sie können einen Termin im Kalender von Microsoft Teams vereinbaren. Dieser Kalender ist mit Ihrem Exchange-Konto von Outlook verbunden, das bedeutet dass alle Termine, die Sie im Kalender von Outlook hinterlegen, auch in Microsoft Teams angezeigt werden und Besprechungen, die Sie in den Teams-Kalender eintragen mit Outlook synchronisiert werden.

Termin festlegen und Teilnehmer einladen

Hier stehen Ihnen drei Herangehensweisen zur Verfügung:

▶ **Starten Sie im Chat:**

- Wählen Sie den Chat mit dem gewünschten Kollegen aus und klicken Sie unterhalb des Nachrichtenfensters auf ***Besprechung planen***.

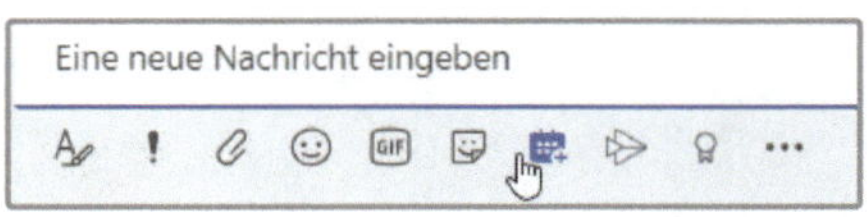

- Ein Besprechungsformular öffnet sich, in das der Teilnehmer bereits eingetragen ist.

- Analog dazu können Sie den passenden Gruppenchat auswählen, um sich mit mehreren Kollegen zu besprechen.

▶ Starten Sie im Kalender:

- Wechseln Sie zum Bereich ***Kalender***. Suchen Sie sich den passenden Wochentag aus. Der Kalender ist jeweils halbstundenweise unterteilt, klicken Sie in das gewünschte Feld, um sowohl Datum als auch Uhrzeit zu übernehmen.
- Es öffnet sich ebenfalls ein Besprechungsformular in das bereits Wochentag und Uhrzeit übernommen sind.

▶ Starten Sie im Kanal:

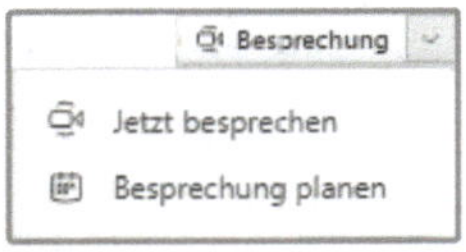

- Wechseln Sie zum Bereich ***Teams*** und markieren Sie den gewünschten Kanal. Für einen privaten Kanal kann keine Besprechung geplant werden. Wählen Sie dann rechts oben ***Besprechung*** > ***Besprechung planen*** aus.
- Das Besprechungsformular wird angezeigt und unten ist bereits der Kanal hinterlegt.

❶ Jetzt müssen die restlichen Felder des Besprechungsformulars noch ausgefüllt werden. Geben Sie einen **Titel** für die Besprechung ein.

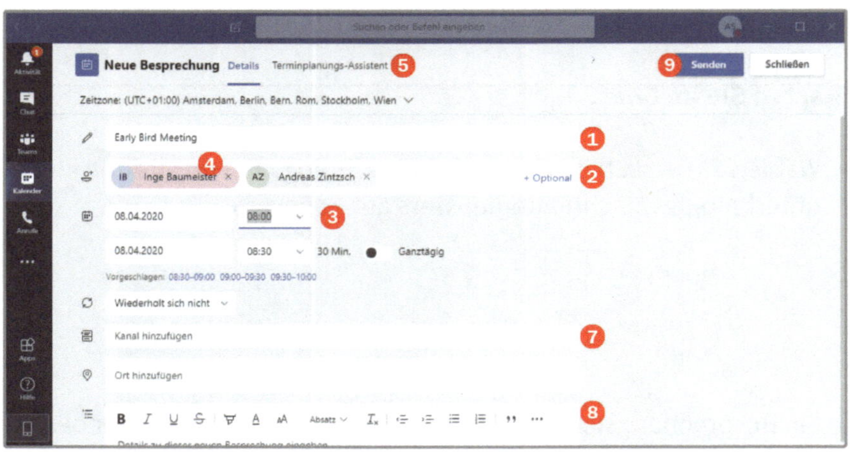

❷ Hier legen Sie die **Teilnehmer** fest. Tippen Sie einen Namen in das Feld und wählen Sie die passende Person durch Anklicken aus.

3 Wählen Sie dann **Datum**, Beginn und voraussichtliches Ende der Veranstaltung aus.

4 Kontrollieren Sie, ob alle Teilnehmer Zeit haben. Ein rot hinterlegter Teilnehmer hat einen **Terminkonflikt**.

5 In diesem Fall können sie in den Terminplanungs-Assistenten wechseln, um einen geeigneteren Termin zu finden. Klicken Sie den Assistenten an.

Vorgehensweise im Terminplanungs-Assistenen: Da die nachfolgenden Termine bei allen Teilnehmern frei sind, kann der Termin verschoben werden:

6 Am leichtesten geht das, wenn Sie den Terminbalken mit der Maus an die korrekte Position ziehen. Klicken Sie dann wieder auf ***Details***.

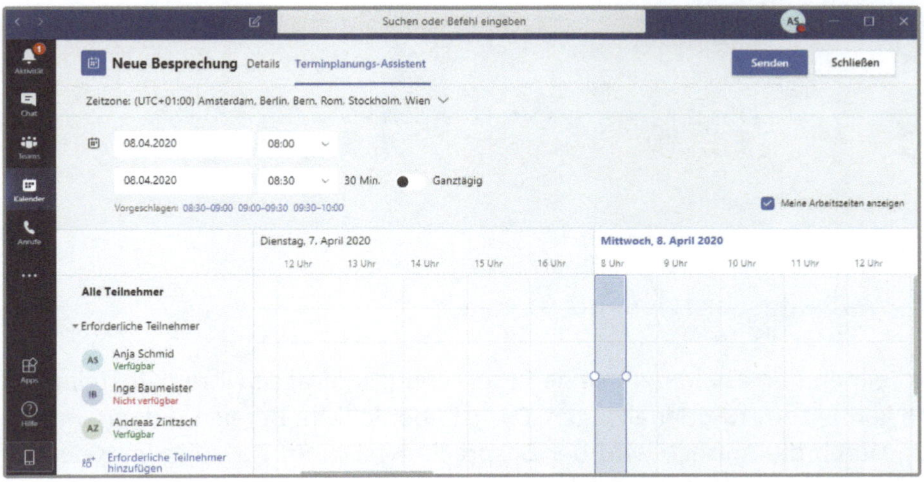

7 Wenn Sie einen Kanal wählen, können alle Mitglieder des Kanals der Besprechung beitreten. In diesem Fall erhalten die Mitglieder keine gesonderte Einladung via E-Mail. Die Mitglieder sehen die Besprechung aber im Bereich ***Teams***.

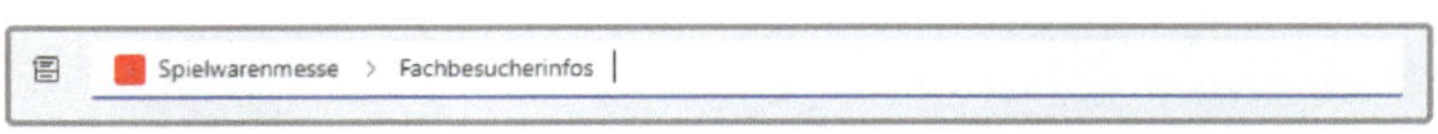

8 Geben Sie Informationen für die Besprechung ein, so dass die Teilnehmer wissen, um was es geht und sich vorbereiten können.

9 Klicken Sie dann auf ***Senden***.

Vorab eine Besprechungsnotiz hinzufügen

Sie können auch schon vor dem eigentlichen Besprechungstermin einzelne Inhalte oder Themen, die besprochen werden sollen, als Besprechungsnotiz beim Termin hinterlegen. Öffnen Sie den Termin durch einen Doppelklick im Kalender und wählen Sie den Reiter Besprechungsnotizen aus. Hier können Sie durch Anklicken von Notizen machen, bereits die ersten Infos hinterlegen. Die Teilnehmer werden über das vorhandensein in einem neuen Chat gleichen Namens informiert. Auch dieser enthält einen Reiter Besprechungsnotizen. Durch Anklicken sehen die Teilnehmer die Besprechungsnotizen ein.

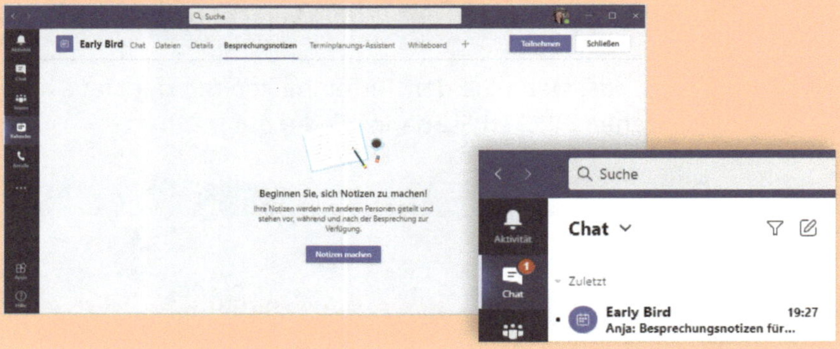

Besprechungszusagen und -absagen

Die Teilnehmer erhalten nun eine Besprechungsanfrage in Ihrem Posteingang und können zu- ⑩ oder absagen. Das ist ebenfalls im Bereich ***Kalender*** möglich. Durch die Anfrage wird der Besprechungstermin vorläufig im Kalender angezeigt. Die Teilnehmer klicken mit der rechten Maustaste auf den Termin und wählen die gewünschte Option ⑪. Diese Zu- bzw. Absage-E-Mails erhält wiederum der Organisator.

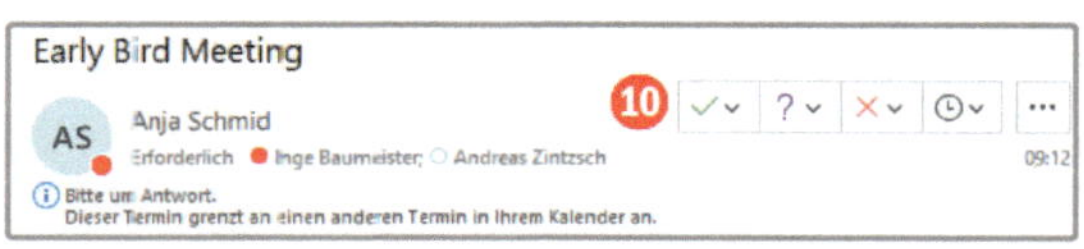

Der Organisator kann im Kalender jederzeit die Besprechungsdetails durch Anklicken des Termins anzeigen und sieht, wer bereits geantwortet hat und wer nicht 12.

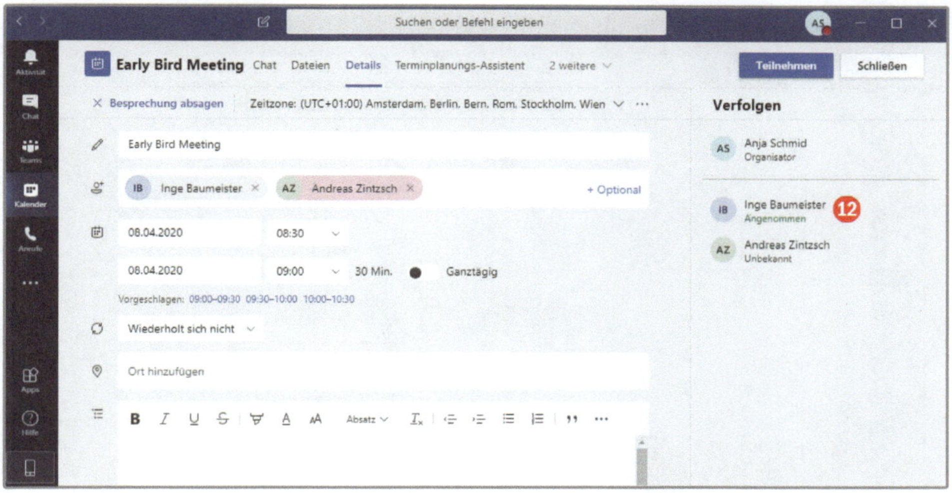

Anstelle von einzelnen Teilnehmern wurde ein Kanal gewählt

Wenn Sie für eine Besprechung anstelle von bestimmten Teilnehmern einen Kanal ausgewählt haben, dann werden die Mitglieder des ausgewählten Kanals über die geplante Besprechung im Kanal selbst informiert und erhalten keine Benachrichtigung via E-Mail.

Um die Besprechung nicht zu vergessen, können Sie den Termin Ihrem Kalender hinzufügen. Mit einem Klick auf den Eintrag im Kanal zeigen Sie die Besprechungsdetails an und können hier den Termin ***Zum Kalender hinzufügen***.

Sie können jederzeit vorab mit den Teilnehmern Ihrer Besprechungen chatten, z. B. wenn sich der Beginn der Besprechung kurz verzögert. Klicken Sie im Kalender den Besprechungstermin an und wählen Sie ***Mit Teilnehmern chatten***. Auch in diesem Fall wird, wie bei der Besprechungsnotiz, ein Chat erstellt.

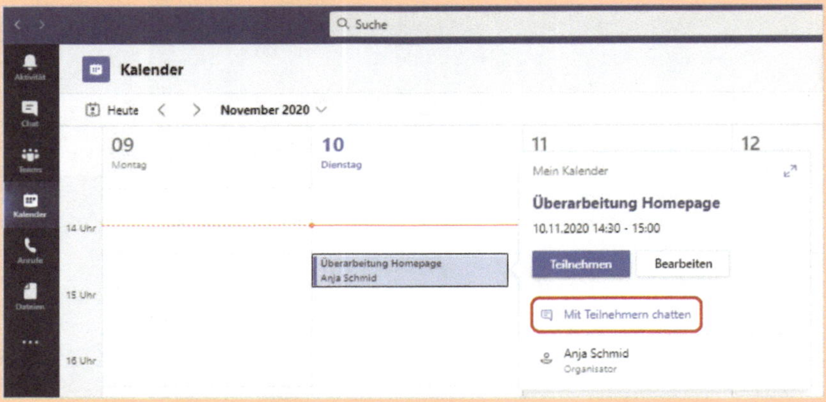

Besprechung durchführen

Teilnehmen über den Kalender

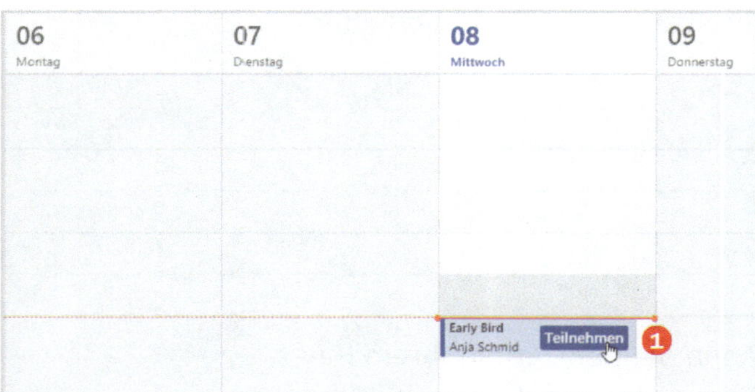

Für eine Besprechung wurden Teilnehmer (kein Kanal) ausgewählt. Diese haben eine E-Mail erhalten und werden nun, wie gewohnt von Outlook mit dem Fenster ***Erinnerung*** auf den Besprechungstermin aufmerksam gemacht.

Wechseln Sie in Microsoft Teams zum Bereich ***Kalender*** und navigieren Sie zum anstehenden Termin. Hier wird 5 Minuten vor Start neben dem Besprechungseintrag die Schaltfläche ***Teilnehmen*** ❶ angezeigt, klicken Sie diese an. Das Videofenster wird geöffnet und Sie klicken hier auf Jetzt teilnehmen. Damit wird der Videoanruf gestartet. Die Besprechung kann von jedem beliebigen Teilnehmer begonnen werden.

Die anderen Teilnehmer erhalten dann eine Meldung und können sich durch Anklicken von ***Teilnehmen*** ❷ und dann ***Jetzt teilnehmen*** zuschalten. Der Weg über den Kalender steht Ihnen ebenfalls offen.

Geplante Besprechung: Videoanruf an ein anderes Gerät übergeben

Sie sind spät dran und nehmen den geplanten Videoanruf am Smartphone an. Am Schreibtisch möchten Sie jetzt gerne das Gespräch entspannt am Laptop fortsetzen. So geht's:

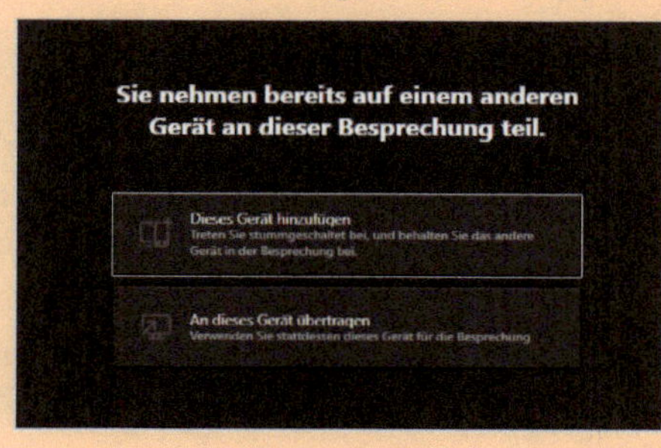

Zeigen Sie im Kalender die geplante Besprechung an und klicken Sie auf die Schaltfläche ***Teilnehmen***.

Wählen Sie dann die Option ***An dieses Gerät übertragen*** aus.

Diese Option steht nicht für Videoanrufe in Chats oder Sofortbesprechungen zur Verfügung.

Teilnehmen über den Kanal

Wurde für eine Besprechung ein Kanal hinterlegt, treten die Kollegen durch Anklicken von ***Teilnehmen*** 3 über den Kanal bei. Falls Sie die Besprechung zum Kalender hinzugefügt haben (siehe vorherige Seite) können Sie auch über den Kalender teilnehmen.

Teilnehmen über den Chat

Besteht ein Chat für die Besprechung, dann können Sie auch hier über die Schaltfläche ***Teilnehmen*** am Gespräch teilnehmen.

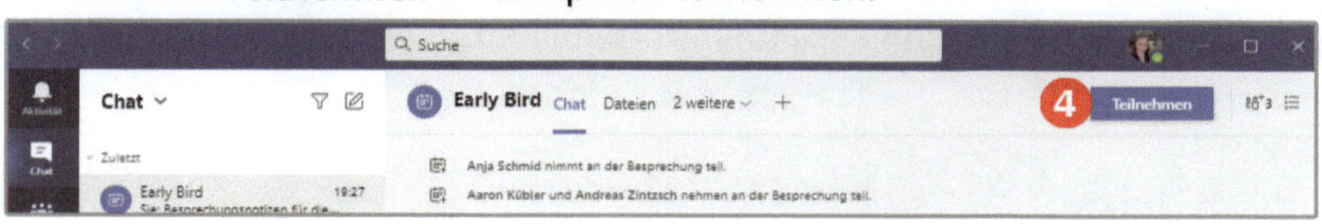

8 Teams - Arbeitsgruppen im Unternehmen

Die Mehrzahl von Ihnen wird mit den bereits vorgegebenen Teams und Kanälen arbeiten und selten in die Verlegenheit kommen, eigene anlegen zu müssen. Falls doch, hält dieses Kapitel Wichtiges für Sie bereit.

Um nicht im Durcheinander unterzugehen, sollten die einzelnen Teams und Kanäle einer Systematik folgen, die zu Ihrem Unternehmen passt. Das ist oft nicht in 5 Minuten zu entscheiden, sondern erfordert gemeinsame Anstrengungen und Austausch, um die für Ihr Unternehmen beste Organisationsstruktur zu finden.

Grundsätzlich kann man drei Arten von Teams unterscheiden:

- **Privat:** Teams, die nur einer bestimmten Gruppe im Unternehmen zur Verfügung stehen, z. B. Abteilungsleiter, Mitarbeiter Personalabteilung, etc.

- **Öffentlich:** Diesem Team können alle Personen innerhalb der Organisation beitreten, d. h. es ist für Kollegen offen, die sich mit einem Organisationskonto bei Microsoft Teams angemeldet haben. Dieses Konto endet auf eine gemeinsame Domäne, meist den Firmennamen, z. B. beate.beispiel@musterfirma.com oder beate.beispiel@musterfirma.onmicrosoft.com. Der Besitzer des Teams kann aber auch Gäste hinzufügen.

- **Organisationsweit:** Ein Team, das alle Mitarbeiter im Unternehmen anspricht, natürlich mit der Einschränkung, dass die Mitarbeiter wieder über ein Organisationskonto verfügen müssen. Diese Art von Team steht nur in Unternehmen mit nicht mehr als 5000 Benutzern zur Verfügung und ist auf 5 Stück pro Organisation beschränkt.

Nicht alle Teams-Mitglieder haben notwendigerweise die Berechtigung zur Erstellung eines Teams, insbesondere ist das Anlegen eines organisationsweiten Teams den globalen Administratoren vorbehalten.

8.1 Team erstellen

Privates Team für einen Mitarbeiterkreis erstellen

- Wechseln Sie zum Bereich ***Teams*** und klicken Sie zunächst unten auf ***Team beitreten oder erstellen*** ❶ und dann auf ***Team erstellen***. Wenn noch gar kein Team erstellt wurde, erscheint die Option ***Team erstellen*** ❷ sofort.

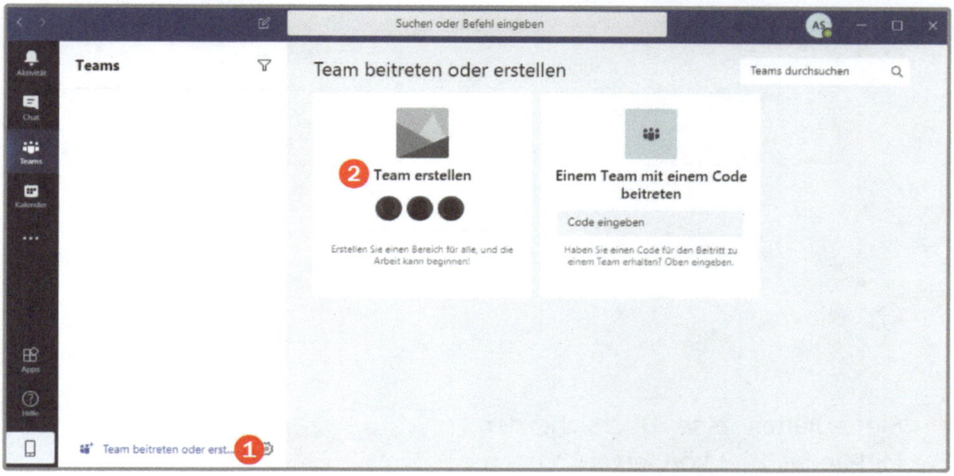

- Klicken Sie dann auf ***Team völlig neu erstellen*** ❸. Im nächsten Schritt entscheiden Sie, ob es sich um ein privates oder öffentliches Team handelt. In diesem Beispiel wählen wir hier ***Privat*** ❹.

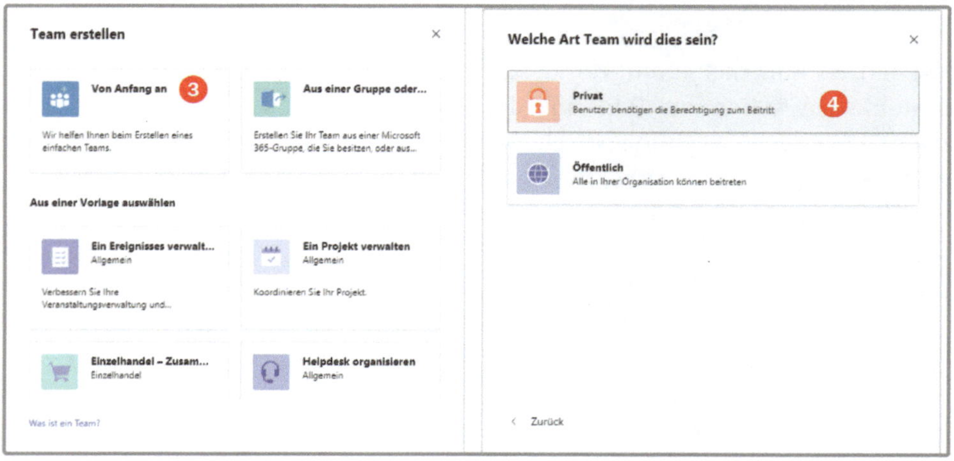

Teams können auch auf Grundlage einer Vorlage erstellt werden. Diese verfügen bereits über mehrere Kanäle und unter Umständen auch schon hinzugefügte Apps. Die Vorlagen können über das Teams Admin-Center erstellt werden. Sinn machen solche Vorlagen beispielsweise, für wiederkehrende Ereignisse.

- Als nächstes tippen Sie einen Namen für Ihr Team ein und falls gewünscht eine Beschreibung. Klicken Sie dann auf ***Erstellen*** ❺.

- Danach benötigt das Team noch Mitglieder, die Sie durch Eingabe des Namens finden und nacheinander auswählen ❻. Sofern vorhanden, kann hier auch nach Gruppen ❼ gesucht werden. Wenn Sie alle Mitglieder hinzugefügt haben, klicken Sie auf die Schaltfläche ***Hinzufügen***.

- Sie erhalten eine Übersicht der Mitglieder. Hier können auch noch weitere Mitglieder hinzugefügt oder vorhandene gelöscht werden. Auch die Rolle des einzelnen Mitglieds kann verändert werden. Klicken Sie zum Abschluss auf ***Schließen***.

Wir haben nun das Team ***Marketing*** erstellt. Sie sehen im Bild auf der nächsten Seite, das automatisch der erste Kanal, nämlich ***Allgemein*** hinzugefügt wurde. Zur Erinnerung: Alle Mitglieder des Teams sehen alle Informationen des Kanals ***Allgemein***.

Öffentliches Team für das gesamte Unternehmen erstellen

Die Erstellung eines öffentlichen Teams unterscheidet sich kaum von der eines privaten.

- Nachdem Sie ***Team erstellen*** und ***Von Anfang an*** gewählt haben, vereinbaren Sie im nächsten Schritt ***Öffentlich*** und tippen einen Namen und eine Beschreibung für Ihr Team ein.
- Bei ***Mitglieder hinzufügen***, können Sie Kollegen zum Team einladen. Diese erhalten dann im Bereich ***Aktivität*** einen Hinweis auf das neue Team, gleichzeitig wird es im Bereich ***Teams*** angezeigt.
- Alternativ klicken Sie einfach auf ***Überspringen***. In diesem Fall muss die Person das Team suchen, um beitreten zu können. Dazu gleich mehr.

Auch diese Teams erhalten automatisch einen Kanal namens ***Allgemein***.

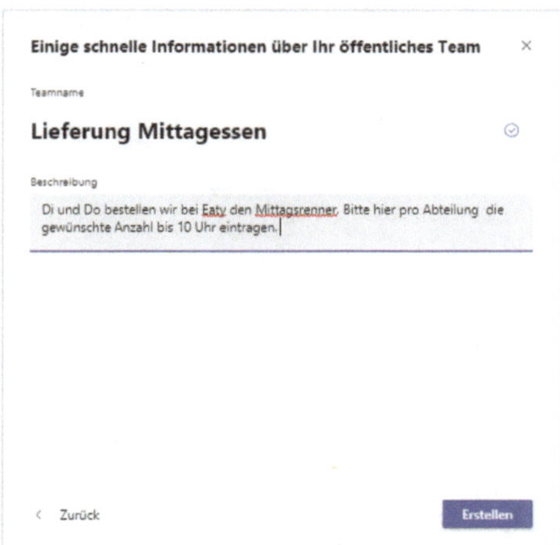

Organisationsweites Team

- Klicken Sie erneut auf ***Team erstellen***. Nur wenn Sie ein globaler Administrator sind, erhalten Sie im nächsten Fenster eine dritte Option zur Erstellung eines organisationsweiten Teams.

- Klicken Sie ***Organisationsweit*** an und geben Sie einen Teamnamen und eine Beschreibung ein. Klicken Sie dann auf ***Erstellen***. Sie müssen hier keine Personen hinzufügen; alle Mitglieder der Organisation sind automatisch dabei.

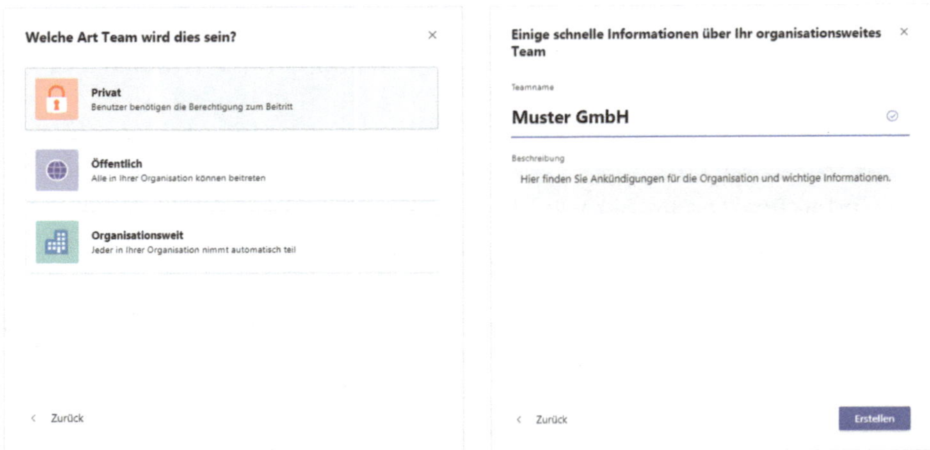

Sind neue Mitarbeiter automatisch im organisationsweiten Team?
Neue Kolleginnen und Kollegen werden organisationsweiten Teams automatisch hinzugefügt, sobald sie sich anmelden.

8.2 Hinzufügen eines Gasts zum Team

Wenn Sie einer Person außerhalb Ihrer Organisation einen Zugang zu einem Team gewähren möchten, müssen Sie diesen als Gast hinzufügen. Der Gast hat weit weniger Rechte als ein Mitglied. Bei der Bearbeitung von Dateien kann er allerdings schon mitwirken.

Die Möglichkeit Gäste hinzuzufügen ist nicht in jedem Unternehmen erlaubt. Erkundigen Sie sich bei Ihrem Microsoft Teams-Administrator, falls Sie die unten beschriebenen Schritte nicht nachvollziehen können.

1. Klicken Sie auf ***Weitere Optionen*** ••• hinter dem Team und wählen Sie Mitglied hinzufügen aus.

2. Dann tippen Sie die vollständige E-Mail-Adresse des Gasts ein und wählen diese aus. Es ist von Vorteil, wenn die E-Mail des Gasts bereits Teil eines Microsoft-, Organisations- oder Schulkontos ist. Das erleichtert den Zugriff. Ansonsten muss der Gast im Zuge des Beitritts, seine E-Mail-Adresse einem Microsoft-Konto zuordnen.

3. Klicken Sie dann auf ***Hinzufügen*** und schließen Sie dann das Fenster.

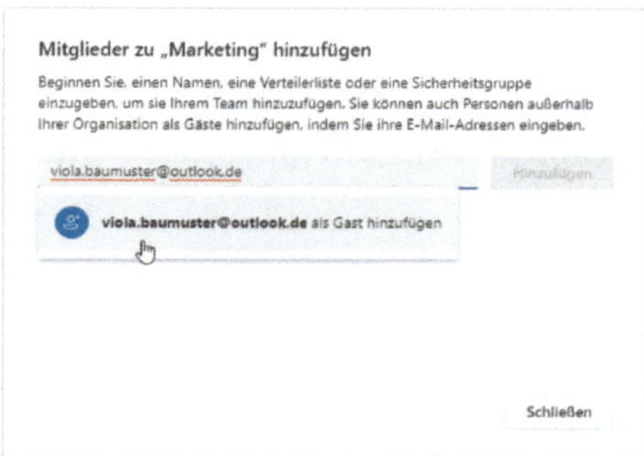

So funktioniert es beim Gast

- Der Gast erhält eine E-Mail. Hier klickt er auf ***Open Microsoft Teams***.
- Der Browser wird angezeigt. Der Gast muss den Zugriff ***Akzeptieren*** und kann dann entweder die Desktop-App oder die Web-App herunterladen.

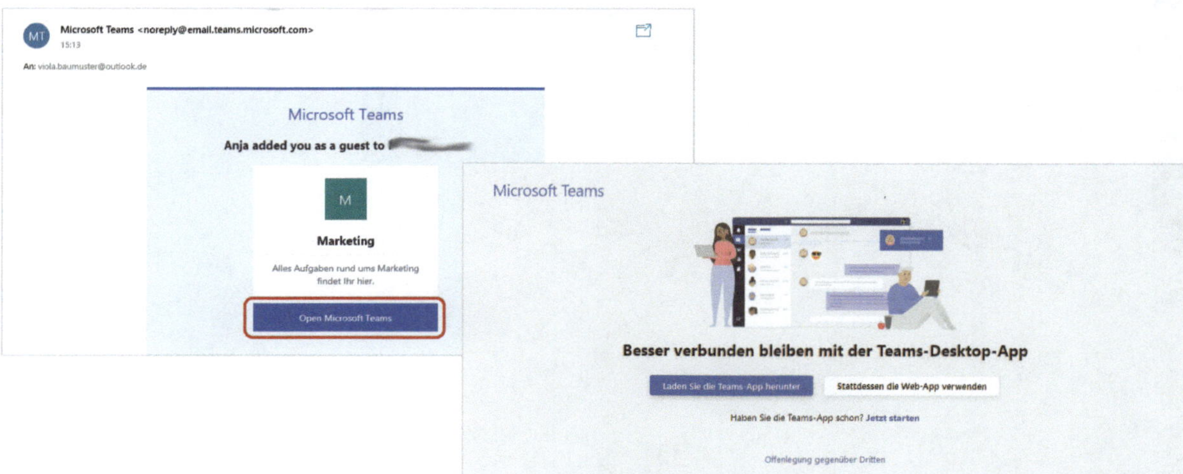

8.3 Öffentliches Team finden und beitreten

Bei der Erstellung eines öffentlichen Teams müssen keine Mitglieder hinzugefügt werden; der Beitritt steht jedem offen. Um den Kollegen die Möglichkeit zu geben das öffentliche Team zu finden, können Sie dessen Namen per E-Mail, in einem unternehmensweiten Chat etc. veröffentlichen. Das öffentliche Team kann auch in der Übersicht bei ***Team beitreten oder erstellen*** angeboten werden ❶. Falls nicht, finden Sie dieses so:

- Klicken Sie unten links auf ***Team beitreten oder erstellen*** ❷.
- Geben Sie oben rechts im Suchfeld ❸ den Teamnamen ein.
- Zeigen Sie mit der Maus auf das gefundene Team und klicken Sie auf ***Team beitreten*** ❹.

Mitglieder, die zum öffentlichen Team während der Erstellung hinzugefügt wurden, können sich diesen Schritt sparen. Das Team ist bereits der Teamliste hinzugefügt und sie werden im Bereich ***Aktivität*** auch auf das neue Team aufmerksam gemacht.

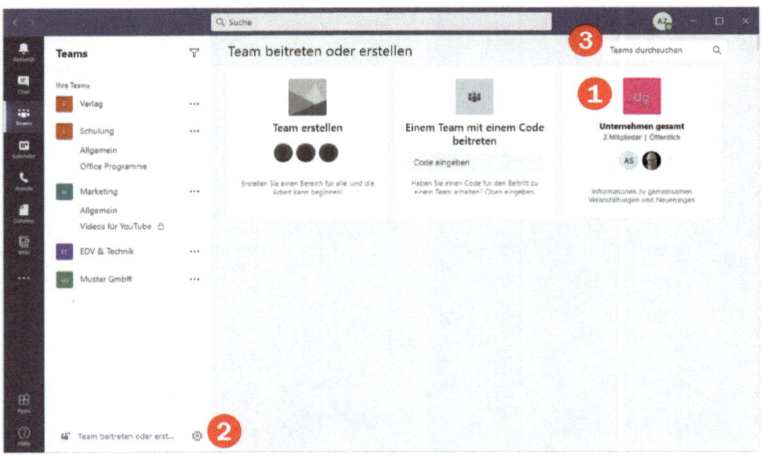

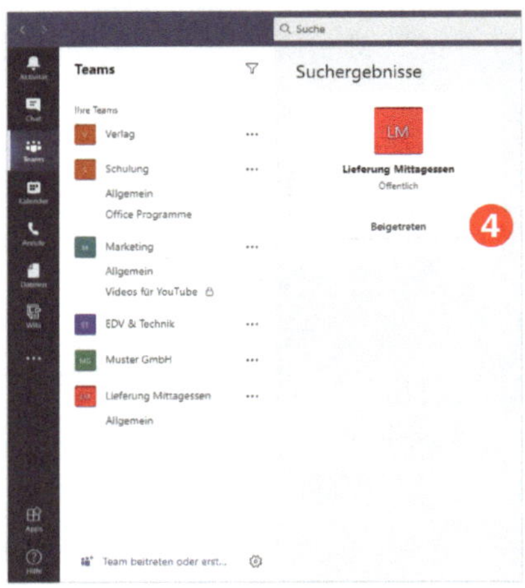

8.4 Mitgliederverwaltung im Team

Eine gute Übersicht zu den vorhandenen Teams erhalten Sie durch Anklicken des Zahnradsymbols ⚙ unten links.

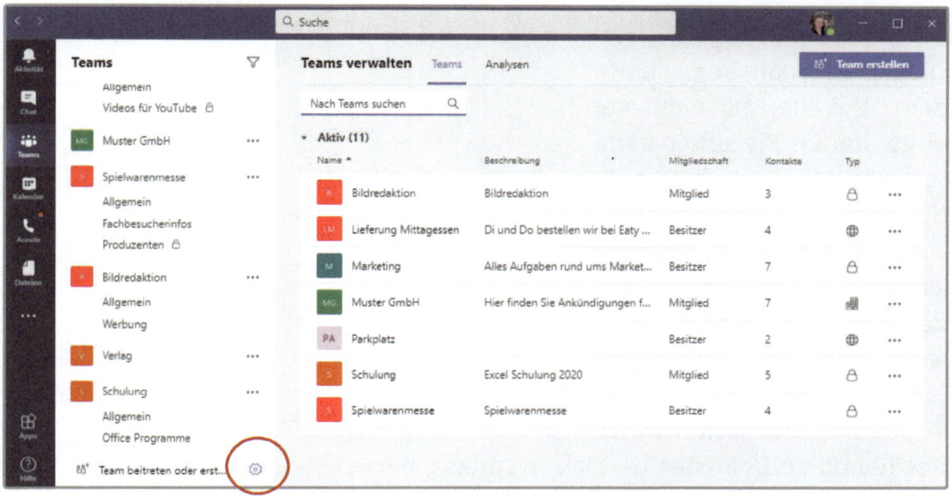

Zur Mitgliederverwaltung klicken Sie auf ***Weitere Optionen*** ••• ❷ und wählen ***Team verwalten*** aus. Im ersten Register ***Mitglieder*** sehen Sie, wer zum Team gehört und welche Rolle (Besitzer, Mitglieder, Gäste) die Personen haben. Klicken Sie auf das graue Dreieck ❸, um die Anzeige zu erweitern.

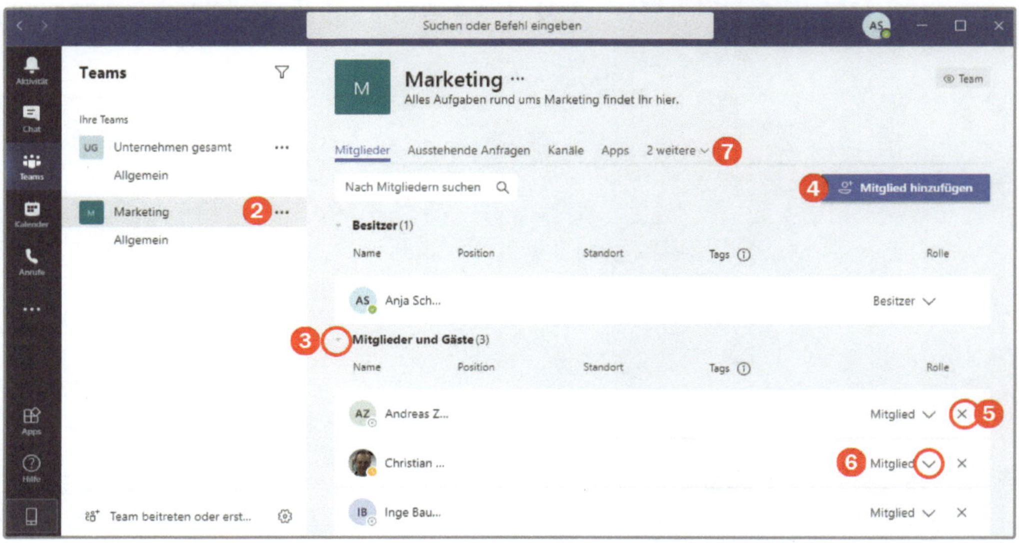

Weitere Mitglieder fügen Sie über die Schaltfläche ***Mitglied hinzufügen*** ❹ hinzu. Vorhandene Mitglieder löschen Sie über das x-Symbol ❺ hinter dem einzelnen Mitglied. Zur Veränderung der Rolle einer Person wählen Sie über den Erweiterungspfeil eine andere aus ❻.

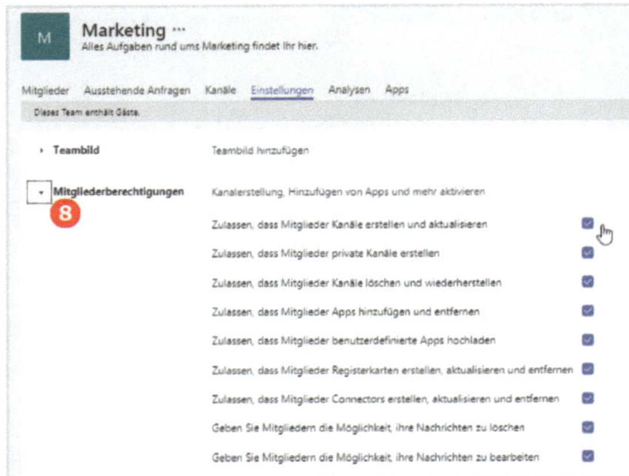

Unter ***Einstellungen*** ❼, welches sich manchmal hinter dem Erweiterungspfeil verbirgt, finden Sie unter anderem die Möglichkeit Berechtigungen der Mitglieder ❽ zu verändern. Beispielsweise können Sie hier unterbinden, dass Mitglieder weitere Kanäle im Team erstellen. ***Einstellungen*** steht Ihnen nur zur Verfügung, wenn Sie Besitzer des Teams sind. Um den Bereich zu verlassen und wieder zur Ausgangsansicht zurückzukehren, klicken Sie einfach links ein Team an oder Sie verwenden die Schaltfläche ***Zurück*** links oben.

Neues Mitglied nachträglich hinzufügen

Klicken Sie auf ***Weitere Optionen*** ••• und wählen Sie ***Mitglied hinzufügen*** aus. Tippen Sie den Namen der Person ein, wählen Sie diese aus und klicken Sie auf ***Hinzufügen***. Im nächsten Fenster ändern Sie ggf. die Rolle und klicken dann auf ***Schließen***.

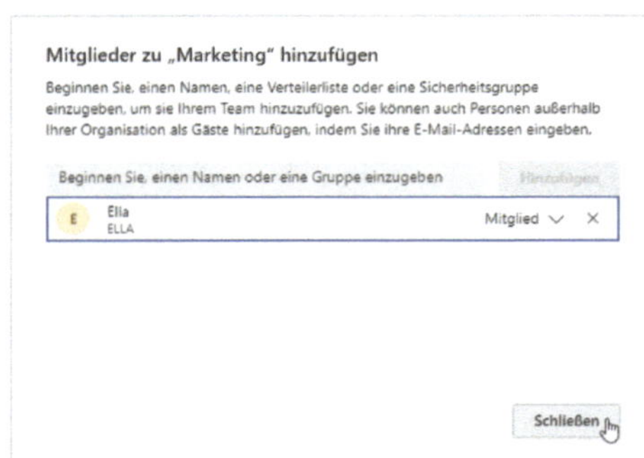

Das Team wird sofort beim neuen Mitglied im Bereich ***Teams*** angezeigt. Es sind keine weiteren Handhabungen erforderlich.

Weitere nützliche Apps

Die großen Programme von Microsoft, wie Word, Outlook und Excel, sind den meisten Leuten ein Begriff, aber schon die etwas kleineren Lösungen wie One-Note oder Teams sind vielen ein Geheimnis.

Die vielen kleinen Hilfsprogramme sind jedoch oft gänzlich unbekannt oder der Umfang ihrer Möglichkeiten erschließt sich nicht sofort jedem Benutzer.

Dem wollen wir in diesem Kapitel abhelfen und Ihnen einige, meist kostenlose, Apps vorstellen, die Ihnen viele alltägliche Aufgaben erleichtern können. Diese kleinen Helfer sind eine gute Ergänzung zu OneNote und Teams, die Sie bereits in den vorherigen Kapiteln kennengelernt haben.

Folgende Programme werden Ihnen in diesem Kapitel vorgestellt:

- Ausschneiden & Skizzieren
- OneDrive
- To Do
- Kurznotizen (Sticky Notes)
- Rechner
- Sprachrekorder
- Office Lens

1 Ausschneiden und Skizzieren

Die App ***Ausschneiden und Skizzieren*** ist ein Werkzeug, um Bildschirmfotos (engl. Screenshots) zu erstellen und zu bearbeiten. Sie ist in den neueren Versionen von Windows 10 bereits installiert und soll die App Snipping Tool ersetzen. Das Snipping Tool ist sicher einigen Windows-Veteranen als Programm für Bildschirmfotos bekannt. Die App ***Ausschneiden und Skizzieren*** bietet Altbekanntes, aber auch einige neue interessante Möglichkeiten.

1.1 Möglichkeiten der App

Folgende Möglichkeiten bietet Ihnen ***Ausschneiden und Skizzieren***:

- Schnell ein Bildschirmfoto mit der Tastenkombination ***Windows*** + ***Umschalt*** + ***S*** erstellen.
- Einen Screenshot mit einem Rechteck auswählen.
- Ein offenes Fenster als Bildschirmfoto verwenden.
- Einen frei wählbaren Bereich als Screenshot markieren.
- Den gesamten Bildschirm als Screenshot verwenden (dies umfasst alle Bildschirme, wenn Sie mehr als einen Monitor nutzen).
- Bildschirmfotos werden in der Windows-Zwischenablage gespeichert und können mit ***Einfügen*** (z. B. ***STRG*** + ***V***) in jedes Programm eingefügt werden (vorausgesetzt, das Programm kann Bilder verarbeiten).
- Screenshots können auch gleich in der App ***Ausschneiden und Skizzieren*** nachbearbeitet und gespeichert werden.
- Ein sofortiges Speichern der Bilder beim Erstellen (Tastendruck und sofort speichern) ist leider noch nicht möglich. Dies wird vielleicht mit späteren Updates hinzugefügt oder man muss eine alternative App verwenden.

1.2 Screenshot erstellen

Um einen Screenshot zu erstellen, gehen Sie wie folgt vor:

- Stellen Sie sicher, dass der gewünschte Inhalt auf dem Bildschirm zu sehen ist. Dies kann der Desktop, aber auch jedes Programmfenster oder jede App sein. Die Funktion ist auch bei sehr vielen Spielen und oft bei sonst gesperrten Bildschirmen einsetzbar (z. B. bei Sicherheitsabfragen).
- Drücken Sie die Tastenkombination ***Windows*** + ***Umschalt*** + ***S***, um die Screenshot-Auswahl zu öffnen. Der Bildschirm wird sofort „eingefroren“. Achtung: Das Programm (z. B. ein Video oder Spiel) läuft im Hintergrund aber weiter. Es wird also nicht angehalten!
- Der Bildschirm verdunkelt sich leicht und am oberen Bildschirmrand sehen Sie die Auswahlmöglichkeiten für Ihren Screenshot. Bei mehreren Monitoren ist die Auswahl nur oben in der Mitte des Hauptbildschirms eingeblendet. Klicken Sie auf das jeweilige Symbol, um ein entsprechendes Bildschirmfoto zu erstellen:

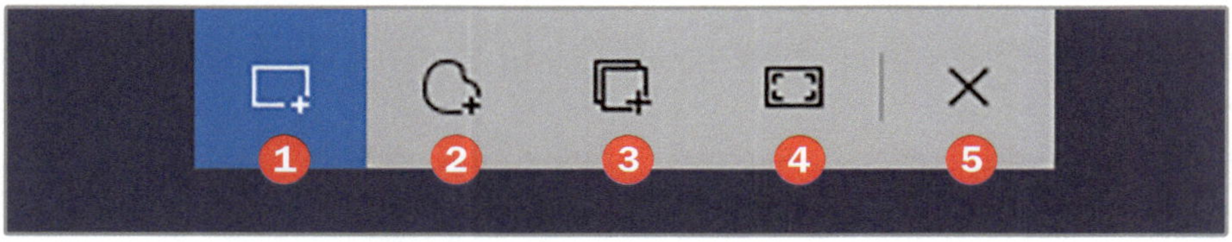

(1) Rechteckiges Ausschneiden: Ihr Mauszeiger verwandelt sich in ein schwarzes Kreuz. Gehen Sie an die Position, an der Sie mit dem Bildschirmfoto beginnen möchten. Ziehen Sie mit gedrückter linker Maustaste einen rechteckigen Rahmen auf. Alles, was wieder hell sichtbar wird, ist in dem Screenshot zu sehen. Lassen Sie die Maustaste los und Ihr Screenshot wird erstellt.

2 Freihändiges Ausschneiden: Zeigen Sie mit der Maus an die Position, an der Sie beginnen möchten. Halten Sie die Maustaste gedrückt und ziehen Sie nun mit der Maus den gewünschten Bereich auf. Umranden Sie den Bereich, der im Bildschirmfoto zu sehen sein soll, und kehren Sie möglichst nah an Ihren Ausgangspunkt zurück. Lassen Sie die Maustaste dann los. Der Bereich wird in gerader Linie vom Anfangs- zum Endpunkt geschlossen und das Bildschirmfoto erzeugt.

3 Fenster ausschneiden: Zeigen Sie mit der Maus mitten auf ein beliebiges Windows-Fenster. Das gewählte Fenster wird hell dargestellt. Klicken Sie dann mit der linken Maustaste auf das Fenster, um den Screenshot zu generieren.

4 Vollbild ausschneiden: Ihr kompletter Bildschirmbereich (über alle verwendeten Monitore hinweg) wird sofort als Bildschirmfoto erzeugt.

5 Beenden: Klicken Sie hier um die App zu schließen

Sobald ein Bildschirmfoto erstellt wurde, ist es in der Windows-Zwischenablage gespeichert und kann nun in jedes beliebige Programm mit dem Befehl ***Einfügen*** (z. B. mit der Tastenkombination ***STRG*** + ***V***) eingefügt werden.

ACHTUNG: Der Screenshot wird nicht automatisch gespeichert! Bildschirmfotos sind erst mal nur in der Zwischenablage und sobald Sie etwas neues kopieren, ist das Foto verloren. Wollen Sie das Bild abspeichern, müssen Sie dies über die App oder ein anderes Programm machen!

Alternative Vorgehensweise, um ein Bildschirmfoto zu erstellen
Öffnen Sie die App ***Ausschneiden und Skizzieren*** über das Windows-Startmenü.

Klicken Sie auf ***Neu*** ❶ (Bild vorherige Seite) in der Menüleiste links oben. Das App-Fenster verschwindet und Sie können wie vorher beschrieben ein Bildschirmfoto erstellen.

Um einen Screenshot zeitverzögert aufzunehmen, klicken Sie auf den Pfeil rechts neben ***Neu*** ❶ und wählen ***In 3 Sekunden schneiden*** oder ***In 10 Sekunden schneiden*** ❷ (Bild vorherige Seite) aus. Das App-Fenster blendet sich aus und Sie haben nun noch die eingestellten Sekunden lang Zeit, in einem Programm zu arbeiten oder etwas zu starten. Nach Ablauf der Zeit wird der Bildschirm wieder eingefroren und Sie können Ihren Screenshot erstellen.

1.3 Bild in der App öffnen und bearbeiten

Nachdem Sie ein Bildschirmfoto erstellt haben, wird Ihnen dies kurz in einem Windows-Benachrichtigungsfenster im rechten unteren Bildschirmrand Ihres Hauptmonitors angezeigt.

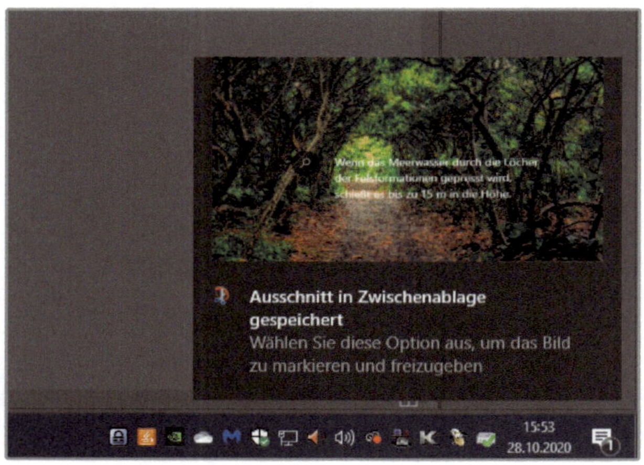

Klicken Sie auf diese Benachrichtigung, um das Bild in der App ***Ausschneiden und Skizzieren*** zu öffnen.

Sollte sich die Nachricht bereits geschlossen haben, klicken Sie auf das Symbol für Benachrichtigungen ganz rechts unten in Ihrer Taskleiste und öffnen Sie am rechten Bildschirmrand die Benachrichtigungsleiste. Dort können Sie die Nachricht anklicken, um das Bild in der App zu öffnen.

In der App haben Sie folgende zusätzliche Möglichkeiten:

❶ **Schreiben durch Berühren**: Wenn Sie einen Touchscreen verwenden, können Sie nur durch Berührung die Stifte im Bild anwenden (siehe nächster Punkt).

❷ **Kugelschreiber, Stift und Textmarker**: Klicken Sie auf eines der drei Symbole und Sie können mit gedrückter Maustaste im Bild Linien zeichnen. Der Unterschied zwischen den drei Stiften ist der Grad ihrer Durchsichtigkeit. Klicken Sie auf das jeweilige Symbol ein zweites Mal, um ein Auswahlfenster zu öffnen, indem Sie die Farbe und mit einem Schieberegler die Dicke des Stifts einstellen können.

❸ **Radierer**: Gehen Sie in Ihr Bild und ziehen Sie mit gedrückter linker Maustaste über Objekte, die Sie löschen wollen (Zeichnungen mit den verschiedenen Stiften). Sie können damit jedoch nichts vom ursprünglichen Bild löschen!

❹ **Lineal/Winkelmesser**: Im Bild wird ein Lineal angezeigt. Mit gedrückter linker Maustaste können Sie das Lineal verschieben. Benutzen Sie einen der Stifte an der oberen Kante des Lineals, um eine gerade Linie zu zeichnen. Klicken Sie ein zweites Mal auf das Symbol, erhalten Sie einen Winkelmesser. Auch diesen können Sie im Bild verschieben und mit einem Stift können Sie im Winkelmesser mit gedrückter linker Maustaste einen Winkel einzeichnen.

5 **Bild zuschneiden:** Klicken Sie auf Zuschneiden. Nun sehen Sie an den vier Ecken des Bildes einen weißen Punkt. Hier können Sie Ihr Bild mit gedrückter linker Maustaste kleiner ziehen. Mit ***Enter*** bestätigen Sie das Zuschneiden auf die gewählte Größe.

6 **Bild zoomen:** Über den Schieberegler können Sie näher an Ihr Bild heranzoomen. Alternativ halten Sie die ***STRG***-Taste gedrückt und drehen Ihr Mausrad vor oder zurück.

7 **Speichern unter:** Hier können Sie Ihr Bild im Format .png abspeichern.

8 **Kopieren:** Sie können das Bild erneut in die Zwischenablage kopieren.

9 **Teilen:** Mit Teilen können Sie Ihr Bild z. B. per E-Mail weitergeben oder auch direkt an eine OneNote-Notiz übergeben

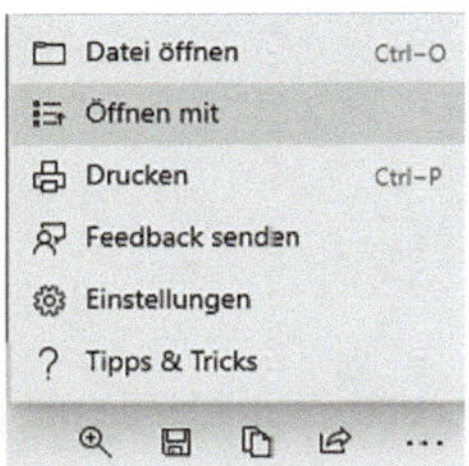

Klicken Sie auf das Symbol ***Weitere Infos*** ···, um weitere Optionen aufzurufen. Sie können ein anderes Bild öffnen, das Bild ausdrucken oder es durch klick auf ***Öffnen mit*** mit einem anderen Programm öffnen. So können Sie den Screenshot z. B. weiter in einem Bildbearbeitungsprogramm nachbearbeiten.

In den ***Einstellungen*** können Sie unter anderem auswählen, ob die ***Drucken***-Taste Ihrer Tastatur für Screenshots verwendet werden soll. Dann müssen Sie nur noch eine einzige Taste drücken und nicht mehr die Tastenkombination ***Windows*** + ***Umschalt*** + ***S***. Diese funktioniert jedoch weiterhin.

Außerdem können Sie festlegen, ob die Zwischenablage bei Änderungen automatisch aktualisiert werden soll und ob Sie einen Rahmen um Ihr Bild haben möchten (***Kontur erzeugen***).

2 OneDrive

Damit Sie Dateien, Fotos, Einstellungen und mehr im Internet abspeichern können und so diese auf mehreren Geräten zur Verfügung haben, gibt es sogenannte Cloud-Speicherdienste. Diese Dienste stellen Ihnen im Internet auf einem Server eine bestimmte Menge an Datenspeicherplatz zur Verfügung.

OneDrive ist der Cloud-Speicherdienst von Microsoft. Sobald Sie ein Microsoft-Konto besitzen, verfügen Sie automatisch über mindestens 5 GB OneDrive-Speicher. Besitzer einer Microsoft365-Lizenz (früher Office365 genannt) haben sogar über 1 TB (= 1000 GB) Speicherplatz.

Alternative Cloud-Speicheranbieter wären unter anderem:

- Google Drive (z. B. bei Android-Smartphones oder -Tablets)
- Apple iCloud (z. B. bei Apple-Smartphones oder -Tablets)
- Dropbox
- Amazon S3 / Amazon Drive
- Telekom Magenta Cloud
- Web.de Cloudservice
- GMX Cloudspeicher
- pCloud

Allerdings verwenden die meisten in diesem Buch gezeigten Apps OneDrive als Standard-Cloud-Speicher (so z. B. OneNote und Microsoft Teams). Daher ist für die Zusammenarbeit mit diesen Apps OneDrive der geeignetste Cloud-Speicher. Und da Sie für viele der hier verwendeten Apps sowieso ein Microsoft-Konto benötigen, kann man die kostenlosen 5 GB Speicher ruhig nutzen.

Es spricht nichts dagegen, mehrere Cloud-Dienste zu nutzen, da man bei fast jedem Anbieter zwischen 2 und 15 GB Speicherplatz kostenlos bekommt. Aber sobald man für den Cloud-Dienst bezahlt, sollte man genügend Speicherkapazität haben.

2.1 Nutzungsmöglichkeiten

Kosten von OneDrive

Um OneDrive nutzen zu können, benötigen Sie zwingend ein Microsoft-Konto. Mit dem kostenlosen Konto erhalten Sie 5 GB Speicherplatz (manchmal bei Aktionen oder mit Werbeboni auch mehr).

Für mehr Speicherplatz müssen Sie in der Regel bezahlen (von Sonderaktionen einmal abgesehen).

Folgende Möglichkeiten haben Sie, um OneDrive mit entsprechend Speicherplatz zu beziehen:

Microsoft Plan	Kosten	Speicherplatz
Microsoft-Konto	*kostenlos*	*5 GB*
Microsoft365 Business *Microsoft365 Privat*	*ab 50,40 € jährlich* *ab 69,00 € jährlich*	*1 TB (1000 GB)*
OneDrive Standalone	*24,00 € jährlich*	*100 GB*
OneDrive for Business Plan2	*100,80 € jährlich*	*unbegrenzt (anfangs 5 TB zuweisbar, später erweiterbar)*

Die Preise sind nur zum Zeitpunkt der Drucklegung aktuell (Oktober 2020). Bitte informieren Sie sich im Web über aktuelle Preise und derzeit geltende Angebote.

Suchen Sie im Web mit einer Suchmaschine nach ***Onedrive Pläne*** oder ***Microsoft365 Pläne***, um die entsprechenden Angebotsseiten von Microsoft zu finden. Beachten Sie, dass Sie bei Microsoft365 das komplette Office-Paket dazu bekommen und im Business-Bereich auch MS Teams!

Systeme mit OneDrive

Sie können OneDrive unter folgenden Systemen mit entsprechenden Anwendungen nutzen:

- Windows 10 integriert im Datei-Explorer und im System verankert
- Windows 10 OneDrive App (Microsoft Store)
- Android OneDrive App (Google Playstore)
- iOS (iPhone & iPad) OneDrive App (Apple App Store)
- Linux OneDrive Client (z. B. bei github)
- Webbrowser (auf allen Systemen mit einem Browser nutzbar)

Auf Ihrem Windows-Rechner ist OneDrive bereits integriert. Sobald Sie sich mit einem Microsoft-Konto anmelden, können Sie im Datei-Explorer OneDrive nutzen. Klicken Sie zum ersten Mal OneDrive in Windows 10 an, müssen Sie nochmals zur Sicherheit Ihre Anmeldeinformationen und evtl. eine Zwei-Wege-Authentifizierung bestätigen.

Die Nutzung der App für Windows 10 ist nicht unbedingt nötig. Sie bietet Ihnen lediglich eine andere Ansicht, wenn Sie keine weiteren Ordner und Laufwerke, wie im Datei-Explorer, sehen möchten. Die Ansicht in der App ist fast identisch zur Ansicht im Webbrowser.

Für Android- und iOS-Systeme müssen Sie aus dem jeweiligen Store die entsprechende App beziehen.

Wenn Sie auf einem fremden Computer arbeiten (z. B. in einem Internetcafé), können Sie über einen Webbrowser auf Ihre OneDrive-Inhalte zugreifen.

2.2 OneDrive in Windows verwenden

Zugriff auf Ihren Cloud-Speicher in OneDrive erhalten Sie im Datei-Explorer von Windows. Öffnen Sie den Explorer über das Startmenü, die Taskleiste oder die Tastenkombination ***Windows-Taste*** + ***E***.

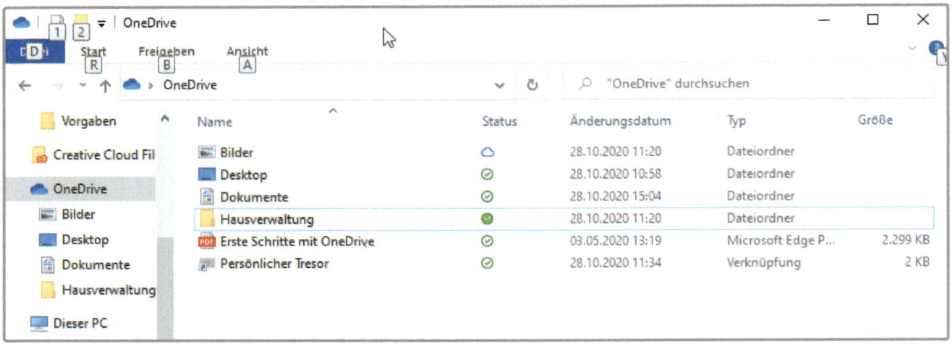

In der Ordnerleiste am linken Rand finden Sie OneDrive. Sie können kopieren, einfügen, löschen, umbenennen und neue Ordner erstellen, wie Sie es auch sonst im Explorer machen.

Auch in den ***Speichern unter***-Bildschirmen der Programme und Apps finden Sie OneDrive in der Leiste und können so direkt in Ihr OneDrive abspeichern.

Die persönlichen Ordner ***Bilder***, ***Dokumente*** und ***Desktop*** können mit OneDrive automatisch synchronisiert werden. Dies ist die Grundeinstellung.

Ist Synchronisieren sinnvoll?

Wenn Sie OneDrive kostenlos mit 5 GB nutzen, dann können diese sehr schnell voll sein. Wir würden dann zumindest davon abraten, den Ordner Bilder zu synchronisieren.

Auf OneDrive gespeicherte Ordner und Dateien sind im Datei-Explorer mit einem zusätzlichen Symbol versehen, das Auskunft über den jeweiligen ***Status*** und damit die Verfügbarkeit gibt, mehr dazu im folgenden Abschnitt.

Dateien bei Bedarf herunterladen

- In der Standardeinstellung sind Dateien und Ordner auf ***OneDrive*** zunächst nur online, d. h. wenn eine Verbindung zum Internet besteht, verfügbar. Solche Elemente erkennen Sie an diesem Symbol .

- Wenn Sie eine, nur online verfügbare Datei öffnen, wird diese gleichzeitig heruntergeladen und ist künftig auch ohne Internetverbindung, also offline verfügbar. Offline verfügbare Dateien und Ordner sind an diesem Symbol zu erkennen.

- Wird eine Datei oder ein Ordner gerade heruntergeladen, also mit der Festplatte synchronisiert, erkennen Sie das an diesem Symbol .

Hinweis: *Die Suche berücksichtigt bei nur online verfügbaren Dateien ausschließlich die Dateinamen, nicht aber deren Inhalte.*

Sobald also eine, auf ***OneDrive*** gespeicherte Datei geöffnet wird, ist sie ab sofort auch offline verfügbar und belegt dann natürlich auch Speicherplatz auf der Festplatte. Diese Einstellung wird auch als ***Dateien bei Bedarf*** (Files On-Demand) bezeichnet.

Alle Dateien synchronisieren

Im Gegensatz dazu können Sie auch alle Dateien und Ordner automatisch mit der Festplatte synchronisieren lassen. Diese sind dann zwar offline verfügbar, belegen aber auch zusätzlichen Speicherplatz auf der Festplatte Ihres Geräts! In diesem Fall sind die Dateien und Ordner mit diesem Symbol gekennzeichnet, wie im Bild unten.

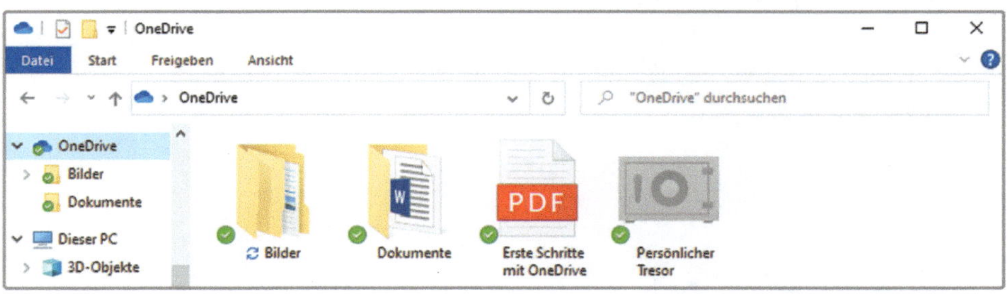

Dateien bei Bedarf aktivieren/deaktivieren

Die Funktion ***Dateien bei Bedarf*** hilft Speicherplatz zu sparen, da Sie so für jede Datei und jeden Ordner gesondert festlegen können, ob diese auch ohne Internetverbindung verfügbar sein sollen. Je nachdem, wie Sie Ihre OneDrive-Dateien nutzen möchten, können Sie jederzeit Dateien bei Bedarf aktivieren oder deaktivieren. So gehen Sie vor:

- Klicken Sie im Navigationsbereich des Datei-Explorers mit der rechten Maustaste auf ***OneDrive*** (1) und auf ***Einstellungen*** (2).
- Klicken Sie dann im Fenster Microsoft ***OneDrive*** auf das Register ***Einstellungen*** (3). Unter ***Dateien bei Bedarf*** (4) können Sie nun diese Funktion aktivieren (Häkchen) oder auch deaktivieren.
- Haben Sie ***Dateien bei Bedarf*** (4) deaktiviert, müssen Sie dies anschließend nochmals mit Klick auf ***OK*** bestätigen. Schließen Sie dann das Fenster mit der Schaltfläche ***OK***.

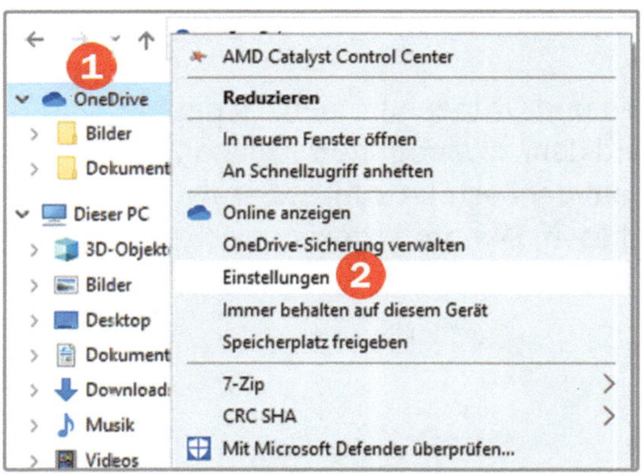

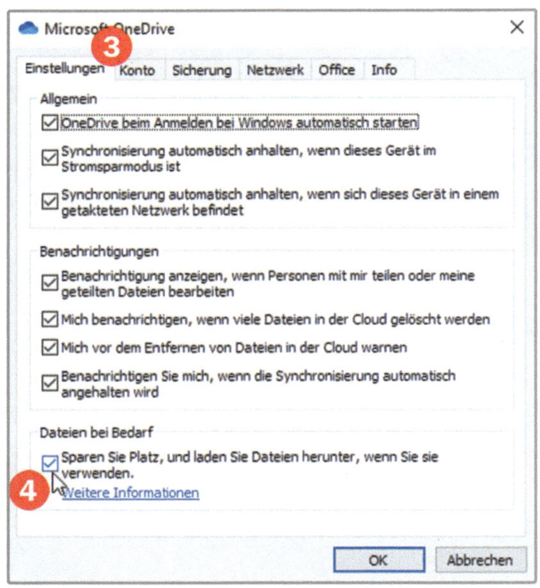

Hinweis: Alternativ öffnen Sie auch die OneDrive-Einstellungen, indem Sie im Infobereich der Taskleiste auf das Symbol für ***OneDrive*** und anschließend auf ***Hilfe und Einstellungen*** klicken.

Status manuell ändern

Unabhängig davon, ob ***Dateien bei Bedarf*** aktiviert ist oder nicht, können Sie auch den Status einzelner Dateien und Ordner manuell festlegen, also z. B. eine nur online gespeicherte Datei unabhängig vom Internet immer verfügbar machen. Dazu klicken Sie im Datei-Explorer mit der rechten Maustaste auf die betreffende Datei oder den Ordner und wählen zwischen folgenden Möglichkeiten:

Immer behalten auf diesem Gerät 1 bedeutet, Sie machen damit das Element auch offline verfügbar.

Mit ***Speicherplatz freigeben*** 2 entfernen Sie die Kopie dieses Elements von der Festplatte und die Datei oder der Ordner ist ausschließlich online gespeichert.

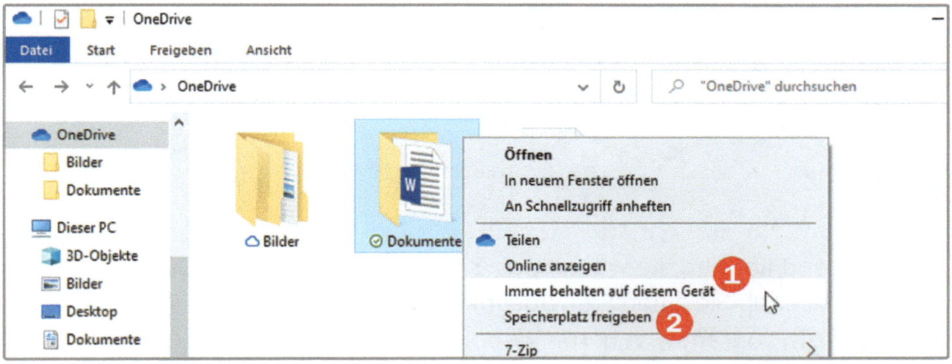

Hinweis:
Wenn ein Ordner nur online verfügbar ist, können trotzdem einzelne Dateien dieses Ordners als ***Immer behalten auf diesem Gerät*** gekennzeichnet werden.

2.3 Dateien und Ordner mit anderen Personen teilen

Sie können auf ***OneDrive*** gespeicherte Dateien und Ordner mit anderen Personen teilen, indem Sie einen Link per E-Mail senden. Die Empfänger der E-Mail brauchen nur auf den Link zu klicken, um die Datei oder den Inhalt des freigegebenen Ordners auf OneDrive im Browser zu betrachten.

Klicken Sie dazu im Datei-Explorer mit der rechten Maustaste auf den Ordner oder die Datei, im Bild unten als Beispiel der Ordner ***Urlaub***, und klicken Sie auf ***Teilen***.

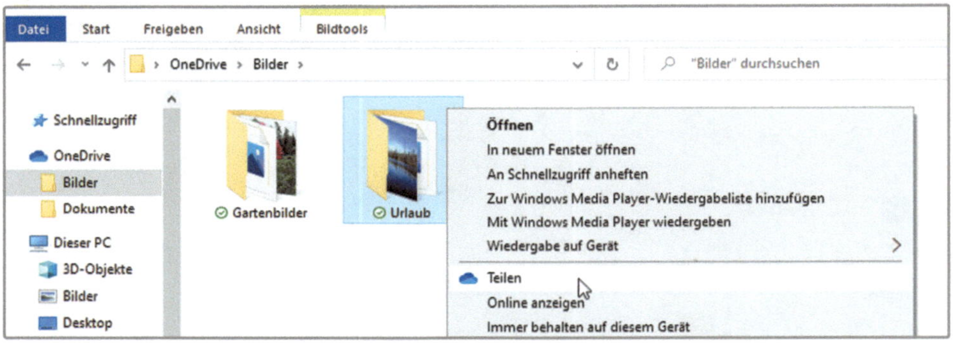

Anschließend können Sie wählen, ob Sie den Link sofort per Outlook senden möchten oder ob Sie einen Freigabelink erzeugen und diesen mit einem beliebigen E-Mail-Programm, z. B. per Webmail, weitergeben möchten.

Link per E-Mail senden

Um den Link per E-Mail zu senden, geben Sie im nachfolgenden Fenster ***Link senden*** die E-Mail-Adresse der betreffenden Person ein. Nach Betätigen der Eingabetaste (Enter) erscheint jeweils eine neue Zeile zur Eingabe einer weiteren Adresse. Unterhalb können Sie optional eine Nachricht an den Empfänger eingeben.

In der Standardeinstellung kann jede Person, mit der Sie eine Datei geteilt haben, diese auch bearbeiten. Falls Sie eine Datei nur zum Betrachten freigeben möchten, klicken Sie auf ***Jeder mit dem Link kann bearbeiten***, deaktivieren das Kontrollkästchen ***Bearbeitung zulassen*** und klicken auf ***Übernehmen***.

Klicken Sie abschließend auf ***Senden***.

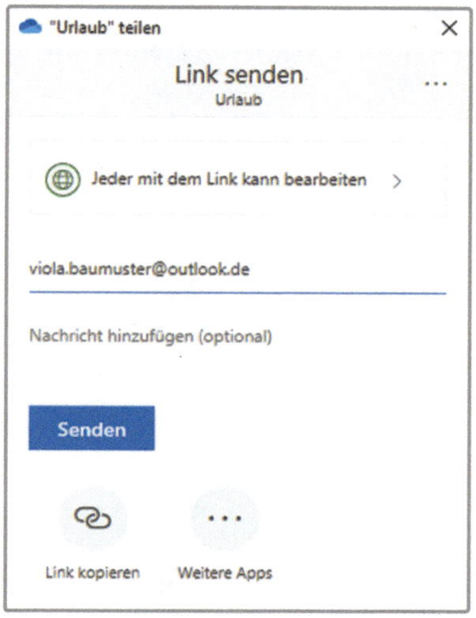

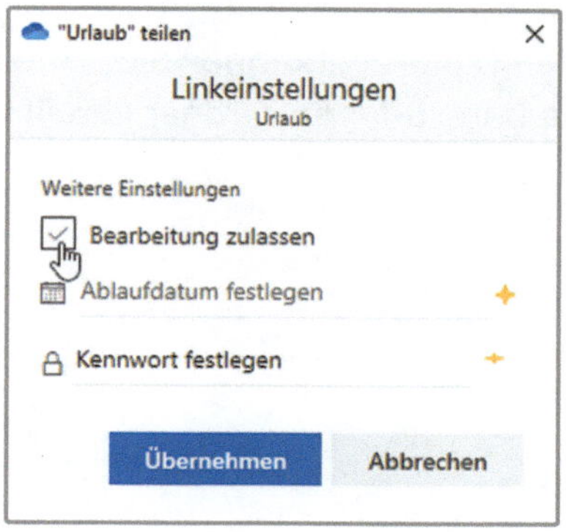

Freigabelink erzeugen und weitergeben

Um einen Freigabelink für die Weitergabe auf anderem Weg zu erzeugen, lassen Sie die E-Mail-Adresse leer und klicken auf ***Link kopieren***. Der Link erscheint in einem gesonderten Fenster. Klicken Sie auf ***Kopieren***.

Damit wird der Freigabelink in die Zwischenablage kopiert und kann aus dieser mit der Tastenkombination ***Strg*** + ***V*** an beliebiger Stelle eingefügt werden.

Im Datei-Explorer erkennen Sie schnell an einem Symbol ⚇ beim Dateinamen, ob eine Datei oder ein Ordner geteilt wurde.

Teilen bzw. Freigabe wieder aufheben

Falls Sie für eine geteilte Datei oder einen geteilten Ordner die Freigabe wieder aufheben möchten, gehen Sie so vor:

- Klicken Sie im Anzeigebereich des Explorers mit der rechten Maustaste auf die Datei oder den Ordner und erneut auf ***Teilen***.

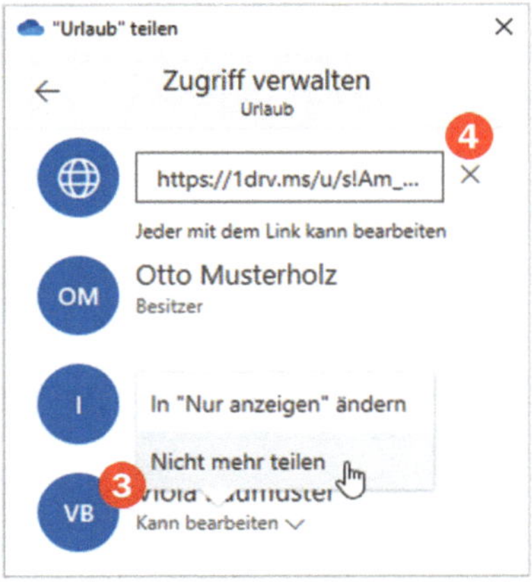

- Klicken Sie dann in der rechten oberen Ecke des Fensters ***Link senden*** auf die drei Punkte (***Weitere Optionen***) ❶ und auf ***Zugriff verwalten*** ❷.

- Im Fenster ***Zugriff verwalten*** werden alle erzeugten Freigabelinks und Personen, mit denen Sie das Element geteilt haben, angezeigt.
- Handelt es sich um eine Person, so klicken Sie auf deren Namen bzw. E-Mail-Adresse und auf ***Nicht mehr teilen*** 3.
- Bei einem Freigabelink klicken Sie dagegen auf das Symbol ***Link entfernen*** 4 neben dem Link.

Anschließend können Sie das Fenster ***Zugriff verwalten*** einfach schließen.

2.4 Der persönliche Tresor für wichtige Daten

Auf ***OneDrive*** finden Sie auch den persönlichen Tresor. Hierbei handelt es sich um einen zusätzlich abgesicherten Speicherort für besonders wichtige oder vertrauliche Daten. Allerdings fasst dieser in der kostenlosen Version nur maximal drei Dateien.

Jeder Zugriff auf den persönlichen Tresor erfordert eine Identifizierung, in der Regel durch Eingabe eines Codes, der an Sie per SMS oder E-Mail gesendet wird. Nach 20 Minuten Inaktivität wird der persönliche Tresor automatisch gesperrt und Sie müssen bei einem erneuten Zugriff Ihre Identität mit einem neuen Code bestätigen.

Den persönlichen Tresor vor der ersten Nutzung einrichten

Vor der ersten Nutzung müssen Sie den persönlichen Tresor einrichten. Dies ist mit wenigen Klicks schnell erledigt. So gehen Sie vor:

- Starten Sie den Datei-Explorer und klicken Sie im Navigationsbereich auf ***OneDrive***. Doppelklicken Sie hier auf den persönlichen Tresor.

- Sie erhalten zunächst einige Informationen, klicken Sie auf ***Weiter***. Um danach die Erlaubnis zum Einrichten des Tresors zu erteilen, klicken Sie auf ***Zulassen***.

- Im nächsten Schritt wird Ihre Identität überprüft. Zu diesem Zweck wird ein Code an Sie gesendet, den Sie anschließend eingeben müssen. Wählen Sie aus, wie Sie den Code erhalten möchten bzw. klicken Sie auf die gewünschte Methode.

- Die verfügbaren Möglichkeiten sind abhängig von den in den Sicherheitsinformationen Ihres Microsoft-Kontos hinterlegten Informationen. Falls Sie hier Ihre Mobilfunknummer angegeben haben, kann der Code auch per SMS an diese Nummer gesendet werden, ansonsten erhalten Sie den Code per E-Mail.

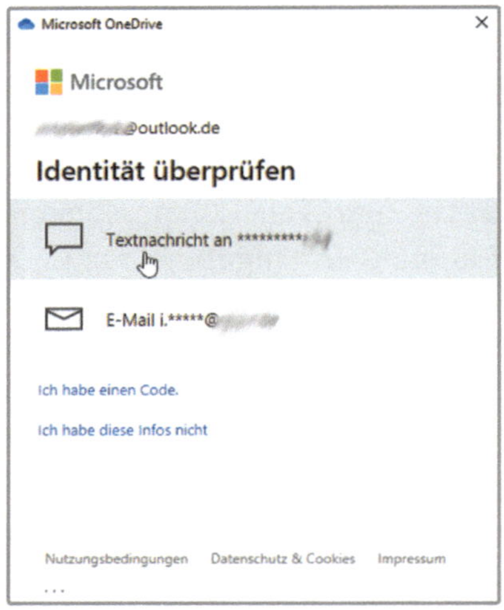

- Aus Sicherheitsgründen werden Telefonnummer und E-Mail-Adresse zunächst nicht vollständig angezeigt, siehe Bild oben. Zur Bestätigung müssen Sie anschließend entweder die letzten vier Ziffern der Telefonnummer oder die vollständige E-Mail-Adresse eingeben. Klicken Sie dann auf ***Code senden***.

- Überprüfen Sie den Posteingang Ihres E-Mail-Kontos bzw. Ihre SMS-Nachrichten und geben Sie im nachfolgenden Fenster den soeben erhaltenen Code ein. Klicken Sie dann auf ***Bestätigen.***

- Nun wird der Tresor eingerichtet. Dies kann einige Minuten dauern. Nach Fertigstellung erscheint in der rechten unteren Ecke des Bildschirms bzw. im Info-Center eine Benachrichtigung.

- Gleichzeitig wird der persönliche Tresor im Datei-Explorer geöffnet und kann wie jeder andere Ordner verwendet werden. Ziehen Sie einfach die Dateien, maximal drei im kostenlosen OneDrive, hierher.

Der Tresor wird nach 20 Minuten automatisch wieder gesperrt. Falls Sie diesen Zeitraum ändern möchten, öffnen Sie die OneDrive-Einstellungen, z. B. per Rechtsklick auf ***OneDrive*** und den Befehl ***Einstellungen***. Klicken Sie im Fenster ***Microsoft OneDrive*** auf das Register ***Konto***. Unter ***Persönlicher Tresor*** können Sie nun den gewünschten Zeitraum auswählen.

Wichtige Informationen zum persönlichen Tresor

In der kostenlosen Version von ***OneDrive*** können Sie maximal drei Dateien im persönlichen Tresor ablegen. Die Dateigröße ist dagegen nicht beschränkt, Sie können also z. B. mehrere PDF-Dateien aneinanderfügen und als eine Datei abspeichern.

Der persönliche Tresor wird wie jeder andere Ordner behandelt, der einzige Unterschied: Beim Öffnen, z. B. mit Doppelklick, wird jedes Mal Ihre Identität überprüft, siehe vorherige Seite. Dies geschieht durch Eingabe eines Codes, der an die, in den Sicherheitsinformationen Ihres Microsoft-Kontos hinterlegte, E-Mail-Adresse oder Telefonnummer gesendet wird. Auch Telefonnummer und E-Mail-Adresse müssen jedes Mal von Ihnen erneut bestätigt werden (zweistufige Verifizierung).

Nach 20 Minuten Inaktivität wird der Tresor automatisch gesperrt und beim nächsten Zugriff wird Ihre Identität erneut überprüft.

Die oben beschriebene Vorgehensweise gilt auch, wenn Sie im Webbrowser oder von einem mobilen Gerät aus auf ***OneDrive*** zugreifen.

Sollten Sie den persönlichen Tresor in den Einstellungen wieder deaktivieren, werden alle darin befindlichen Daten unwiderruflich gelöscht!

2.5 Schneller Zugriff über die Taskleiste

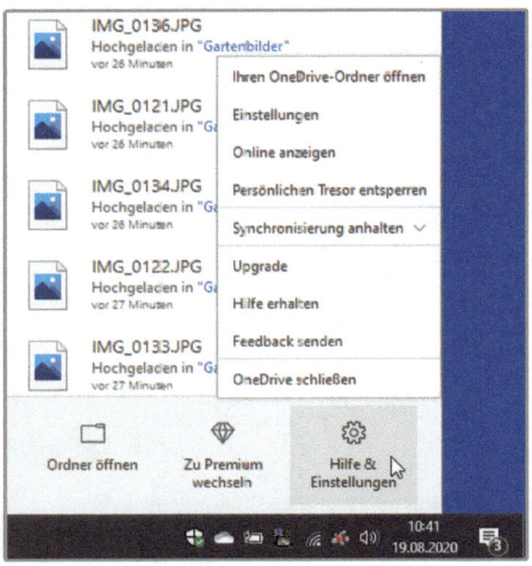

Mit Klick auf das ***OneDrive***-Symbol im rechten Bereich der Taskleiste erhalten Sie ebenfalls schnell Zugriff auf OneDrive sowie verschiedene Einstellungen. Zunächst sehen Sie Ihre letzten Aktivitäten und den Status der Synchronisierung. Für weitere Befehle klicken Sie auf ***Hilfe & Einstellungen***. Hier finden Sie unter anderem folgende Möglichkeiten:

- ***Ihren OneDrive-Ordner öffnen*** startet den Datei-Explorer mit ***OneDrive***.
- Mit Klick auf ***Einstellungen*** können Sie weitere Einstellungen vornehmen, z. B. ***Dateien bei Bedarf*** aktivieren oder deaktivieren oder einzelne Ordner im Datei-Explorer des Geräts ausblenden, siehe weiter unten.
- ***Online anzeigen*** öffnet Ihren Standardbrowser mit ***OneDrive***. Achtung: Hier ist in der Regel eine Anmeldung mit Ihrem Microsoft-Konto erforderlich.

- Über ***Persönlichen Tresor entsperren*** gelangen Sie schnell zu Ihrem Tresor, natürlich mit vorheriger Sicherheitsüberprüfung.
- Mit ***Synchronisierung anhalten*** können Sie die Synchronisierung offline verfügbarer Dateien für maximal 24 Stunden vorübergehend unterbrechen.

OneDrive beenden und erneut starten

OneDrive wird automatisch mit der Anmeldung am PC gestartet. Falls Sie ***OneDrive*** beenden möchten, so klicken Sie auf ***OneDrive schließen*** und bestätigen die anschließende Rückfrage. Dies bedeutet, dass keine Synchronisierung mehr erfolgt und Sie nur noch offline verfügbare Dateien öffnen können. Zum erneuten Starten von ***OneDrive*** klicken Sie im ***Windows-Startmenü*** auf ***OneDrive***.

Einzelne Ordner auf einem Gerät ausblenden

Möglicherweise möchten Sie einzelne OneDrive-Ordner im Datei-Explorer eines Geräts ausblenden, z. B. einen privaten Ordner nicht auf dem Arbeitsplatzrechner anzeigen. Dazu klicken Sie auf ***Einstellungen*** und im nachfolgenden Fenster ***Microsoft OneDrive*** auf das Register ***Konto***. Klicken Sie auf die Schaltfläche ***Ordner wählen*** ❶ (Bild unten). Das Fenster ***Ordner auswählen*** öffnet sich. Deaktivieren Sie hier das Kontrollkästchen des betreffenden Ordners ❷ und schließen Sie das Fenster mit ***OK***.

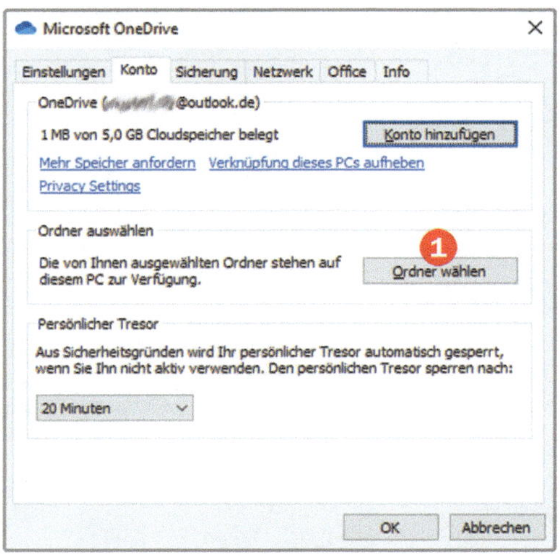

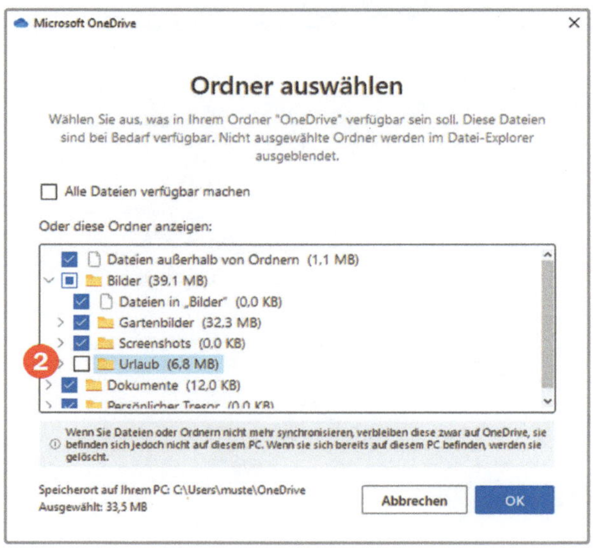

2.6 OneDrive im Webbrowser nutzen

Einer der Vorteile von OneDrive besteht darin, dass Sie von jedem beliebigen Computer auf Ihre Daten zugreifen können, vorausgesetzt das Gerät ist mit dem Internet verbunden. In diesem Fall werden Ihre Dateien und Ordner im Browser angezeigt, z. B. Microsoft Edge oder Mozilla Firefox.

Webadresse: onedrive.com

- Dazu starten Sie Ihren Browser (z. B. Edge, Firefox oder Chrome) und geben folgende Adresse ein: ***onedrive.com***.
- Klicken Sie auf der Startseite auf ***Anmelden*** und geben Sie anschließend E-Mail-Adresse und Kennwort Ihres Microsoft-Kontos ein.
- Sollten Sie bereits mit einem Microsoft-Konto im Browser angemeldet sein, entfällt evtl. die Anmeldung.

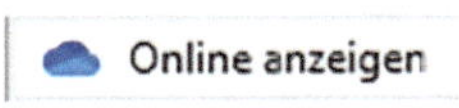

Hinweis: Falls OneDrive im Datei-Explorer verfügbar ist, können Sie auch mit Rechtsklick und dem Befehl ***Online anzeigen*** OneDrive im Browser öffnen. Allerdings ist aus Sicherheitsgründen auch in diesem Fall eine Anmeldung mit Ihrem Microsoft-Konto erforderlich.

OneDrive-Übersicht im Webbrowser

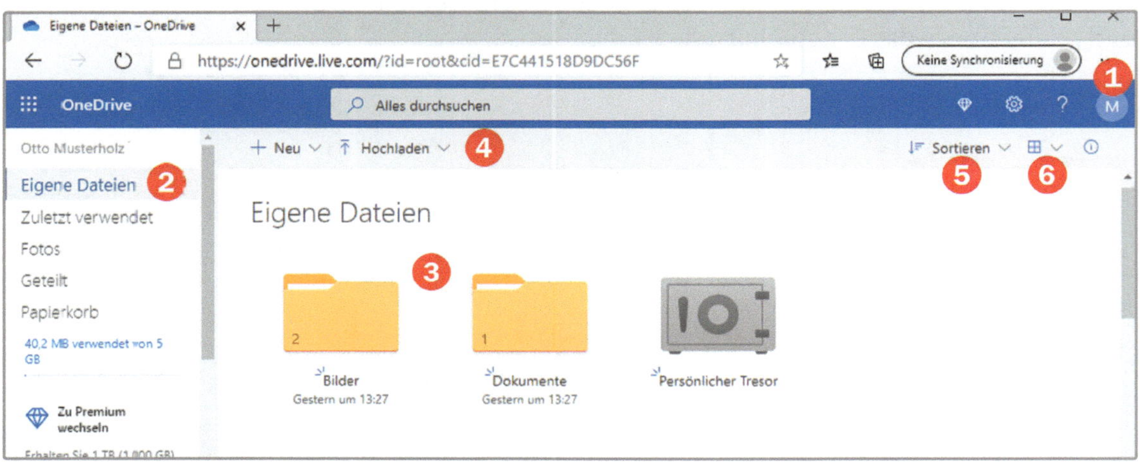

Rechts oben sehen Sie Ihren Anfangsbuchstaben ❶ oder Ihr Profilbild. Ein Klick darauf öffnet den Konto-Manager, über den Sie Ihr Microsoft-Konto bearbeiten oder sich abmelden können.

Über die Navigationsspalte ❷ wechseln Sie schnell zwischen ***Eigene Dateien*** mit der Anzeige aller Dateien und Ordner, ***Zuletzt verwendet***, ***Fotos*** mit speziellen Ansichten für Bilder, ***Geteilten Elementen*** und dem ***Papierkorb*** mit gelöschten Elementen.

Oberhalb des eigentlichen Anzeigebereichs ❸ finden Sie eine Befehlsleiste ❹, über die Sie neue Dokumente erstellen oder bestehende hochladen können. Die Anzeige weiterer Befehle ist abhängig vom Inhalt des Anzeigebereichs.

Mit ***Sortieren*** ❺ können Sie den Inhalt eines Ordners nach Name oder Änderungsdatum sortieren. Die Schaltfläche rechts daneben ❻ wechselt zwischen den Ansichten ***Liste***, ***Kacheln*** und ***Foto*** und die dritte Schaltfläche ***i*** öffnet und schließt rechts eine Informationsspalte mit Details zum markierten Element.

Elemente markieren und öffnen

Im Gegensatz zum Datei-Explorer öffnen Sie im Browser einen Ordner mit einem einfachen Mausklick. Zurück gelangen Sie über den aktuellen Dateipfad in der Adressleiste oberhalb: Klicken Sie einfach auf einen der übergeordneten Ordner.

Zum Markieren von Dateien und Ordnern benutzen Sie eine gesonderte Schaltfläche, ähnlich einem Kontrollkästchen. Dieses erscheint, wenn Sie auf das betreffende Element zeigen, je nach Ansicht rechts oben oder links vom Namen.

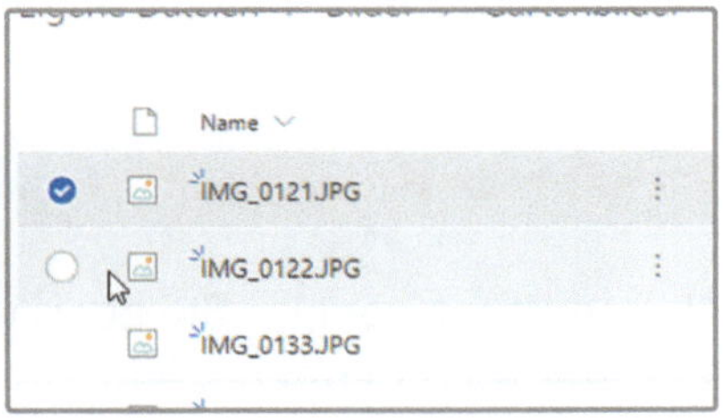

Dateien und Ordner organisieren

Die wichtigsten Befehle zur Verwaltung von Dateien und Ordnern finden Sie in der Befehlsleiste oberhalb des Dateipfades. Sollten nicht alle Befehle angezeigt werden, so klicken Sie auf das Symbol mit den drei Punkten **...** am Ende der Leiste. Die Anzeige mancher Befehle hängt auch davon ab, ob ein Objekt markiert ist. Dieselben Befehle erhalten Sie auch über das Kontextmenü der rechten Maustaste, d. h. mit Rechtsklick auf ein Objekt.

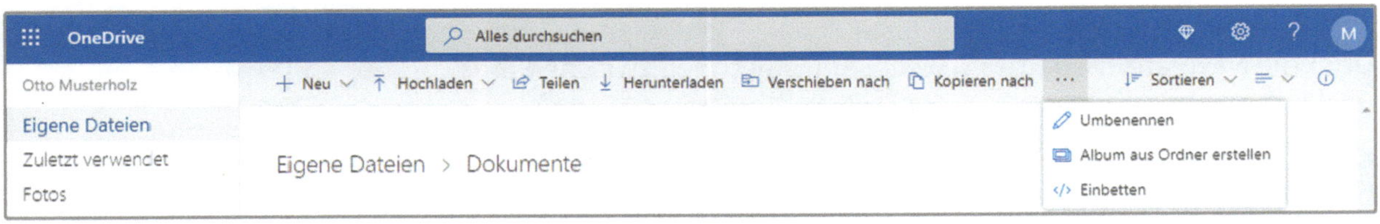

Die wichtigsten Befehle:

- **Neuen Ordner anlegen:** Klicken Sie auf ***Neu***.
- **Eine Datei von der lokalen Festplatte hinzufügen:** Klicken Sie auf ***Hochladen***. Es öffnet sich das bekannte Dialogfenster Öffnen und Sie können eine oder mehrere Dateien auswählen.
- **Markierte Dateien und/oder Ordner auf der lokalen Festplatte speichern:** Klicken Sie auf ***Herunterladen***. Die Elemente werden automatisch im Ordner ***Downloads*** gespeichert.
- **Datei oder Ordner mit anderen Personen teilen, Freigabelink senden:** Klicken Sie auf ***Teilen*** und geben Sie danach entweder die E-Mail-Adresse der betreffenden Person ein oder klicken Sie auf ***Link kopieren***.
- Die Vorgehensweise bei den Befehlen ***Löschen***, ***Verschieben nach***, ***Kopieren nach*** und ***Umbenennen*** unterscheidet sich nicht vom Datei-Explorer.

Dateien im Browser öffnen

Neben Fotos können Sie auch Microsoft-Office-Dokumente, beispielsweise Excel-Arbeitsmappen oder Word-Dokumente, im Browser öffnen und mit Office Online auch bearbeiten. Zu Microsoft Online gehören u. a. die kostenlosen Apps ***Word Online***, ***Excel Online*** und ***PowerPoint Online***. Es handelt sich dabei um eingeschränkte Versionen der kostenpflichtigen Apps, die nur im Browser verfügbar sind. Voraussetzung für die Nutzung von Microsoft Online ist ein Microsoft-Konto.

Zum Öffnen genügt ein einfacher Mausklick auf die Datei, oder markieren Sie die Datei und klicken Sie in der Befehlsleiste auf ***Öffnen*** und dann auf ***In Word Online öffnen***. Falls Microsoft Word auf dem Gerät installiert ist, ist hier auch ***In Word öffnen*** verfügbar, in diesem Fall müssen Sie allerdings noch den Zugriff auf Word erlauben.

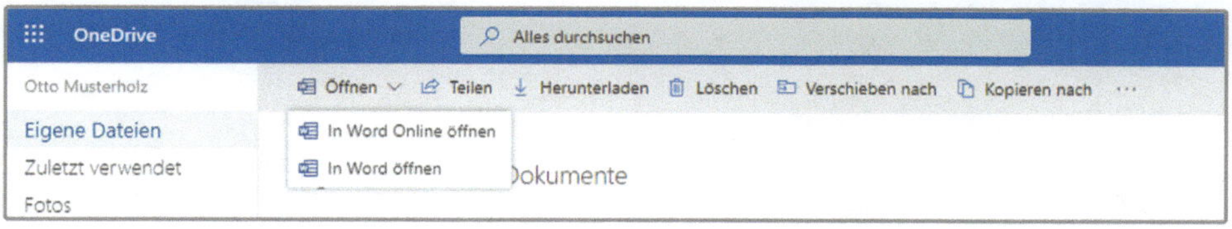

Achtung: Beim Öffnen mit Word müssen Sie explizit das Öffnen von einer Webseite aus erlauben. Klicken Sie auf ***Öffnen***, damit Word gestartet werden kann. Falls Sie ständig Dokumente aus dem Browser heraus mit Word öffnen möchten, können Sie auch das Kontrollkästchen aktivieren, und so immer den Zugriff erlauben.

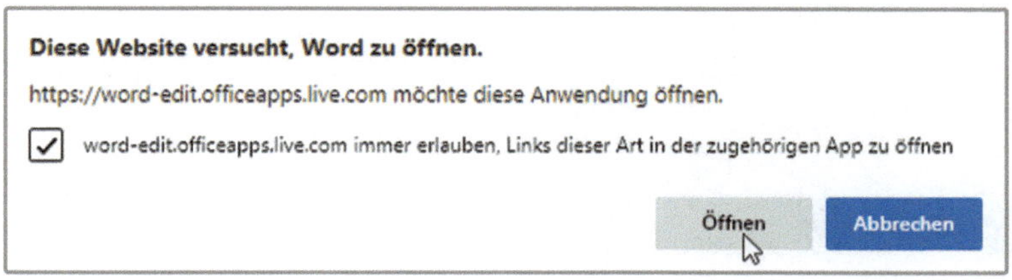

Tipp

Ein einfacher Mausklick öffnet das Dokument mit Word Online in einem neuen Tab des Browsers. Zum Schließen von Word Online brauchen Sie nur den Tab des Browsers schließen. Falls Sie das Dokument nachträglich mit Word bearbeiten möchten, klicken Sie auf ***In Desktop App öffnen***.

2.7 Die Windows 10 App

Es gibt im Microsoft Store auch eine extra App für OneDrive. Sie können diese kostenlos abonnieren und herunterladen.

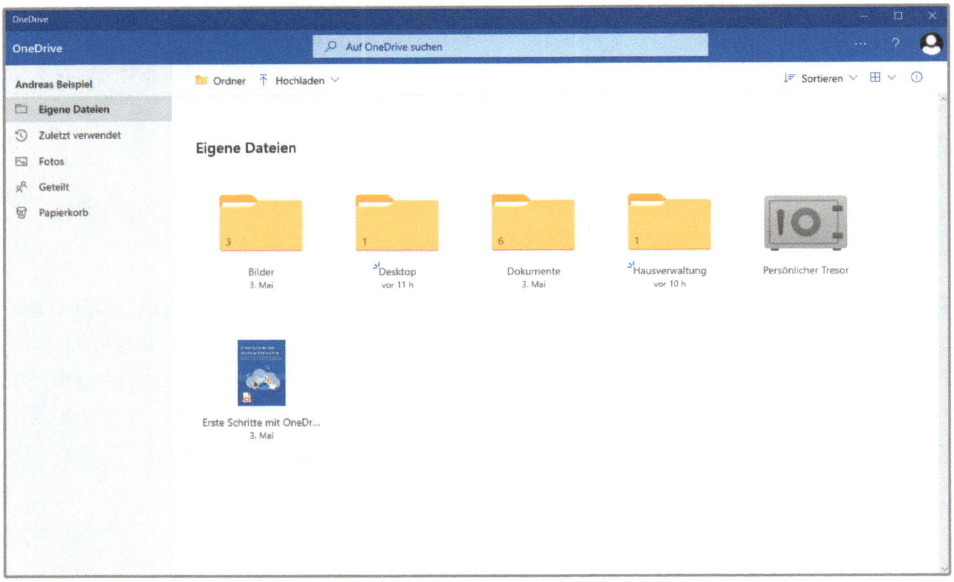

Ansicht, Steuerung und Bedienelemente entsprechen der Verwendung von OneDrive in einem Browser.

2.8 OneDrive in Android und iOS nutzen

Auch mit Smartphones und Tablets können Sie auf OneDrive zugreifen. Laden Sie sich im jeweiligen Appstore (Google Playstore und Apple App Store) die OneDrive-App herunter und installieren diese.

Die Bedienung und Optik der App ist bei Android und iOS sehr ähnlich. Daher wird im Folgenden die Bedienung unter Android-Systemen gezeigt, sie funktioniert so aber auch auf iOS-Systemen.

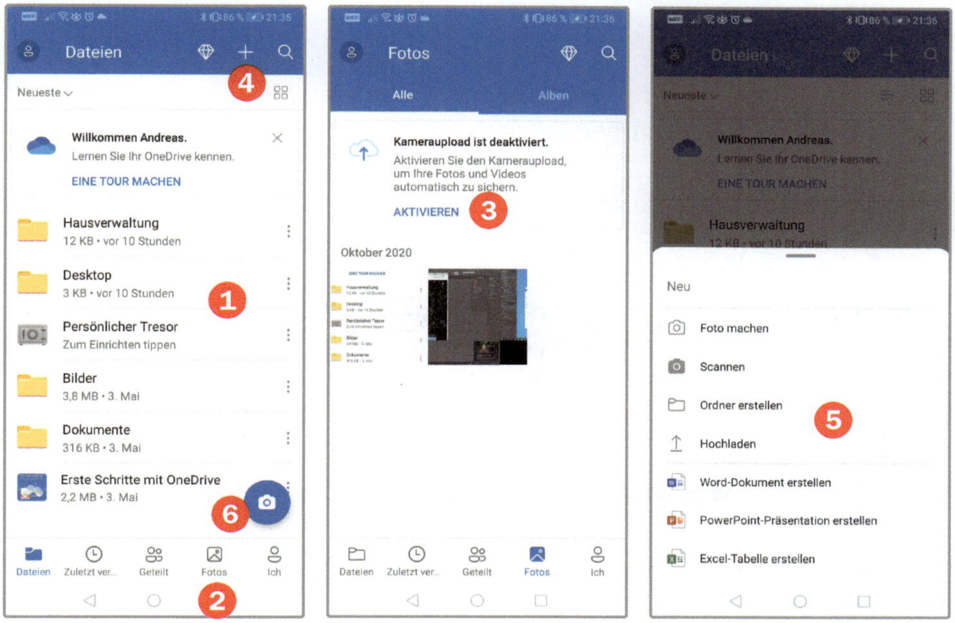

1 Hier erhalten Sie Zugriff auf Ihre Ordner. Mit den drei Punkten können Sie die jeweiligen Optionen öffnen und Dateien oder Ordner ***Umbenennen***, ***Teilen*** und ***Löschen***.

2 Unter ***Fotos*** finden Sie eine Übersicht über alle Bilder in Ihren OneDrive-Ordnern.

3 Sie können hier auch den automatischen ***Kameraupload aktivieren***. Damit werden neue Fotos automatisch auf OneDrive hochgeladen.

4 Durch Antippen des Symbols + öffnet sich die Befehlsliste ***Neu***.

5 In der Befehlsliste ***Neu*** können Sie neue Dateien von Ihrem Gerät auf ***OneDrive hochladen***, ***Neue Ordner erstellen***, ***Office Dokumente erstellen*** und ***Fotos*** oder ***Scans*** direkt auf OneDrive erstellen.

6 Mit dem Kamerasymbol können Sie Fotos direkt auf OneDrive speichern und Dokumente scannen. Die Benutzung entspricht der App ***Office Lens***, die Sie in einem späteren Kapitel kennenlernen.

2.9 Ordner sichern mit OneDrive

Beachten Sie, dass Sie mit der ***OneDrive Ordnersicherung*** nur die persönlichen Ordner ***Dokumente***, ***Bilder*** und ***Desktop*** von Windows 10 samt Inhalt bzw. enthaltenen Unterordnern sichern können. So gehen Sie vor:

Klicken Sie im Datei-Explorer mit der rechten Maustaste auf ***OneDrive*** und auf ***OneDrive Sicherungen verwalten***.

Alternativ klicken Sie in den Windows-Einstellungen auf ***Update und Sicherheit***, wählen Sie ***Sicherung*** und klicken Sie anschließend unter ***Dateien auf OneDrive sichern*** auf ***Dateien sichern***.

In beiden Fällen öffnet sich das Fenster ***Ordnersicherung verwalten*** und Sie können die zu sichernden Ordner auswählen, z. B. den Ordner ***Dokumente***.

Klicken Sie dann auf ***Sicherung starten***. Das nachfolgende Fenster können Sie einfach schließen.

Ab jetzt werden alle Dateien, die Sie in den ausgewählten Ordnern speichern oder ändern, automatisch im Hintergrund mit ***OneDrive*** synchronisiert, daher dauert auch der Speichervorgang etwas länger. Jede Datei ist also stets an beiden Speicherorten verfügbar und aktuell.

Sicherung beenden
Falls Sie einen Ordner nicht mehr auf OneDrive sichern möchten, dann rufen Sie ebenfalls auf einem der vorher beschriebenen Wege (Datei-Explorer oder Windows-Einstellungen > ***Update und Sicherheit*** > ***Sicherung***) das Fenster ***Ordnersicherung verwalten*** wieder auf.

Entfernen Sie zuvor das Häkchen von den nicht in die Sicherung einbezogenen Ordnern und klicken Sie bei dem betreffenden Ordner auf ***Sicherung beenden***. Bestätigen Sie die nachfolgende Rückfrage, indem Sie nochmals auf ***Sicherung beenden*** klicken. Anschließend können Sie das Fenster ***Ordnersicherung verwalten*** schließen.

3 To Do

To Do ist ein Onlinedienst von Microsoft, mit dem man Aufgaben erstellen und verwalten kann. Ein ähnliches Programm ist ***Wunderlist***, das Microsoft im Jahr 2015 aufkaufte und im Mai 2020 einstellte. ***Wunderlist*** ist nicht mehr erhältlich und Benutzer sollten auf das neue Microsoft ***To Do*** umsteigen. Um den Wechsel zu erleichtern, wurden die Optik und die Funktionalitäten von ***To Do*** nach einigen Beschwerden an die von ***Wunderlist*** angepasst.

To Do kann auf folgenden Systemen benutzt werden:

- Windows 10 App (Windows Store)
- Android App (Google Playstore)
- iOS App (Apple App Store)
- macOS
- Webbrowser

Man kann so seine Aufgabenlisten schnell auf mehreren unterschiedlichen Geräten synchronisieren. Aufgaben können auch mit anderen Personen geteilt werden und man kann so Aufgabenlisten gemeinsam nutzen (z. B. eine Einkaufsliste in der Familie für den Wochenendeinkauf).

Für die Benutzung von ***To Do*** ist ein Microsoft-Konto erforderlich.

Warum noch To Do, wenn ich Outlook oder OneNote nutze?

To Do ist sehr praktisch, um schnelle, „vergängliche" Listen zu erstellen (z. B. Einkaufslisten oder eine Liste für die Vorbereitungen für ein Meeting). Außerdem kann man Aufgaben schnell an andere Personen in seiner Liste delegieren. Gerade für alltägliche, gemeinsam genutzte Aufgabenlisten ist To Do sehr einfach, schnell und unkompliziert auf mehreren Geräten zu benutzen und daher vorteilhafter als OneNote oder Outlook.

3.1 To Do benutzen

Nach dem Start von To Do und der Anmeldung mit dem Microsoft-Konto sieht man folgenden Bildschirm in der Windows 10 App:

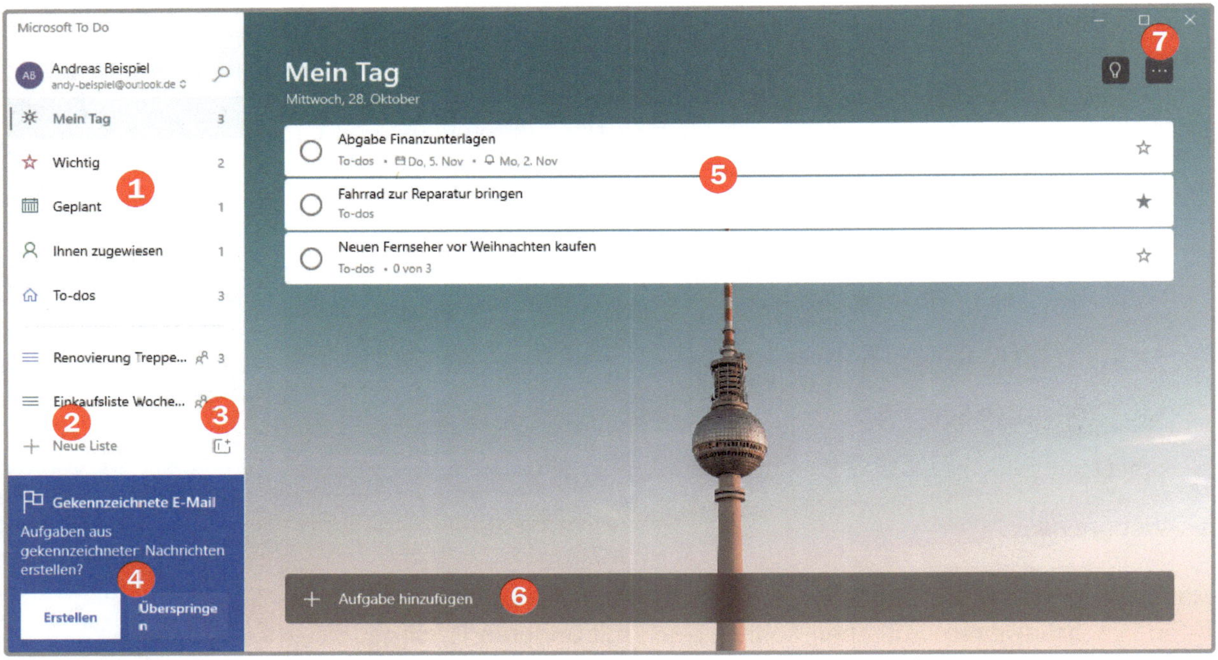

1. Hier sieht man die voreingestellten Listen. Unter ***Mein Tag*** werden alle heute erstellten Aufgaben dargestellt. In ***Wichtig*** sind die mit Stern als wichtig gekennzeichneten Aufgaben noch einmal zusätzlich zu finden. In ***Geplant*** sind alle Aufgaben, denen ein Fälligkeitsdatum zugewiesen wurde, aufgelistet. Unter ***To-Dos*** finden Sie alle unerledigten Aufgaben, die nicht in selbst erstellten Listen gespeichert sind.

2. Eigene Listen werden in diesem Bereich dargestellt. Durch Klick auf ***+ Neue Liste*** kann eine neue Liste erstellt werden.

3. Möchte man für eine bessere Übersichtlichkeit mehrere Listen in einer Gruppe zusammenfassen, klickt man auf dieses Symbol.

4. Verwendet man die Windows 10 Mail-App, kann man als Aufgabe gekennzeichnete E-Mails automatisch in To Do übernehmen lassen.

5 Die Liste mit den einzelnen Aufgaben. Klickt man auf den Kreis links, wird die Aufgabe als erledigt gekennzeichnet. Durch Anklicken des Sterns wird die Aufgabe als wichtig markiert und ist auch in der entsprechenden Liste zu finden.

6 Um eine neue Aufgabe zu erstellen, klickt man hier, trägt die Aufgabe ein und bestätigt mit Enter.

7 Bei dem Symbol mit den drei Punkten kann man Einstellungen zur Listenansicht vornehmen, so z. B. das Ändern der Hintergrundfarbe oder des Hintergrundbildes. Außerdem kann man eine Liste hier drucken, an das Windows-Startmenü anheften und die Liste per E-Mail verschicken.

Aufgabendetails einstellen

Klicken Sie im Hauptbildschirm eine Aufgabe an. Es öffnet sich rechts eine zusätzliche Leiste mit Details zur jeweiligen Aufgabe:

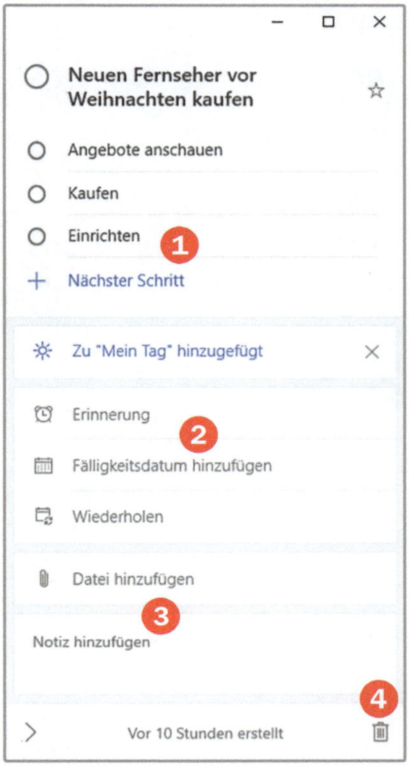

1 Sie können Ihre Aufgabe in mehrere Einzelschritte aufteilen. Klicken Sie dazu auf ***+ Nächster Schritt***. Hier können auch einzelne Schritte oder die gesamte Aufgabe als erledigt markiert werden.

2 Sie können die Aufgabe mit einer ***Erinnerung*** oder einem ***Fälligkeitsdatum*** versehen. Die Erinnerung wird als Windows-Benachrichtigung rechts unten am Bildschirm angezeigt.

3 Sie können an die Aufgabe Dateien anhängen und eine Notiz hinzufügen.

4 Durch Klicken auf das Mülleimersymbol können Sie eine Aufgabe komplett löschen.

Aufgaben delegieren

Um eine Aufgabe einer anderen Person zuweisen zu können, muss sich die Aufgabe in einer eigenen Liste befinden. Aufgaben aus ***Mein Tag*** können Sie nicht anderen Personen zuweisen.

1. Legen Sie eine neue Liste an oder öffnen Sie eine bereits vorhandene. In der Liste erstellen Sie dann eine oder mehrere Aufgaben.

2. Tippen Sie eine Aufgabe an. Klicken Sie in der rechten Leiste auf ***Zuweisen an:***.

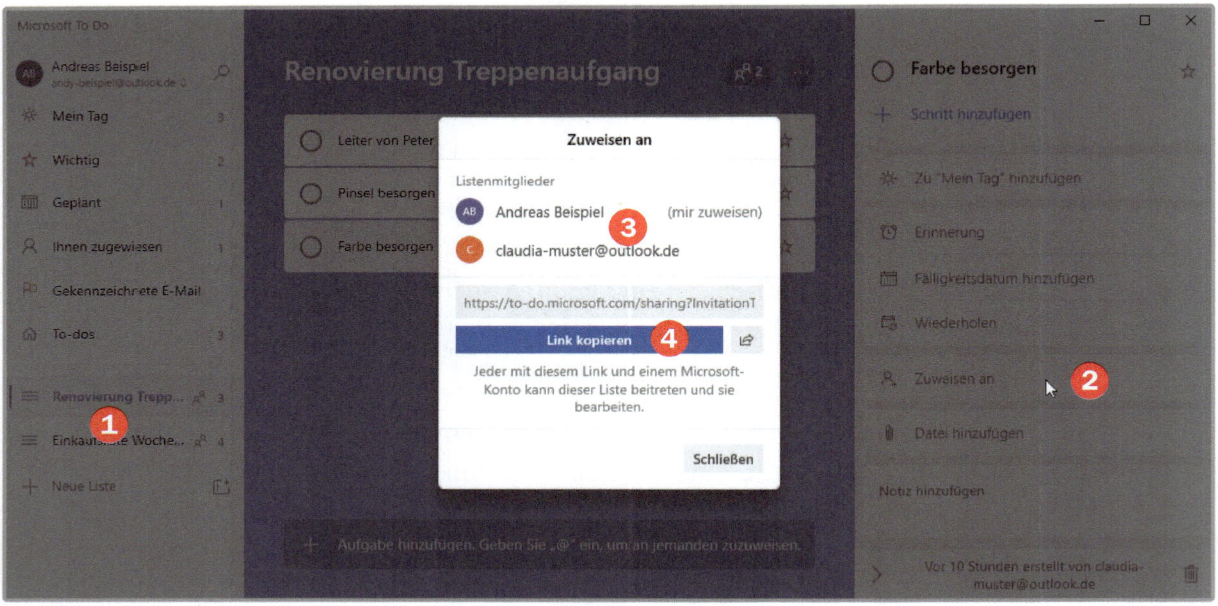

3. Wählen Sie aus vorhandenen Personen eine aus oder ...

4. kopieren Sie den Link und geben ihn z. B. per E-Mail an die gewünschten Personen weiter. Sobald eine Person den Link eingibt, öffnet sich bei ihr im Webbrowser To Do und sie kann der Zuweisung zustimmen. Macht der Empfänger dies, sieht dieser die ganze Aufgabenliste und nicht nur die einzelne Aufgabe. So kann man schnell eine Liste mit mehreren Personen teilen.

Der Empfänger benötigt natürlich auch ein Microsoft-Konto, um To Do nutzen zu können. Vor dem Öffnen des Links wird er nach einer Anmeldung gefragt.

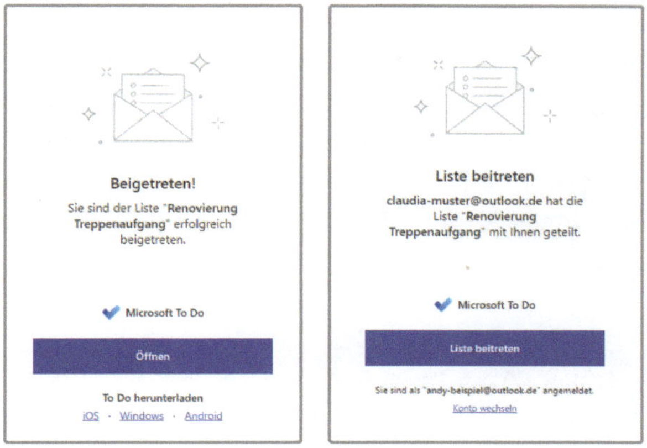

Geteilte Listen verlassen

Wurde Ihnen eine Aufgabe zugewiesen und Sie wollen zu einem späteren Zeitpunkt diese Liste verlassen, dann klicken Sie zuerst die Liste an.

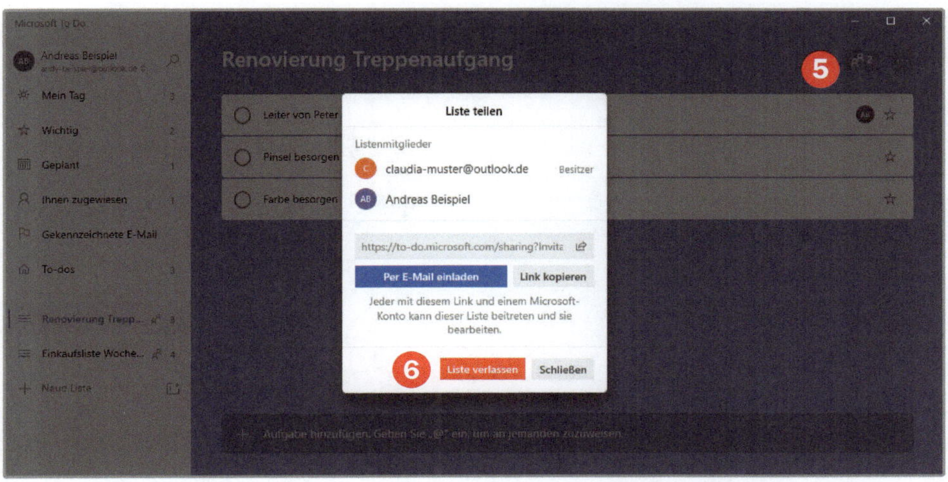

5 Gehen Sie auf die Optionen zum Teilen von Listen.

6 Im Fenster wählen Sie ***Liste verlassen*** und die Liste wird aus Ihrer linken Seite entfernt und Ihre Aufgabenzuweisungen gelöscht. Als Ersteller/Besitzer einer Liste können Sie diese nicht verlassen, sondern nur löschen. Damit wird sie aber auch bei den anderen Verwendern gelöscht.

Einstellungen und Kontoverwaltung

Klicken Sie links oben auf Ihren Microsoft-Kontonamen:

- Unter ***Konto Verwalten*** können Sie Ihr Microsoft-Konto wechseln.
- In den ***Einstellungen*** können Sie angeben, was Ihnen alles angezeigt werden soll, z. B. können ungenutzte Listen ausgeblendet werden. Ebenso können Benachrichtigungen ein- und ausgeschaltet werden.

3.2 To Do im Webbrowser

Sie können auf so ziemlich jedem internetfähigen Gerät (PC, Fernseher, Tablet, etc.) Microsoft ***To Do*** im Webbrowser verwenden. So sind Sie auch von Betriebssystemen unabhängig.

Starten Sie Ihren Webbrowser und geben Sie als Adresse ***to-do.live.com*** ein.

Nach der Anmeldung mit Ihrem Microsoft-Konto haben Sie fast die identische Oberfläche wie in der App zur Verfügung.

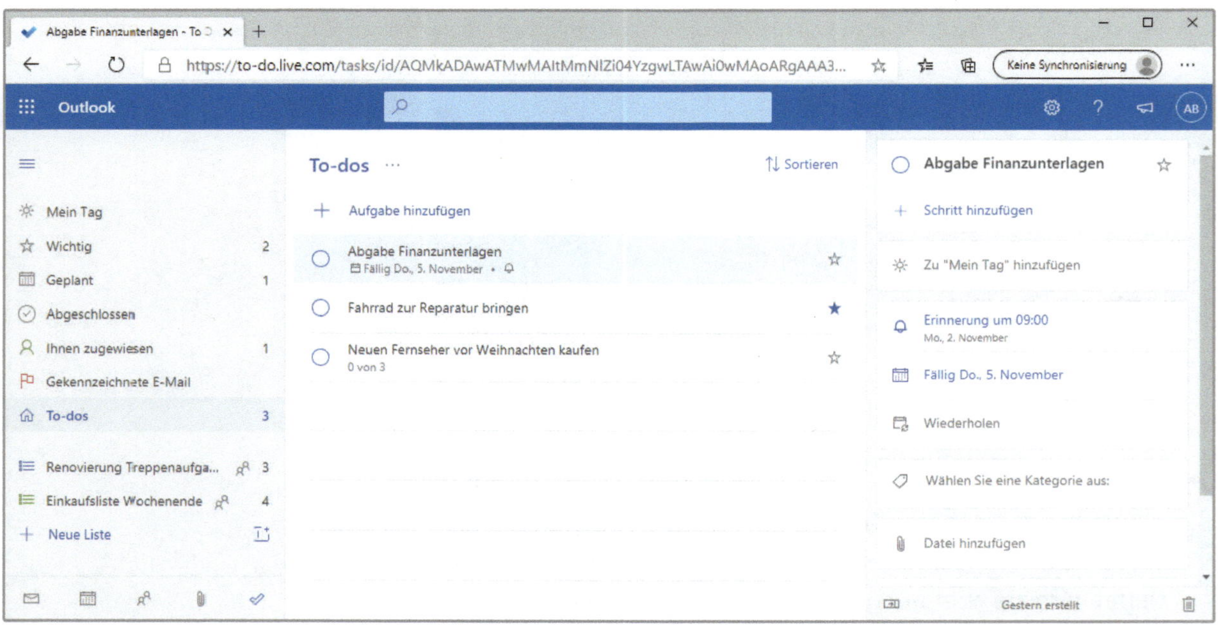

Die Funktionen und die Bedienung sind identisch.

To Do ist im Webbrowser Teil von Outlook.de und wird zusammen mit Ihrer Outlook.de Webmail-Oberfläche verwendet. Daher können Sie links unten im Eck schnell zu Ihren ***E-Mails*** und Ihren ***Kontakten*** wechseln.

3.3 To Do auf Android und iOS

Die Benutzeroberfläche der Android- und iOS-App ist natürlich für Smartphones und Tablets optimiert. Sie können die App jeweils im Google Playstore oder Apple App Store herunterladen.

Auch hier müssen Sie beim ersten Start der App Ihre Microsoft-Kontodaten eingeben. Danach startet Ihre To Do-App:

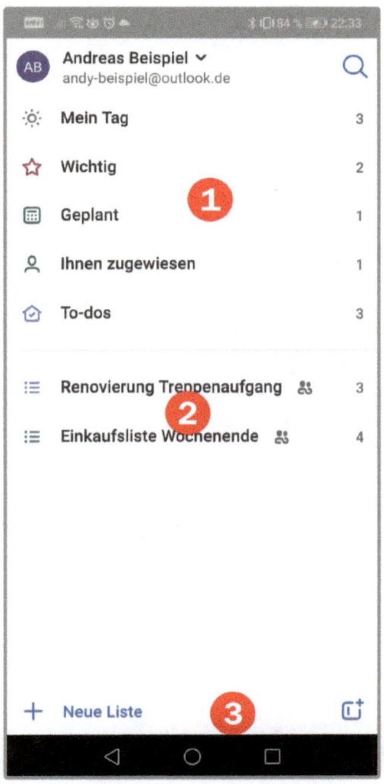

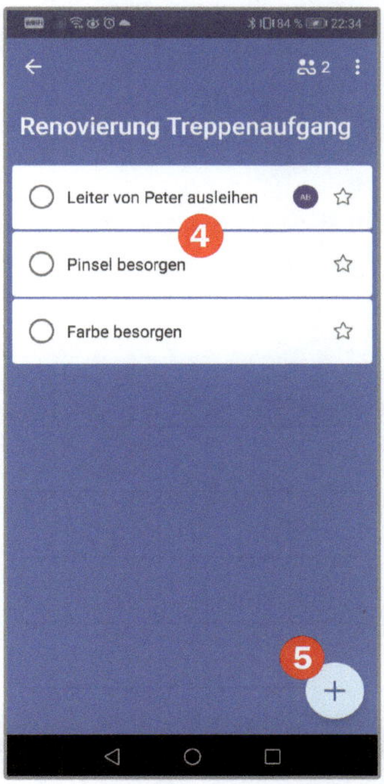

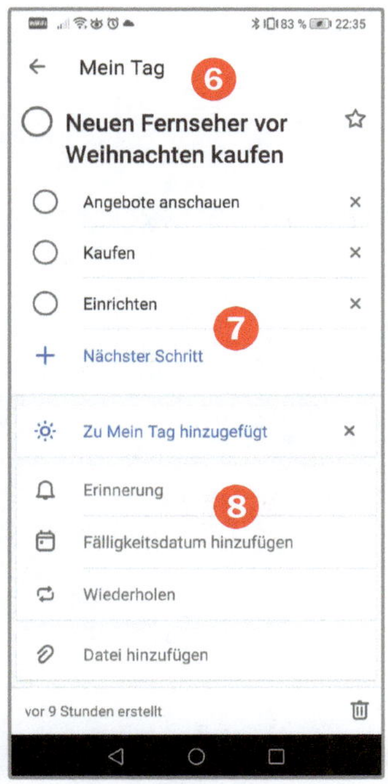

1. Im Startbildschirm sehen Sie Ihre Standardlisten.

2. Darunter befinden sich die erstellten Listen. Die Zahlen am rechten Rand der Leiste geben die Anzahl der Aufgaben an.

3. Unten am Bildschirmrand können Sie ***Neue Listen*** und ***Neue Gruppen*** erstellen.

4. Tippen Sie eine Liste an und Sie wechseln zur Aufgabenansicht.

5. Mit dem Symbol + unten rechts können Sie neue Aufgaben erstellen.

6. Tippen Sie eine Aufgabe an und Sie wechseln wiederum in die Detailansicht der Aufgabe.

7. Dort können Sie Unterschritte für die Aufgabe erstellen.

8. Ebenso können Sie ein Fälligkeitsdatum und Erinnerungen einstellen.

In dieser Ansicht können Sie auch Aufgaben zuweisen, wenn Sie der Besitzer der Liste sind.

To Do möglichst auf mehreren Geräten nutzen.

Gerade die App ***To Do*** lebt davon, dass Sie sie möglichst auf allen Geräten verwenden, die Sie selbst benutzen.

So ist es schnell und einfach möglich, seine Einkaufsliste zu Hause vor dem Kühlschrank mit dem Tablet zu erstellen, im Büro am PC über App oder Browser zu vervollständigen und dann beim Einkaufen im Supermarkt alles erledigte gleich im Handy durch einfaches Antippen als erledigt zu markieren. Und Dinge, die man vergessen hat, kann man im Anschluss dann gleich noch an seinen Partner weiter delegieren.

Eine Internetverbindung ist natürlich für das Synchronisieren immer nötig.

4 Kurznotizen / Sticky Notes

Microsoft ***Kurznotizen*** ist eine App, mit der Sie schnell Notizen am PC erstellen. Sie haben die gleiche Funktion wie die selbstklebenden Post-It-Zettel, die man oft an Monitoren kleben sieht. Auf Englisch heißt die App auch Microsoft ***Sticky Notes***.

Sie können die App für Windows 10 im Microsoft Store kostenlos herunterladen und installieren. Diese App ist ausschließlich für Windows 10 verfügbar und bietet keinerlei Datenaustausch mit Smartphones oder Tablets.

Noch eine Notizen-App?

Ich benutze doch schon Outlook und OneNote - wozu noch eine Notiz-App? Zum einen sind die Kurznotizen sehr praktisch, wenn einem Outlook und OneNote zu überladen sind und man einfach nur eine simple Notiz wie mit einem Post-It-Zettel erstellen will.

Zum anderen synchronisiert Outlook seine eigenen Notizen mit den Kurznotizen. Sie können die Kurznotizen als eine Erweiterung der Outlook-Notizen ansehen und benutzen. Ändern Sie eine Notiz, wird sie auch im anderen System geändert, sofern beide auf dem Rechner aktiv laufen.

Für die App ***Kurznotizen*** benötigen Sie ein Microsoft-Konto. Über das Konto kann die App Ihre Notizen auf mehreren PCs synchronisieren.

Starten Sie die App ***Kurznotizen*** im Windows-Startmenü. Verwenden Sie die App häufig, ist es praktisch, sich eine Verknüpfung in der Taskleiste oder auf dem Desktop zu erstellen.

Beim ersten Start sehen Sie nur ein einziges kleines gelbes Notizfenster.

(Siehe Bild nächste Seite!)

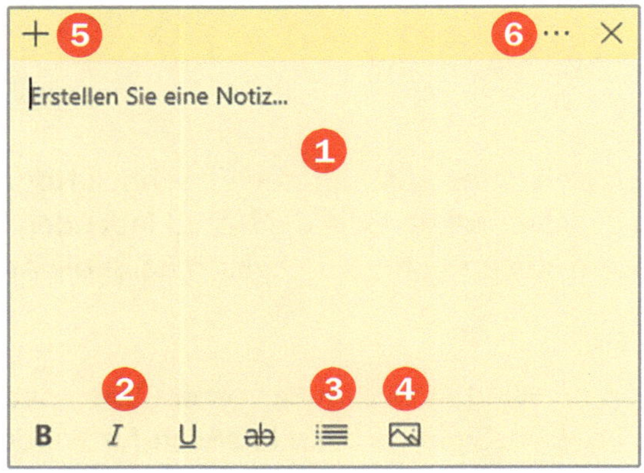

1. Klicken Sie in den Textbereich und schreiben Sie Ihre Notiz. Mit Enter springen Sie in die nächste Zeile.
2. Markieren Sie Ihren Text und formatieren Sie ihn fett **B**, kursiv *I*, unterstrichen U oder durchgestrichen ~~ab~~.
3. Sie können mehrere Zeilen in eine Aufzählung umwandeln.
4. Mit dem Bildsymbol können Sie ein gespeichertes Bild einfügen. Für Notizen sollten jedoch nur kleine Bilder benutzt werden, da der Platz sehr eingeschränkt ist.
5. Klicken Sie auf das Symbol +, um eine weitere Notiz zu erstellen.
6. Durch Klicken auf die drei Punkte öffnen Sie die Einstellungen. Hier können Sie die Farbe des Fensters ändern, die Notiz löschen und die Notizenliste öffnen.

Eine erstellte Notiz wird automatisch gespeichert, auch wenn Sie Änderungen vornehmen. Eine extra Aktion ist dafür nicht notwendig!

Lassen Sie die Notizen geöffnet. Wenn Sie andere Programme benutzen, verschwinden die Notizen im Hintergrund.

- Klicken Sie auf das Kurznotizen-Symbol in der Taskleiste, um wieder eine Notiz in den Vordergrund zu holen. Möchten Sie gleich alle geöffneten Notizen anzeigen, öffnen Sie auf dem Symbol mit einem Rechtsklick das Kontextmenü und wählen den Punkt ***Alle Notizen anzeigen***.

- Genauso können Sie auch ***Alle Notizen ausblenden***, wenn Sie Ihnen die Sicht am Bildschirm behindern.

- Im gleichen Kontextmenü können Sie auch eine ***Neue Notiz*** erstellen oder die ***Notizenliste*** öffnen.

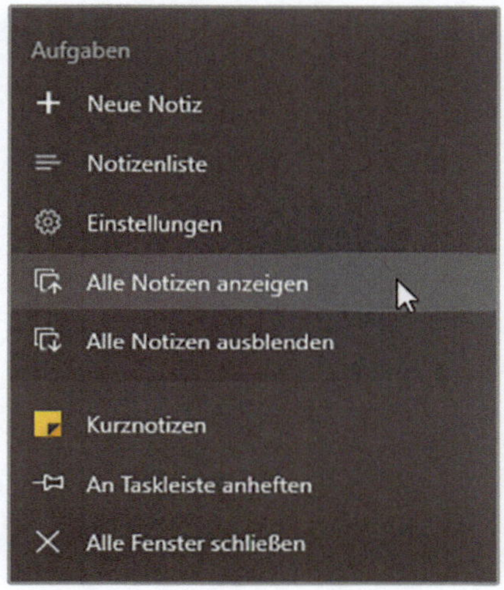

Wenn Sie eine Notiz durch Klicken auf ***X*** schließen, wird diese nur geschlossen und nicht gelöscht. Wird die letzte offene Notiz geschlossen, wird auch die App beendet und das Symbol verschwindet von der Taskleiste (außer Sie haben es vorher an die Taskleiste angeheftet!).

Beim erneuten Starten der App werden die zuletzt geöffneten Notizen am Bildschirm angezeigt.

Öffnen Sie die ***Notizenliste*** im Menü einer Notiz oder im Kontextmenü des Taskleistensymbols, um alle gespeicherten Notizen in einer Liste anzuzeigen.

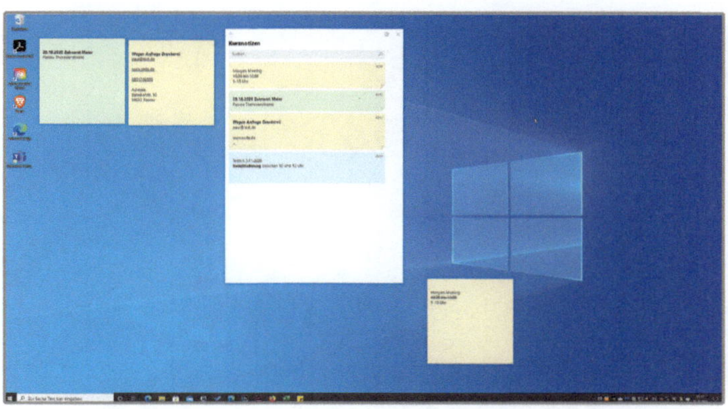

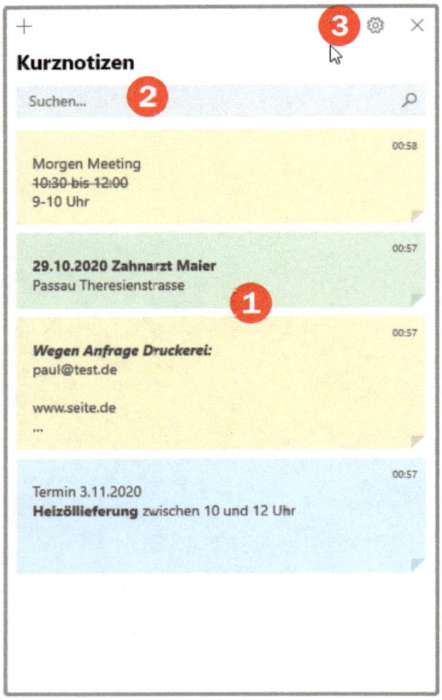

1. Um eine Notiz aus der Notizenliste zu öffnen, klicken Sie diese doppelt in der Liste an.
2. Im Suchfeld können Sie Suchbegriffe eingeben und alle Notizen, die diesen Begriff beinhalten, werden Ihnen angezeigt.
3. Durch Klicken auf das Zahnrad öffnen Sie die Einstellungen. Dort können Sie das Microsoft-Konto oder das Farbschema ändern.

Setzen Sie in den Einstellungen den Punkt ***Erkenntnisse aktivieren*** auf ***Ein***. Damit erkennt die App ***Kurznotizen*** automatisch E-Mail-Adressen, Weblinks und Telefonnummern und formatiert diese selbstständig als Hyperlinks, die man anklicken kann.

5 Windows-Rechner

Der mit Windows mitgelieferte Taschenrechner zählt mit Sicherheit zu den unterschätztesten Apps des Betriebssystems. Grundlegend benutzt haben ihn die meisten schon einmal, aber nur den Allerwenigsten ist bewusst, dass das Programm mit einem überraschend großen Funktionsumfang aufwartet.

Die Modi

Im Programm selbst wird zwischen fünf verschiedenen Rechner-Modi unterschieden:

- ***Standard:*** Kurz erklärt handelt es sich hier um die digitale Version des altbekannten Taschenrechners. Der Funktionsumfang ist entsprechend eingeschränkt, aber für die meisten Alltagszwecke ist der Standardrechner absolut ausreichend.
- ***Wissenschaftlich:*** Die wissenschaftliche Darstellung erweitert die auswählbaren Funktionen um Operatoren wie Wurzeln, Exponenten, Beträge, Fakultät und weitere. Noch mehr Möglichkeiten finden sich durch Klick auf die Registerkarten ***Trigonometrie*** (trigonometrische Funktionen wie Sinus, Cosinus und Tangens) und ***Funktion*** (sonstige Funktionen wie Aufrunden, Abrunden und Zufallszahlen). Oberhalb der MC-Tasten lässt

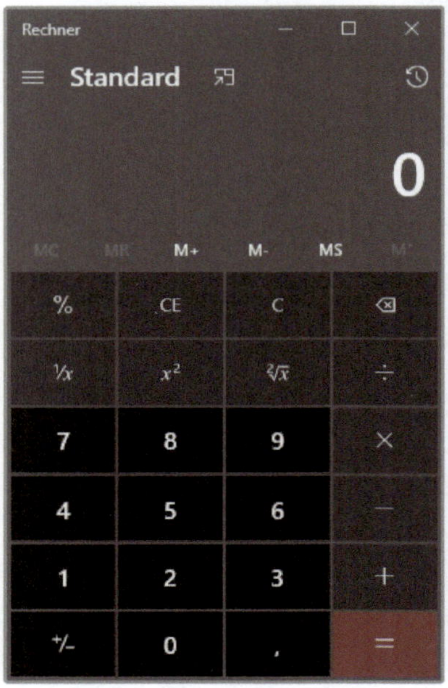

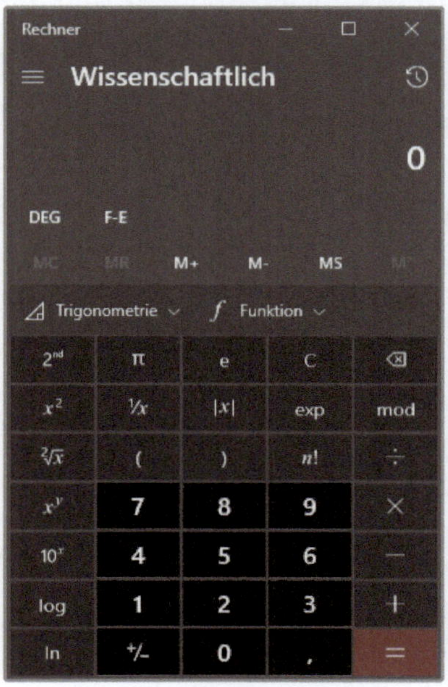

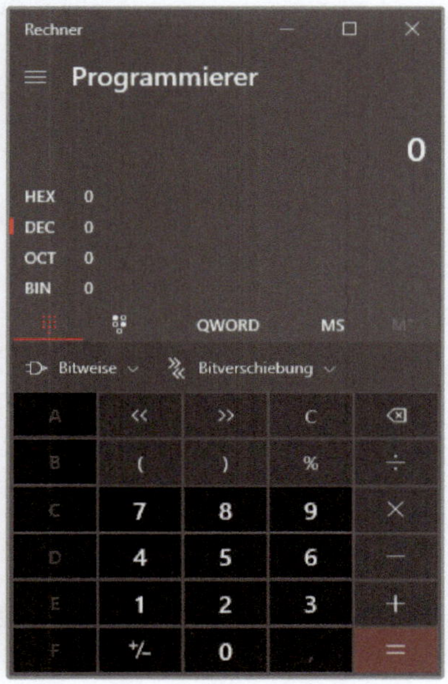

sich zwischen Gradmaß (DEG), Bogenmaß (RAD) und geodätischem Winkelmaß (GRAD) umschalten.

Achtung!
Lassen Sie sich nicht von der Bezeichnung **GRAD** verwirren! Wenn Sie 360° (also einen Vollwinkel) meinen, dann müssen Sie **DEG** auswählen. GRAD bezeichnet das sog. „geodätische Winkelmaß“ und rechnet nicht mit der Einheit Grad (Einheitszeichen °), sondern mit der Einheit Gon (Einheitszeichen gon). 360° (DEG) entsprechen 400 gon (GRAD).

- ***Programmierer:*** Der Bereich für Programmierer bietet als zusätzliche Funktion die automatische Umrechnung in verschiedene Zahlensysteme an: HEX für Hexadezimal-, DEC für Dezimal-, OCT für Oktal- und BIN für Binärzahlen. Es stehen auch zusätzliche Operatoren wie ***Bitverschiebung*** und ***Bitweise***-Operationen zur Verfügung.
- ***Datumsberechnung*** ermöglicht die Addition und Subtraktion von Daten.
- ***Diagramm:*** In dieser Ansicht können Funktionsterme eingegeben werden, die als Graphen dargestellt werden. Die Maus kann dann über ein Graphensegment gezogen werden, woraufhin genaue Koordinaten eingeblendet werden. Mit Teilen kann ein Bild des Graphen an andere Programme oder Personen gesendet werden, darunter auch an OneNote. Mit lässt sich der Graphenausschnitt genauer definieren.

Konverter
Konverter (Einheitenumrechner) wiederum stehen zur Verfügung für:

- Währung
- Volumen
- Länge
- Gewicht und Masse
- Temperatur
- Energie
- Fläche
- Geschwindigkeit
- Zeit
- Leistung
- Daten
- Druck
- Winkel

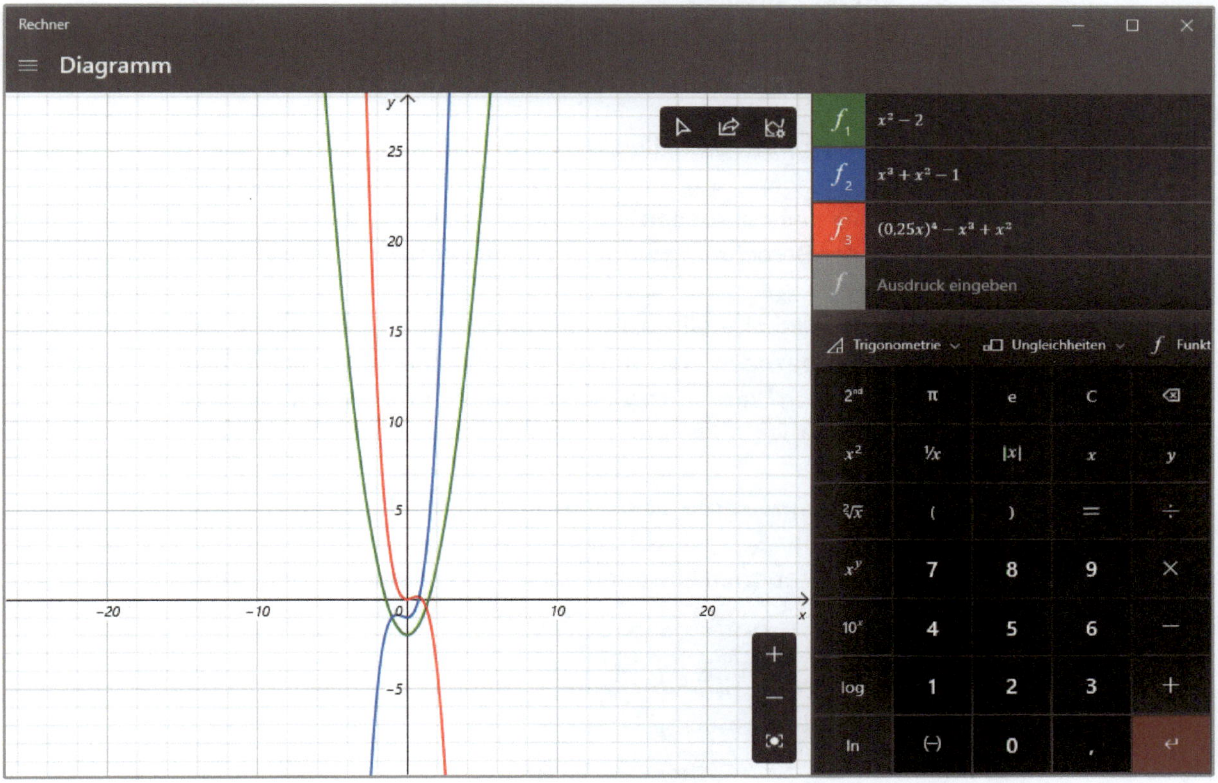
Rechner
Diagramm
x² − 2
x³ + x² − 1
(0,25x)⁴ − x³ + x²
Ausdruck eingeben
Trigonometrie
Ungleichheiten
Funkt
2nd
π
e
C
|x|
log
ln
7 8 9
4 5 6
1 2 3
0

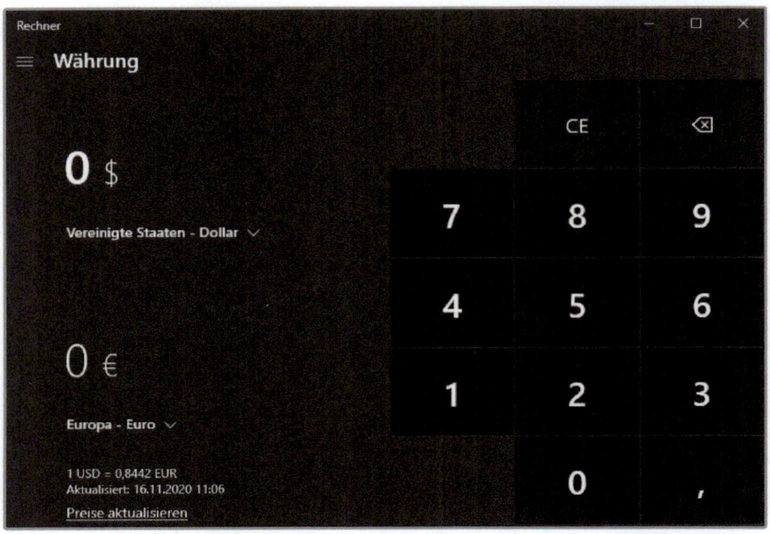
Rechner
Währung
CE
0 $
Vereinigte Staaten - Dollar
0 €
Europa - Euro
1 USD = 0,8442 EUR
Aktualisiert: 16.11.2020 11:06
Preise aktualisieren
7 8 9
4 5 6
1 2 3
0 ,

Verlauf und Speicher

Erwähnenswert sind die **M-Buttons**, die das Arbeiten mit einem zwischengespeicherten Wert ermöglichen.

MS speichert den aktuellen Wert ab, ***MR*** lädt ihn und ***MC*** löscht den Speicher.

M+ addiert den aktuellen Wert zum gespeicherten, ***M–*** subtrahiert ihn. Das Ergebnis der Berechnung wird zum neuen gespeicherten Wert.

M▾ zeigt den aktuell gespeicherten Wert an. Haben Sie das Rechnerfenster größer gezogen oder nutzen den Rechner sogar im Vollbild, so finden Sie den aktuellen Wert stattdessen in der rechten oberen Fensterecke unter dem Punkt ***Speicher***.

Je nachdem, wie groß sie das Rechner-Fenster gezogen haben, sehen sie oben rechts ein Uhr-Symbol bzw. den Button ***Verlauf***. Hier lassen sich die letzten Rechenoperationen einsehen und mit einem Klick erneut abrufen.

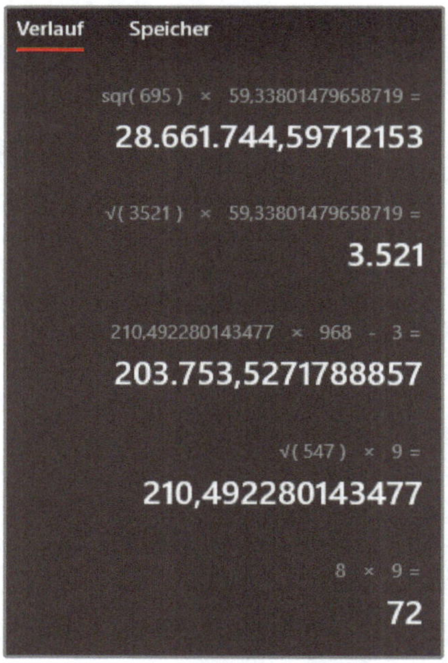

6 Sprachrekorder

Die App ***Sprachrekorder*** ist bei Windows 10 bereits mitgeliefert und installiert. Sie dient zum Aufzeichnen von Sprachnachrichten und kurzen Diktaten. Sie benötigen für die Nutzung der App ein Mikrofon und Lautsprecher (z. B. ein Headset oder separates Mikrofon und Lautsprecherboxen).

Sie finden die App im Windows-Startmenü. Beim ersten Start können Sie gleich eine Aufnahme anfertigen:

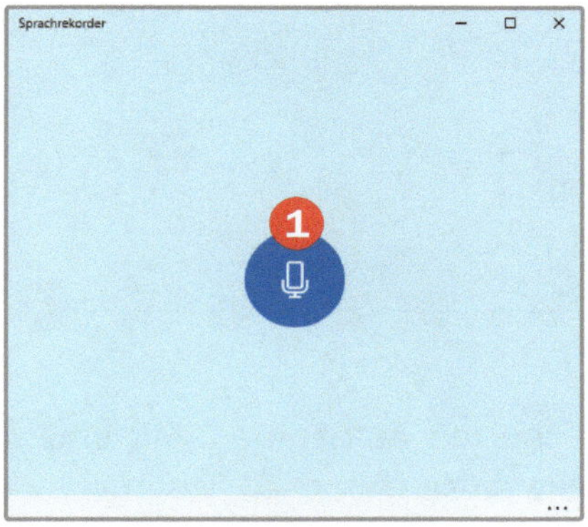

1. Klicken Sie auf den Start-Button, um mit der Aufnahme zu beginnen.

2. Mit demselben Button können Sie die Aufnahme beenden.

3. Sie können die Aufnahme auch pausieren.

4. Während der Aufnahme können Sie Markierungspunkte setzen, um so später in der Nachbearbeitung die Stellen leichter zu finden.

Aufgezeichnete Aufnahmen werden automatisch in Ihrem persönlichen Ordner ***Dokumente*** im Unterordner ***Soundaufnahmen*** gespeichert.

Die Aufnahmen können Sie dann z. B. in OneNote oder Outlook für Notizen verwenden und dort als Audiodatei einfügen. Oft ist eine lange Notiz einfacher gesprochen als geschrieben.

Haben Sie bereits eine Aufnahme gespeichert, verändert sich Ihr Programmfenster:

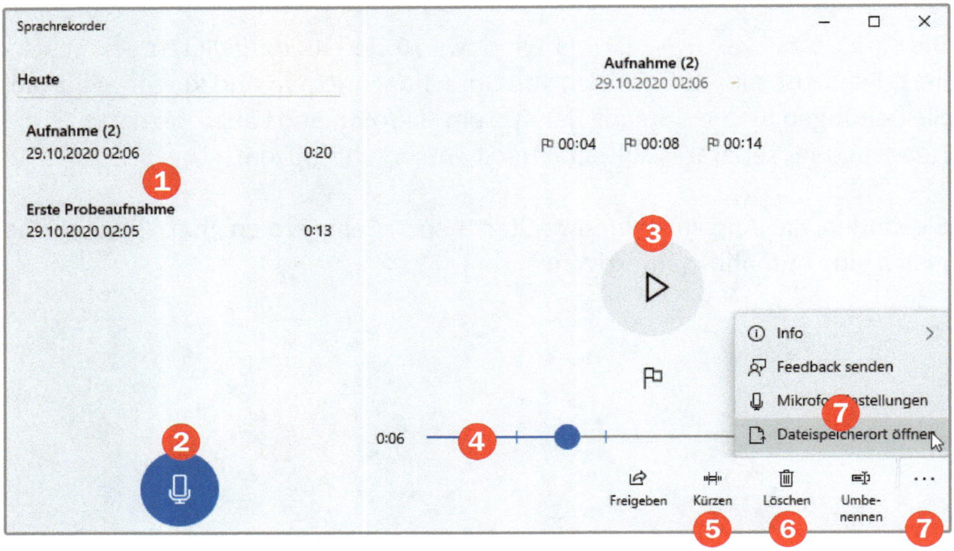

❶ Im linken Bereich sehen Sie Ihre gespeicherten Aufnahmen. Mit einem Rechtsklick auf eine Aufnahme können Sie diese ***Umbenennen*** oder ***Löschen***.

❷ Unten finden Sie den Aufnahme-Button für eine neue Aufnahme.

❸ Klicken Sie eine Aufnahme an und Sie können diese abspielen.

❹ In der Zeitleiste sehen Sie die Dauer, Markierungen und die Position des Stücks.

❺ Sie können sowohl den Anfang als auch das Ende beschneiden. Klicken Sie auf ***Kürzen*** und ziehen Sie die schwarzen Kreise in der Zeitleiste nach links oder rechts.

❻ Mit Klick auf den Papierkorb können Sie die gewählte Aufnahme ***Löschen.***

❼ In den Einstellungen können Sie den ***Dateispeicherort*** im Explorer öffnen oder die ***Mikrofoneinstellungen*** in den Windows-Einstellungen bearbeiten.

7 Office Lens

Wer kennt das nicht: zum Scanner gehen, Dokument richtig und vor allem gerade einlegen, zurück zum Computer, Scanprogramm starten, Vorschau scannen, evtl. beschneiden, endgültig scannen und speichern. Doch warum so umständlich, wenn man das gleiche Ergebnis mit einem Smartphone in wenigen Schritten erreichen kann? Die Qualität der Kameras heutiger Smartphones oder Tablets ist für diesen Zweck mehr als ausreichend.

Die App ***Office Lens*** von Microsoft unterstützt Sie beim Scannen und Fotografieren von Dokumenten, Whiteboards und mehr. Die App fotografiert Ihre Vorlagen, beschneidet diese gleich richtig und bietet die Möglichkeit, sie in vielen verschiedenen Dateiformaten zu speichern. Sogar Texterkennung (OCR) bietet die App.

Office Lens ist für Android- und iOS-Geräte im jeweiligen App Store kostenlos verfügbar. Es gibt auch eine Windows 10 App mit den gleichen Funktionen, allerdings wird diese Ende 2020 eingestellt, so dass wir sie hier nicht mehr behandeln werden.

Microsoft integriert die Funktionalität von ***Office Lens*** inzwischen in eine Reihe weiterer Apps. So können Sie die gleichen Funktionen bereits in zahlreichen anderen Apps nutzen, ohne extra dafür ***Office Lens*** zu benötigen:

- OneNote-App
- OneDrive-App
- Microsoft Office-App

Wenn Sie mit ***Office Lens*** ein Dokument scannen und speichern, wird dieses entweder lokal (z. B. als Bild in Ihrer Galerie) oder auf Ihrem ***OneDrive***-Cloud-Speicher gesichert.

Daher ist für die Nutzung von ***Office Lens*** ein ***Microsoft-Konto*** zwingend nötig.

Starten Sie die App Office Lens auf Ihrem Smartphone oder Tablet.

Ihr Dokument sollte möglichst wenig verknittert sein und unbedeckt auf einer Oberfläche liegen.

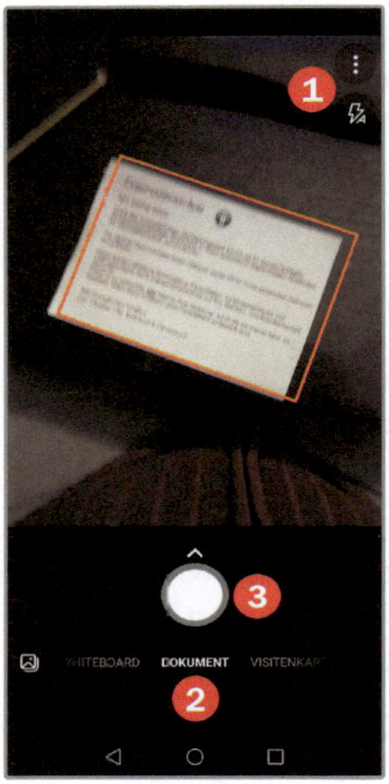

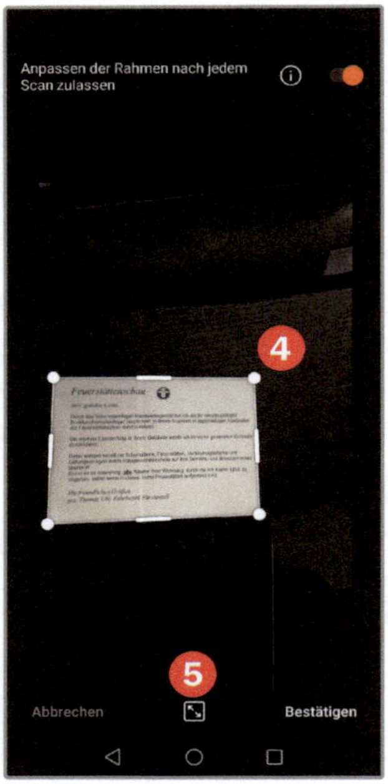

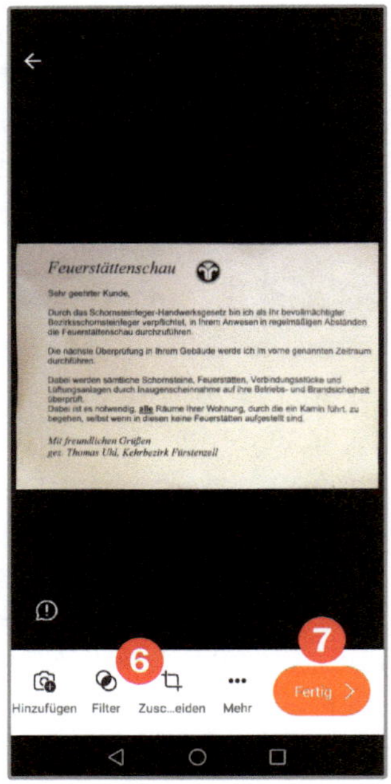

Im Kamerabildschirm fangen Sie Ihr gewünschtes Objekt komplett ein. Achten Sie auf den roten Rahmen: Er sollte Ihr Objekt ziemlich genau einfassen. Bewegen und drehen Sie die Kamera, um die Erfassung des Rahmens zu verändern.

1. Oben rechts können Sie die ***Einstellungen*** öffnen. In diesen können Sie unter anderem die Auflösung des Bildes verändern. Direkt unter dem Symbol können Sie den Blitz ein- und ausschalten oder auf ***Automatisch*** setzen.

2. Wählen Sie aus vier verschiedenen Aufnahmearten aus. Office Lens passt Beschnitt, Zoom und Nachbearbeitung entsprechend Ihrer Wahl an:

- Whiteboard: praktisch, um Whiteboards, Tafeln, Plakate und ähnliches zu „scannen“. Da Office Lens auch schräge Winkel ausgleicht, ist dies bei Vorträgen und Veranstaltungen sehr hilfreich, bei denen man seinen Blickwinkel zur Tafel bzw. zum Whiteboard nicht verändern kann.

- Dokument: für alle Dokumente: Briefe, Zettel etc., egal ob DIN A3 / A4 / A5 im Quer- oder Hochformat.

- Visitenkarte: für kleinere Dokumente wie eben Visitenkarten, kleine Flyer, Labels, Plaketten und ähnliches. Der Zoom der Kamera wird dabei automatisch erhöht.

- Foto: für Fotos gedacht und für alle Objekte, die nicht in die anderen Kategorien passen. Der Beschnitt des Fotos ist dabei relativ großzügig.

3 Wenn Sie Ihr Zielobjekt im Bild in den roten Rahmen entsprechend eingepasst haben, klicken Sie hier für die Aufnahme. Die Qualität wird natürlich um so besser, je gerader Sie das Objekt aufnehmen, aber auch schräge und schiefe Winkel kann ***Office Lens*** ausgleichen!

4 Sie können nun Ihr Bild noch anpassen und den Beschnitt an den weißen runden Eckpunkten verändern. Ziehen Sie dazu einfach einen weißen Eckpunkt in die gewünschte Richtung.

5 Mit diesem Symbol können Sie den Markierungsrahmen zurücksetzen und durch erneutes Antippen automatisch neu erkennen lassen.

6 Ihr endgültiges Bild können Sie dann im nächsten Fenster nochmals beschneiden, drehen, mit Text versehen und verschiedene Filter (z. B. Helligkeit oder schwarz-weiß) darauf anwenden.

7 Sind Sie mit dem Ergebnis zufrieden, tippen Sie auf ***Fertig***.

Schräge Aufnahmen werden korrigiert!

Office Lens richtet Ihr Foto automatisch passend aus, beschneidet die Ränder und gleicht schräge Winkel (z. B. trapezförmige Aufnahme, wegen eines schrägen Aufnahmewinkels) automatisch aus. Die Ergebnisse sehen sehr gut aus, aber beachten Sie, dass eine möglichst gerade und nicht verwackelte Aufnahme immer noch die besten Resultate liefern wird!

Im abschließenden Fenster wählen Sie nun die Speichermethode und damit auch den Speicherplatz aus:

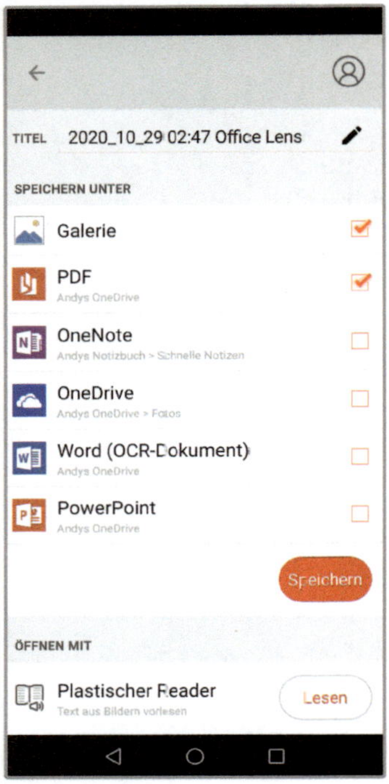

Galerie: Das Bild wird als .jpg-Datei in Ihrer Galerie auf dem Smartphone gespeichert.

PDF: Das Bild wird in ein PDF umgewandelt (ohne Texterkennung!) und in Ihrer OneDrive-Cloud gespeichert.

OneNote: Sie fügen das Bild als neue OneNote-Notiz ein.

OneDrive: Ihr Bild wird als .jpg auf OneDrive gespeichert.

Word (OCR-Dokument): Im Bild wird eine Texterkennung durchgeführt und dann als Word-Dokument gespeichert. Im Word-Dokument finden Sie zwei Versionen, einmal die Textvariante und als zweites das Originalbild.

PowerPoint: Ihr Bild wird in eine neue PowerPoint-Präsentation eingefügt.

Ganz oben am Bildschirmrand können Sie den Dateinamen angeben. Tippen Sie den ***Titel*** an und ändern Sie ihn nach Ihren Wünschen ab.

Am unteren Bildschirmrand haben Sie die Möglichkeit, den ***Plastischen Reader*** zu öffnen, der Ihnen dann den erkannten Text vorliest. Klicken Sie dazu auf ***Lesen***.

Wenn Sie alles ausgewählt haben, tippen Sie auf ***Speichern***, um Ihr Bild in allen gewählten Formaten abzuspeichern.

Im letzten Bildschirm sehen Sie alle Aufnahmen nach Aufnahmedatum aufgelistet. Sie können die App nun beenden oder durch Antippen des orangen Kamerasymbols rechts unten eine neue Aufnahme starten.

Tastenkürzel

OneNote

OneNote wurde so programmiert, dass es auch ohne Maus bedient werden kann und auch für Nutzer mit eingeschränkter Mobilität alle Funktionen bereitstellt. Aus diesem Grund bietet OneNote eine geradezu enorme Zahl von Tastenkürzeln. Auch Sie können von diesen Shortcuts profitieren: Stellen Sie fest, dass Sie bestimmte Aktionen immer wieder brauchen, machen Sie sich doch mit dem entsprechenden Shortcut vertraut! Und wenn Sie gerne in die Rolle eines richtigen Power-Users schlüpfen wollen, können Sie sich selbst herausfordern: Wieviele Kürzel können Sie sich einprägen?

Anmerkung:
Ein paar Kürzel kommen mehrfach vor, da sie in mehrere Kategorien passen. So müssen Sie hoffentlich etwas weniger blättern.

Allgemein

Neues OneNote-Fenster öffnen	Strg + M
Schnelle Notiz erstellen	Strg + ⇧ + M Windows-Taste + Alt + Num
OneNote-Fenster andocken	Strg + Alt + D
Rückgängig	Strg + Z
Wiederholen	Strg + Y

Alles auswählen	[Strg] + [A] (wiederholen, um Auswahl auszuweiten)
Ausschneiden (in die Zwischenablage)	[Strg] + [X]
Kopieren (in die Zwischenablage)	[Strg] + [C]
Einfügen (aus der Zwischenablage)	[Strg] + [V]
Zum Anfang der Zeile springen	[Pos 1]
Zum Ende der Zeile springen	[Ende]
Ein Wort nach links springen	[Strg] + [←]
Ein Wort nach rechts springen	[Strg] + [→]
Zeichen links vom Cursor löschen	[⇦]
Zeichen rechts vom Cursor löschen	[Entf]
Wort links vom Cursor löschen	[Strg] + [⇦]
Wort rechts vom Cursor löschen	[Strg] + [Entf]
Neuer Zeilenumbruch ohne neuen Absatz einfügen	[⇧] + [↵]
Rechtschreibung überprüfen	[F7]

Wörterbuch für ausgewähltes Wort öffnen	⇧ + F7
Kontextmenü für ausgewähltes Objekt anzeigen	⇧ + 0
Vorgeschlage Aktion aus der Informationsleiste am oberen Seitenende ausführen, sobald sie erscheint.	Strg + ⇧ + W
Ausgewähltes Audio-Element abspielen	Strg + Alt + P
Audio-Wiedergabe anhalten	Strg + Alt + S
In der aktuellen Audio-Wiedergabe 10 Sekunden zurückspringen	Strg + Alt + Y
In der aktuellen Audio-Wiedergabe 10 Sekunden nach vorne springen	Strg + Alt + U

Formatierung

Ausgewählten Text hervorheben / highlighten	Strg + Alt + H
Hyperlink einfügen	Strg + K
Format des ausgewählten Texts kopieren	Strg + ⇧ + C

Format in ausgewählten Text einfügen	Strg + ⇧ + V
Hyperlink öffnen (wenn ausgewählt oder gehovert)	↵
Text fett (ent)formatieren	Strg + B
Text kursiv (ent)formatieren	Strg + I
Text unterstrichen (ent)formatieren	Strg + U
Text durchgestrichen (ent)formatieren	Strg + -
Text als Liste (ent)formatieren	Strg + .
Text als Überschrift 1 formatieren	Strg + Alt + 1
Text als Überschrift 2 formatieren	Strg + Alt + 2
Text als Überschrift 3 formatieren	Strg + Alt + 3
Text als Überschrift 4 formatieren	Strg + Alt + 4
Text als Überschrift 5 formatieren	Strg + Alt + 5
Text als Überschrift 6 formatieren	Strg + Alt + 6
Alle Formate in Auswahl löschen	Strg + ⇧ + N

Absatz weiter einschieben	Alt + ⇧ + → ⇆ wenn am Anfang der Zeile
Absatz weniger weit einschieben	Alt + ⇧ + ← ⇧ + ⇆ wenn am Anfang der Zeile
Absatz linksbündig machen	Strg + L
Absatz rechtsbündig machen	Strg + R
Schriftgröße des ausgewählten Texts erhöhen	Strg + ⇧ + <
Schriftgröße des ausgewählten Texts verringern	Strg + <
Hilfslinien auf der aktuellen Seite ein- oder ausblenden	Strg + ⇧ + R

Inhalte einfügen

Dokument oder Datei einfügen	Alt + N, F
Dokument oder Datei als Druck einfügen	Alt + N, O
Dokumentenausdrucke auf der Seite anzeigen/ nicht mehr anzeigen (wenn OneNote im Kontrastmodus ausgeführt wird)	Alt + ⇧ + P

Bild aus Datei einfügen	Alt + N, P
Bild von Scanner oder Kamera einfügen	Alt + N, S
Bilkdschirmausschnitt einfügen	Windows-Taste + ⇧ + S
Aktuelles Datum einfügen	Alt + ⇧ + D
Aktuelle Uhrzeit einfügen	Alt + ⇧ + T
Aktuelles Datum mit Uhrzeit einfügen	Alt + ⇧ + F
Zeilenumbruch einfügen	⇧ + ↵
Ausgewählten Text zu mathematischer Formel umwandeln	Alt + =

Arbeiten mit Tabellen

Tabelle einfügen	↹ (nachdem eine Zeile eingetippt wurde)
Neue Spalte einfügen (wenn Tabelle nur eine Zeile hat)	↹
Neue Zeile einfügen (wenn in der letzten Tabellenzelle)	↵ (nochmals ↵ drücken, um Tabelle abzuschließen)
Neue Zeile unter aktueller Zeile einfügen	Strg + ↵

Neuer Absatz im selben Tabellenfeld	Alt + ↵
Neue Spalte rechts der aktuellen Spalte einfügen	Strg + Alt + R
Neue Zeile über der aktuelle Zeile einfügen	↵ (wenn am Anfang einer Zeile, außer am Anfang der ersten Zeile)
Neue Zelle einfügen	↹ (in der letzten Zelle der Tabelle)
Aktuelle, leere Zeile löschen.	Entf, dann nochmals Entf, nachdem der Cursor zum Zeilenbeginn gesprungen ist.

Text und Objekte auswählen

Alles auswählen	Strg + A
Bis zum Ende der Zeile auswählen	Strg + Ende
Die gesamte Zeile auswählen	Strg + ↓ (wenn der Cursor am Anfang der Zeile steht)
Seitentitel auswählen	Strg + ⇧ + T
Auswahl aufheben	Esc
Ausgewählten Absatz nach oben bewegen	Alt + ⇧ + ↑

Ausgewählten Absatz nach unten bewegen	Alt + ⇧ + ↓
Absatz weiter einschieben	Alt + ⇧ + → ↹ wenn am Anfang der Zeile
Absatz weniger weit einschieben	Alt + ⇧ + ← ⇧ + ↹ wenn am Anfang der Zeile
Aktuellen Absatz und untergeordnete Absätze auswählen	Strg + ⇧ + -
Ausgewähltes Objekt löschen	Entf
Zum Zeilenanfang springen	Pos 1
Zum Zeilenende springen	Ende
Zur zuletzt besuchten Seite springen	Alt + ←
Zur nächsten besuchten Seite springen	Alt + →

Notizen markieren / taggen

ToDo-Tag einfügen/entfernen	Strg + 1
Wichtig-Tag einfügen/entfernen	Strg + 2

Frage-Tag einfügen/entfernen	Strg + 3
Für-später-vormerken-Tag einfügen/entfernen	Strg + 4
Definition-Tag einfügen/entfernen	Strg + 5
Eigenes Tag einfügen/entfernen	Strg + 6 Strg + 7 Strg + 8 Strg + 9
Alle Tags von den ausgewählten Notizen entfernen	Strg + 0

Mit Hierarchien und Gliederungen arbeiten

Bis Ebene 1 anzeigen Bis Ebene 2 anzeigen ... Bis Ebene 9 anzeigen	Alt + ⇧ + 1 Alt + ⇧ + 2 ... Alt + ⇧ + 9
Alle Ebenen erweitern/aufklappen	Alt + ⇧ + 0
Ausgewählte Überschrift erweitern	Alt + ⇧ + =
Ausgewählte Überschrift einklappen	Alt + ⇧ + -
Einzug um eine Ebene erhöhen	⇆

Einzug um eine Ebene verringern	⇧ + ↹
Reduzierte (eingeklappte) Gliederung erweitern (ausklappen)	Alt + ⇧ + +
Erweiterte (ausgeklappte) Gliederung reduzieren (einklappen)	Alt + ⇧ + -

Spracheinstellungen

Anmerkung: Die Schreibrichtung ist i. d. R. von der ausgewählten Sprache abhängig. Möchten Sie die Schreibrichtung ändern, müssen Sie in den Microsoft Office-Spracheinstellungen erst mindestens eine rechts-nach-links-Sprache aktivieren.

Schreibrichtung „von links nach rechts“ festlegen	Strg + ⇧ (links)
schreibrichtung „von rechts nach links“ festlegen	Strg + ⇧ (rechts)
Einzug bei rechts-nach-links-Text erhöhen	↹
Einzug bei rechts-nach-links-Text verringern	⇧ + ↹

Mit Seiten arbeiten

Vollständige Seitenansicht (de) aktivieren	F11

Ein neues OneNote-Fenster öffnen	Strg + M
Eine neue schnelle Notiz erstellen	Strg + ⇧ + M
Registerkarten von einer Seiten- gruppe vergrößern/verkleinern	Strg + ⇧ + *
Aktuelle Seite drucken	Strg + P
Am Ende des markierten Ab- schnitts eine neue Seite hinzugüen	Strg + N
Seitenregisterleiste verbreitern	Strg + ⇧ + [
Seitenregisterleite verschmälern	Strg + ⇧ +]
Neue Seite unter dem aktuellen Seitenregistger auf der selben Ebene erstellen	Strg + Alt + N
Aktuelles Seitenregister eine Ebe- ne weniger einziehen	Strg + Alt + [
Aktuelles Seitenregister eine Ebe- ne weiter einziehen	Strg + Alt +]
Eine Unterseite unter der aktuellen Seite erstellen	Strg + ⇧ + Alt + N
Alles auswählen	Strg + A (erneut drücken, um Auswahl auszuweiten)
Aktuelle Seite auswählen	Strg + ⇧ + A

Markiertes Seitenregister nach oben verschieben	Alt + ⇧ + ↑
Markiertes Seitenregister nach unten verschieben	Alt + ⇧ + ↓
Seitentitel auswählen	Strg + ⇧ + T
Zur ersten Seite in aktuell sichtbaren Seitenregistern wechseln	Alt + Bild ↑
Zur letzten Seite in aktuell sichtbaren Seitenregistern wechseln	Alt + Bild ↓
Nach oben scrollen	Bild ↑
Nach unten scrollen	Bild ↓
Zum Anfang der Seite scrollen	Strg + Pos 1
Zum Ende der Seite scroillen	Strg + Ende
Zum nächsten Absatz	Strg + ↓
Zum vorherigen Absatz	Strg + ↑
Cursor nach oben verschieben bzw. Seite nach oben erweitern	Strg + Alt + ↑
Cursor nach unten bewegen bzw. Seite nach unten erweitern	Strg + Alt + ↓

Cursor nach links bewegen bzw. Seite nach unten erweitern	Strg + Alt + ←
Cursor nach rechts bewegen bzw. Seite nach rechts erweitern	Strg + Alt + →
Zum nächsten Feld / Notizencontainer springen	Alt + ↓
Zum Zeilenanfang springen	Pos 1
Zum Zeilenende springen	Ende
Zur letzten besuchten Seite springen	Alt + ←
Zur nächsten besuchten Seite springen	Alt + →
Vergrößern	Alt + Strg + + (Numpad) Alt + Strg + ⇧ + +
Verkleinern	Alt + Strg + − (Numpad) Alt + Strg + ⇧ + −
Notizbuch manuell synchronisieren	Strg + S

Mit Notizbüchern und Abschnitten arbeiten

OneNote öffnen	Windows-Taste + ⇧ + N

Notizbuch öffnen	Strg + O
Abschnitt öffnen	Strg + Alt + ⇧ + O
An OneNote Tool senden	Windows-Taste + N
Neuen Abschnitt erstellen	Strg + T
Zum nächsten Abschnitt springen	Strg + ⇆
Zum vorherigen Abschnitt springen	Strg + ⇧ + ⇆
Zum nächsten Seite (im Abschnitt) springen	Strg + Bild ↓
Zur vorherigen Seite (im Abschnitt) springen	Strg + Bild ↑
Zur ersten Seite im Abschnitt springen	Alt + Pos 1
Zur letzten Seite im Abschnitt springen	Alt + Ende
Zur ersten Seite in den derzeit sichtbaren Seitenregistern springen	Alt + Bild ↑
Zur letzten Seite in den derzeit sichtbaren Seitenregistern springen	Alt + Bild ↓

Aktuelle Seite verschieben/kopieren	Strg + Alt + M
Aktuelles Seitenregister fokussieren	Strg + Alt + G
Aktuelles Seitenregister markieren	Strg + ⇧ + A
Aktuelles Abschnittsregister fokussieren	Strg + ⇧ + G
Aktuellen Abschnitt verschieben	Strg + ⇧ + G, dann ⇧ + F10, M
Zu einem anderen Notizbuch wechseln	Strg + G, dann mit den Pfeiltasten zum gewünschten Notizbuch navigieren. Mit ↵ bestätigen.

Notizen durchsuchen

Ins Suchfeld springen (alle Notizbücher durchsuchen)	Strg + E
Vorschau für nächstes Suchergebnis anzeigen	↓
Zum ausgewählten Ergebnis springen	↵
Suchbereich ändern	Strg + E, ⇆, ␣
Bereich Suchergebnisse öffnen	Alt + O (nach dem Suchen)
Aktuelle Seite durchsuchen	Strg + F

Zum nächsten Ergebnis wechseln	↵ + F3
Zum vorherigen Ergebnis wechseln	⇧ + F3
Suche schließen und zur Seite zurückkehren	Esc

Notizen freigeben

Ausgewählte Seiten via E-Mail versenden	Strg + ⇧ + Esc
Ausgewählte Notiz als Outlook-Aufgabe für heute eintragen	Strg + ⇧ + 1
Ausgewählte Notiz als Outlook-Aufgabe für morgen eintragen	Strg + ⇧ + 2
Ausgewählte Notiz als Outlook-Aufgabe für diese Woche eintragen	Strg + ⇧ + 3
Ausgewählte Notiz als Outlook-Aufgabe für nächste Woche eintragen	Strg + ⇧ + 4
Ausgewählte Notiz als Outlook-Vorgang ohne Datum eintragen	Strg + ⇧ + 5
Ausgewählten Outlook-Vorgang öffnen	Strg + ⇧ + K

Ausgewählte Outlook-Aufgabe als erledigt markieren	Strg + ⇧ + 9
Ausgewählte Outlook-Aufgabe löschen	Strg + ⇧ + 0
Aktuell freigegebenes Notizbuch synchronisieren	Strg + F9
Alle freigegebenen Notizbücher synchronisieren	F9
Aktuelle Seite als ungelesen markieren	Strg + Q

Notizen schützen

Alle kennwortgeschützten Abschnitte sperren	Strg + Alt + L

Teams

Allgemein

Aktion	Desktop-App	Web-App
Tastenkombinationen anzeigen	Strg + .	Strg + .
Wechseln zum Suchfeld	Strg + E	Strg + E
Befehle anzeigen, die im Suchfeld ausgeführt werden können	Strg + ⇧ + 7	Im Suchfeld einen Slash (/) eingeben
Anzeige aller verfügbaren Teams und Kanäle, dann Team/Kanal anklicken	Strg + G	Im Suchfeld /gehezu eingeben + ↵
Filtertext eingeben in den Bereichen Aktivität, Chat oder Teams	Strg + ⇧ + F	Strg + ⇧ + F
Einstellungen öffnen	Strg + ,	
Öffnen der Hilfe	F1	Strg + F1
Schließen	E	E
Anzeige vergrößern	Strg + +	Strg + +
Anzeige verkleinern	Strg + -	Strg + -

Aktion	Desktop-App	Web-App
Zoom auf 100%	Strg + 0	

Nachrichten in Kanälen oder im Chat versenden

Aktion	Desktop-App	Web-App
Neuen Chat beginnen	Strg + N	
Nachrichtenfeld anwählen im Chat oder im ausgewählten Kanal	C	C
Neue Zeile beginnen	⇧ + ↵	⇧ + ↵
Nachricht senden	Ü	Ü
Das Nachrichtenfeld erweitern, mehr Bearbeitungsoptionen, Zeilenumbrüche mit ↵ eingegeben	Strg + ⇧ + X	Strg + ⇧ + X
Nachricht senden im erweiterten Nachrichtenfeld	Strg + ↵	Strg + ↵
Datei auswählen	Strg + O	Strg + ⇧ + O
Auf den letzten Beitrag im Kanal antworten	R	

Aktion	Desktop-App	Web-App
Eine Nachricht vor dem Versenden als wichtig markieren	Strg + ⇧ + I	Strg + ⇧ + I

Navigation

Aktion	Desktop-App	Web-App
Aktivität öffnen	Strg + 1	Strg + ⇧ + 1
Chat öffnen	Strg + 2	Strg + ⇧ + 2
Teams öffnen	Strg + 3	Strg + ⇧ + 3
Kalender öffnen	Strg + 4	Strg + ⇧ + 4
Anrufe öffnen	Strg + 5	Strg + ⇧ + 5
Dateien öffnen	Strg + 6	Strg + ⇧ + 6
Teamreihenfolge im Bereich Teams verändern: Markiertes Team nach oben verschieben	Strg + ⇧ + ↑	
Markiertes Team nach unten verschieben	Strg + ⇧ + ↓	

Nicht vergessen! Standardmäßig ist für Microsoft Teams als Tastatursprache ***Englisch*** eingestellt. Ohne Änderung funktionieren einige der hier gezeigten Shortcuts nicht. Die Tastatursprache ändern Sie durch Anklicken der Persönlichen Einstellungen rechts oben und Auswahl von ***Einstellungen***. Hier finden Sie im Bereich ***Allgemein*** die Tastatursprache ganz unten.

Sprach- und Videoanrufe

Aktion	Desktop-App	Web-App
Audioanruf starten aus dem Einzelchat mit dem Anzurufenden	Strg + ⇧ + C	Strg + ⇧ + C
Audioanruf annehmen	Strg + ⇧ + S	Strg + ⇧ + S
Videoanruf starten aus dem Einzelchat mit dem Anzurufenden	Strg + ⇧ + U	Strg + ⇧ + U
Videoanruf annehmen	Strg + ⇧ + A	Strg + ⇧ + A
Anruf ablehnen	Strg + ⇧ + D	Strg + ⇧ + D
Stummschaltung ein- bzw. ausschalten	Strg + ⇧ + M	Strg + ⇧ + M
Videoübertragung ein bzw. ausschalten	Strg + ⇧ + O	
Hintergrundweichzeichner ein- bzw. ausschalten	Strg + ⇧ + P	

Besprechungen im Kalender planen

Aktion	Desktop-App
Neue Besprechung anlegen	Alt + ⇧ + N
Besprechungsanfrage senden und im Kalender speichern	Strg + S
Zur aktuellen Uhrzeit wechseln	Alt + .
Kalender in der Tagesansicht anzeigen	Strg + Alt + 1
Kalender in der Ansicht Arbeitswoche anzeigen	Strg + Alt + 2
Kalender in der Wochenansicht anzeigen	Strg + Alt + 3

Glossar

Account	Englische Bezeichnung für ein Konto, z. B. ein E-Mail Konto.
Administrator	Benutzer, die als Administrator am PC angemeldet sind, verfügen über alle Berechtigungen am Computer und können sämtliche Einstellungen ändern. Im Gegensatz dazu dürfen Standardbenutzer zwar ihre persönlichen Einstellungen ändern und speichern, nicht jedoch tiefgreifende Änderungen am System vornehmen.
Android	Android ist ein Betriebssystem für Smartphones. Fast jedes Jahr wird eine neue Version veröffentlicht, die man nach Möglichkeit installieren sollte. Diese Aktualisierung ist bei älteren Smartphones oft nicht mehr möglich. Die aktuelle Version ist Android 11. Damit man die Versionen besser unterscheiden kann, wird zur Nummer meist noch ein Name ergänzt: Android 9 – Pie, Android 11 – Red Valvet Cake, usw.
App	Windows 10 bezeichnet alle Arten von Programmen als Apps. App ist eine Abkürzung des englischen Begriffs Application, deutsch Anwendung. Apps im engeren Sinne sind eigentlich kleine spezialisierte und für die Fingerbedienung optimierte Programme.
App Store	Digitale Vertriebsplattform für Programme und Apps. Je nachdem, von welchem Gerät aus man agiert, hat man Zugriff auf andere Stores. Auf Windows wäre das z. B. der „Microsoft Store“, auf Android der „Google Play Store“ und der iOS-Store heißt nur „App Store“.
Arbeitsspeicher	Siehe RAM
Auflösung	Die Auflösung legt fest, wie viele Pixel (= Bildpunkte) zur Anzeige auf dem Bildschirm verwendet werden. Die Auflösung ist abhängig von der Größe und Bauweise des Monitors. Je höher die Auflösung, umso kleiner erscheinen Schrift und Symbole.

Bibliothek	Bibliotheken fassen Inhalte ähnlicher Ordner zusammen und erleichtern so die Suche nach Dateien. Standardmäßig stellt Windows die Bibliotheken Dokumente, Bilder, Musik und Videos zur Verfügung. Weitere Bibliotheken können vom Benutzer angelegt werden. Im Gegensatz zu Windows 7 verfügt Windows 10 zwar über Bibliotheken, zeigt diese aber standardmäßig im Datei-Explorer nicht an. Zum Einblenden klicken Sie im Register Ansicht auf Navigationsbereich.
Browser	Als Browser (engl. to browse = durchsuchen) bezeichnet man Apps, mit denen Sie im Internet surfen. Neben dem, in Windows 10 integrierten Browser Microsoft Edge, gehören unter anderem Mozilla Firefox, Chrome und Safari dazu.
Bluetooth	Als Bluetooth bezeichnet man einen Standard für Datenübertragung per Funk über kurze Entfernungen. Voraussetzung dafür ist spezielle Hardware, die in manchen Laptops/Notebooks bereits integriert ist. Falls diese nicht vorhanden ist, kann auch eine Verbindung auch über einen Adapter hergestellt werden, der seinerseits an einen USB-Anschluss angeschlossen wird. Kopfhörer oder Headset, Maus und Tastatur sowie Mobiltelefone können auf diese Weise angeschlossen werden
Cloud	Als Cloud-Computing bezeichnet man die Nutzung von Dienstleistungen wie Software und Speicherplatz über ein Netzwerk. Der Begriff „Cloud“ (dt. Wolke) rührt daher, dass für die Nutzer der genaue Ursprung und Speicherort nicht nachvollziehbar und undurchsichtig (verhüllt) ist. „In der Cloud speichern“ bedeutet somit nichts anderes, als Daten nicht auf der Festplatte des eigenen PCs, sondern irgendwo auf einem anderen Speicher im Internet zu speichern.
Cookies	Cookies sind kleine Textdateien, die beim Betrachten von Webseiten auf Ihrer Festplatte abgelegt werden. Sie dienen einerseits beim Einkaufen im Internet zum vorübergehenden Speichern des Warenkorbs, andererseits lässt sich daraus aber auch ein Nutzerprofil zu Werbezwecken erstellen.

Copy & Paste	Englisch für Kopieren & Einfügen. Ein Element wird dabei in die Zwischenablage kopiert (beispielsweise mit der Tastenkombination Strg+C) und andernorts eingefügt (beispielsweise mit der Tastenkombination Strg+V).
Crossplattform	Bezeichnet Programme und Funktionen, die geräteübergreifende Eigenschaften haben. Crossplattform-Apps sind solche, die nahtlos miteinander verwendet werden können, egal ob man gerade am Smartphone oder Desktoprechner arbeitet.
Cursor	Als Cursor bezeichnet man bei der Eingabe von Text die Einfügemarke oder Schreibposition.
Dateinamenerweiterung	Jeder Dateiname erhält beim Speichern automatisch einen Zusatz, die Dateinamenerweiterung (extension), bestehend aus einem Punkt, gefolgt von drei oder vier Buchstaben. Sie kennzeichnet den Dateityp, d. h. legt fest, welche Anwendung zum Öffnen der Datei verwendet wird. Standardmäßig ist die Dateinamenerweiterung nicht sichtbar, kann aber im Menüband des Datei-Explorers eingeblendet werden.
Desktop	Der Desktop (dt. Schreibtischoberfläche) ist die Arbeitsoberfläche unter Windows. Hier werden alle Apps in Fenstern geöffnet und angeordnet.
Dokument	Als Dokument bezeichnet Windows, unabhängig vom Inhalt, alle Dateien, die Texte enthalten.
Drag & Drop	Englisch für Ziehen & Fallenlassen, eine Bezeichnung für das Ziehen und Verschieben bei gedrückter linker Maustaste.

Dropdown-Pfeil	Viele Eingabefelder erfordern keine Tastatureingabe, sondern bieten Werte zur Auswahl an. In diesen Feldern befindet sich rechts ein kleines, nach unten weisendes Dreieck oder ein Pfeil und ein Klick darauf öffnet die Liste. Alternativ können Sie die Liste auch mit der Tastenkombination Alt+Pfeil nach unten öffnen, die Auswahl erfolgt dann mit den Pfeiltasten und durch Drücken der Eingabetaste wird die markierte Auswahl übernommen. Eine weitere Möglichkeit: tippen Sie die ersten Zeichen ein, dann wird Ihre Eingabe automatisch ergänzt.
Esc-Taste	Die Escape-Taste (Englisch to escape = entkommen) dient dem Abbrechen von Befehlen und entspricht der Schaltfläche Abbrechen.
Festplatte	Der wichtigste Datenträger eines PCs ist die fest eingebaute (daher der Name) Festplatte. Auf ihr werden Windows und alle übrigen Apps/ Programme gespeichert. In der Regel erhält die Festplatte den Laufwerksbuchstaben C:. Daneben gibt es auch mobile Festplatten, z. B. zur Datensicherung, diese erhalten beim Anschließen ebenfalls einen Laufwerksbuchstaben und werden zur Unterscheidung als externe Festplatten bezeichnet.
Festplattenpartitionen	Eine Festplatte kann in mehrere logische Laufwerke aufgeteilt werden, die so genannten Partitionen. In diesem Fall erhält jede Partition einen eigenen Laufwerksbuchstaben.
Firewall	Als Firewall, dt. Brandmauer bezeichnet man eine Sicherheitssoftware, die ein Netzwerk oder einen einzelnen Computer vor unerwünschten Angriffen von außen schützt indem sie laufend den Datenverkehr überwacht.
Fn-Taste	Mit der Fn-Taste nutzen Sie auf der Tastatur eines Laptops die Ziffernbelegung und weitere Tastaturfunktionen.

Getaktete Verbindung	Wenn Sie auf einem mobilen Gerät einen volumenbegrenzten Datentarif nutzen, dann können Sie unnötige Kosten durch Downloads sparen, indem Sie diese WLAN-Verbindung als getaktete Verbindung festlegen. Über getaktete Verbindungen werden standardmäßig keine Windows-Updates heruntergeladen.
Hot Spot	Als Hot Spot bezeichnet man einen öffentlichen, für jedermann über Funk zugänglichen Internetzugriffspunkt (WLAN). Hot Spots sind zum Beispiel in Flughäfen, Bahnhöfen oder Hotels zu finden.
HTML	Abkürzung für Hypertext Markup Language, eine textbasierte Auszeichnungssprache für Dokumente mit Text, Bildern und Hyperlinks. HTML ist das wichtigste Dateiformat für Webseiten, zur Anzeige wird ein Browser, z. B. Microsoft Edge benötigt.
http, https	Abkürzung für Hypertext Transfer Protocol, ein Protokoll zur Übertragung von Informationen im Web. Diese Abkürzung ist einer URL vorangestellt. Bei https handelt es sich um ein abhörsicheres, verschlüsseltes Protokoll, das bei Einkäufen im Web oder Online-Banking zum Einsatz kommt.
Hyperlink	Siehe Link
Index	Ein Index speichert Stichwörter und beschleunigt die Suche. Der Index von Windows wird zur schnellen Suche nach Dateien und Ordnern benötigt und bezieht auch Dateiinhalte mit ein. Standardmäßig werden lediglich die Inhalte der persönlichen Ordner indiziert, weitere Speicherorte können hinzugefügt werden.
iOS	iOS ist das von Apple entwickelte Betriebssystem für das iPhone. Fast jedes Jahr wird eine neue Version veröffentlicht, die man nach Möglichkeit installieren sollte. Das Softwareupdate des Betriebssystem findet sich auf Ihrem iPhone unter: Einstellungen > Allgemein > Softwareupdate. Die aktuelle Version ist iOS 14.1 (Stand Nov. 2020).

JPG/JPEG	Hierbei handelt es sich um ein Dateiformat, das zur Speicherung von Fotos verwendet wird. Die Dateien erhalten die Dateinamenerweiterung .jpg oder .jpeg.
Kontextmenü	Das Kontextmenü wird über die rechte Maustaste geöffnet. Alle Befehle des Kontextmenüs beziehen sich ausschließlich auf das, mit der rechten Maustaste angeklickte Objekt.
Konto	Ein Benutzerkonto verwaltet alle individuellen Einstellungen, z. B. Aussehen von Startmenü und Desktop, außerdem verfügt jeder Benutzer über persönliche Ordner zum Speichern von Dateien. Windows unterscheidet zwischen Standardbenutzern mit eingeschränkten Rechten und Administratorbenutzern. Um ein neues Benutzerkonto anzulegen, sind Administratorrechte erforderlich. Ein Benutzerkonto kann entweder ein Microsoft-Konto oder ein lokales Benutzerkonto sein.
Laufwerk	Als Laufwerke werden alle angeschlossenen Datenträger eines Computers bezeichnet. Jedem Laufwerk wird ein Buchstabe, gefolgt von einem Doppelpunkt zugewiesen, die Festplatte erhält in der Regel den Buchstaben C:. Bei der Anzeige sowie beim Öffnen und Speichern unterscheidet Windows nicht zwischen Laufwerken und Ordnern.
Link	Ein Link ist ein Verweis auf eine bestimmte Stelle im selben Dokument oder in einer anderen Datei. Am bekanntesten sind Links im Internet, wenn von einer Webseite auf Inhalte anderer Webseiten verlinkt wird.
Microsoft Office	Eine Sammlung von Büroprogrammen. Sie enthält unter anderem die bekannten Programme Word (Textverarbeitung), Excel (Tabellenkalkulation), PowerPoint (Präsentationen) sowie Outlook (E-Mail, Kontakte und Terminplanung).
Multitasking	Als Multitasking bezeichnet man die Fähigkeit, mehrere gleichzeitig geöffnete Anwendungen/Apps zu verwalten.

PDF	PDF ist die Abkürzung für Portable Document Format, ein Dateiformat für Dokumente in dem alle Bilder und Formatierungen beibehalten werden. Die Inhalte können unabhängig vom Betriebssystem auf jedem Computer gelesen werden, dazu wird nur ein kostenlos erhältliches Leseprogramm, z. B. Adobe Reader benötigt, auch im Browser Microsoft Edge können PDF-Dateien geöffnet werden. Nachträgliche Änderungen am Inhalt sind dagegen nur mit spezieller Software möglich.
Pfad	Der Pfad oder Suchpfad bezeichnet den genauen Speicherort einer Datei oder eines Ordners und besteht aus dem Laufwerksbuchstaben und den Namen der übergeordneten Ordner, jeweils getrennt durch einen rückwärtsgewandten Schrägstrich, den Backslash. Beispiel: D:\Briefe\Geschäftlich\Maier.docx.
Pixel	Als Pixel bezeichnet man die Bildpunkte, die zur Darstellung auf dem Bildschirm verwendet werden. Die Auflösung eines Bildschirms gibt die Anzahl der darstellbaren Pixel pro Zeile und Spalte an.
RAM	Der RAM (Random Access Memory) oder Arbeitsspeicher eines Computers wird vom Prozessor zum Zwischenspeichern von Daten und Befehlen benötigt.
Router	Router regeln in einem lokalen, d. h. räumlich begrenzten Netzwerk mit mehreren Computern die korrekte Übermittlung der Daten und verbinden das Netzwerk mit dem Internet. Aus Sicherheitsgründen sollte jeder Router mit einem Kennwort gesichert werden.
Scrollen	Als Scrollen bezeichnet man das Verschieben des sichtbaren Bildschirmausschnitts, beispielsweise durch Drehen des Mausrads. Bei einem Touchscreen wischen Sie in die gewünschte Richtung über den Bildschirm.
Server	Als Server bezeichnet man Computer, genauer gesagt spezielle Software, die in einem Netzwerk Informationen, Speicherplatz und andere Dienste (z. B. E-Mail Postfach) bereitstellt.

Shortcut	siehe Tastenkombination
SSD	Abkürzung für Solid State Disc. Bei SSD-Festplatten handelt es sich im Gegensatz zu herkömmlichen Festplatten auf magnetischer Basis um Halbleiterspeicher mit sehr kurzen Zugriffszeiten. Sie eignen sich besonders für den Einsatz als schnelle Festplatten, allerdings zu einem höheren Preis.
Synchronisierung	Bezeichnet das Abgleichen von Daten auf mehreren verschiedenen Geräten bzw. mit einem Cloud-Server. Wird auf einem Gerät eine Datei hinzugefügt, taucht sie damit auf allen anderen Geräten ebenfalls auf bzw. wird sie von einem Gerät gelöscht, soll sie auch auf allen anderen Geräten gelöscht werden. Beispiel: Bei OneNote-Notizbüchern sollen alle Änderungen sofort auf allen mit dem Notizbuch verbundenen Geräten sichtbar sein. Deswegen werden OneNote-Notizbücher synchronisiert.
Task-Manager	Der Task-Manager überwacht alle laufenden Anwendungen und Prozesse des PCs und erlaubt es, störende Prozesse zu beenden und die Systemleistung zu überwachen. Sie starten den Task-Manager über das Kontextmenü der Taskleiste oder mit der Tastenkombination Strg+Umschalt+Esc.
Tastaturlayout	Als Tastaturlayout bezeichnet man die länderspezifische Anordnung und Codierung der Tasten auf einer Computertastatur. Im deutschen Sprachraum ist dies die sogenannte QWERTZ-Tastenbelegung.
Tastenkombination	Tastenkombinationen (engl. Short-Cuts) werden verwendet, um bestimmte Befehle schnell aufzurufen, häufig in Verbindung mit den Tasten Windows, Strg und Alt.
Touchpad	Als Touchpad bezeichnet man die kleine berührungsempfindliche Fläche, die in die Tastatur von Notebooks integriert ist und als Alternative zur Maus verwendet werden kann.

Touchscreen	So bezeichnet man berührungsempfindliche Bildschirme, die z. B. bei Tablet-PCs zum Einsatz kommen. Befehle werden statt mit einer Maus direkt durch Berührungen des Bildschirms erteilt.
Treiber	Treiber (Gerätetreiber) sind kleine Programme, die von Windows für die korrekte Ansteuerung von Geräten benötigt werden.
Update/Upgrade	Unter Update versteht man die Aktualisierung von Software. Updates beinhalten meist Verbesserungen und schließen Sicherheitslücken und sollten daher regelmäßig durchgeführt werden. Besonders wichtig sind Updates von Antivirenprogrammen, sie aktualisieren die Virendefinitionsdatenbank. Im Gegensatz dazu bezeichnet ein Upgrade die Änderung oder Höherstufung auf eine höherwertige Version der Software.
URL	Abkürzung für Uniform Resource Locator. Gemeint ist eine eindeutige Adresse für eine Webseite, wird häufig auch als Webadresse oder Internetadresse bezeichnet.
USB	Abkürzung für Universal Serial Bus. Der wichtigste genormte Anschluss der meisten Computer für Maus, Tastatur, USB-Speicherstick, Kartenlesegerät, Drucker und viele weitere Geräte.
UWP	Abkürzung für „Universal Windows Platform“, zu deutsch „Universelle Windows-Plattform“. Dabei handelt es sich um eine sog. Laufzeitumgebung, die Programmen ermöglicht für viele verschiedene Geräte gleichzeitig verfügbar zu sein (PC, Smartphone, Spielekonsolen, ...)
Verknüpfung	Eine Verknüpfung ist eine Datei, die einen Verweis (Link) zu einer Datei oder einem Ordner an einem beliebigen Speicherort enthält. Verknüpfungen werden unter anderem verwendet, um Programme schnell vom Desktop aus zu starten.

VPN	Abkürzung für Virtuelles privates Netzwerk. VPN bietet die Möglichkeit, von außen auf ein Netzwerk, z. B. Firmennetzwerk zuzugreifen, wobei dann der PC als Teil des Netzwerks betrachtet wird. VPN wird z. B. eingesetzt, um aus dem Homeoffice heraus, auf zentrale Daten des Firmennetzwerks zuzugreifen.
WiFi	WiFi wird als Synonym für WLAN benutzt, siehe WLAN.
WLAN	Abkürzung für Wireless Local Area Network. Ein drahtloses lokales Netzwerk, das die kabellose Verbindung eines Computers mit anderen Computern und Geräten ermöglicht.
ZIP-Datei	Das ZIP-Dateiformat (zip = dt. Reißverschluss) wird häufig zum Versenden umfangreicher Dateien als E-Mail Anhang oder beim Download verwendet. Es enthält komprimierte Dateien, die vor der Verwendung erst wieder entzippt bzw. entpackt werden müssen.
Zwischenablage	Ausgeschnittene oder kopierte Elemente werden in der Zwischenablage abgelegt und können von dort beliebig oft solange wieder eingefügt werden, bis das nächste Element ausgeschnitten oder kopiert wird. Die Zwischenablage wird auch von Anwendungen genutzt, mit ihrer Hilfe lassen sich Daten aus einer Anwendung, zum Beispiel ein Bild aus einem Zeichenprogramm in den Text eines Schreibprogramms einfügen.

Index

A

B

C

D

E

F

G

H

I

K

L

M

N

O

P

Q

R

S